蕺 蕺菌水草出埤蒼一

○集 秦入切聚也會也就也成也安也同也衆也本作雧字林云羣鳥駐木上亦州名漢宕渠縣梁恭帝為集州又姓漢集一九、

䈉 子立切䈉覆也又

亼 說文三合也从入一象三合之形合僉之類皆从此又子入切

檝 舟檝又音接

輯 和也

䕘 菩也

鏶 鐵鏶

慹 怖也

卙 說文詞之集也

○入 人執切得也內也納也二

廿 二十說文并也今作廿直以為二十字

○揖 伊入切揖讓又進也說文曰攘也一曰手著胷曰揖二

挹 酌也

○溼 失入切水霑也三

濕 上同見經典又他合切

聮 牛耳動也

○㗱 子入切噂㗱嗛皃十一

䌖 合也又蠻夷貨名

潗 泉出

湒 雨皃

咠 又七入切

蓻 草生多皃

䅬 稠䅬

䙈 襍緣

葺 茨也

䏉 䏉䏉

[illegible]

緝七入切績也六 ⿱咠革鼓無聲 葺修補 諿和也 ⿰衤疌襟緣亦作緁

咠咠咠譖言也說文聶語也 ○十是執切數名也四 什篇什又什物 拾收拾又掇也斂也 褶袴褶 ○執之入切持也操也守也攝也說文作𡙛捕辠人也六 汁瀋也液也 瓡縣名在北海 ⿱執金廣雅羊箠 ⿱執女字統至也 慹怖也 ○習似入切學也因也說文作習數飛也又姓晉有習鑿齒十三 飁颯飁大風 槢堅木名 襲因也及也重也合也入也又掩襲說文左衽袍 隰原隰亦州名左傳重耳居蒲即隰川縣故蒲城是也隋為隰州又姓齊大夫隰朋 ⿰習鳥鴿鸐鳥名 霫霅霫大雨 騽馬豪骭又驪馬黃脊 鰼爾雅鰼鰌合泥鰌也又山海經云鰼魚狀如鵲而有十翼鱗在翼端聲如鵲 褶袴褶 ⿱竹習簷⿱竹習修船具 ⿰舟習上同

鵾雞一 鶤上同 幝褻衣說文裩也 褌上同 菎香草 騉騉騟馬名

牛蹄能升高山 鯤北溟大魚 䖵蟲之總名 蜫上同 琨玉名 [罒鬳][罒鬳]干不可知也 麛鹿屬 猑獸名 ○昷烏渾切說文仁也今作昷同十三 溫水名又和也善也良也柔也暖也又姓 鄖鄉名 緼禮曰一命緼韍 轀轀輬車也 殟病也 䮵䮵驪駿馬 [鹵昷]鹽名 薀薀藻節中生葉又於殞切 豱豕名 [瓜昷]瓜名 韞赤色又於粉切 鴛鴛鴦匹鳥又音宛 ○門莫奔切問也聞也亦姓也十三 捫以手撫持 璊玉色赤也 樠木名 䊟粥凝 虋赤粱粟俗作亹 亹浩亹地名 [氵亹]上同 顐頭多殟顐 鸞大翼鳥也 [辶㒳]赤色蜀名 趧行遲 怋

帿帳不明也又亂也　○孫 思渾切子之子為孫又姓六　蓀 香草　飧 說文餔也　猻

猴猻　搎 捫搎摸索　蕵 烏蕵草又蕵蕪酸可食也　○尊 祖昆切尊卑又重也高也貴也

敬也君父之稱也說文酒器从缶从木後人所加亦姓五　罇 見上　樽 上同　嶟 山皃

繜 衣也　○存 徂尊切在也察也恤問也五　拵 据也　蹲 坐也踞也　⿰存阝

⿰存阝鄢縣　袸 爾雅衿謂之袸袸小帶又音荐　○敦 都昆切迫也亦厚也又姓七　驐 去畜勢

惇 厚也　墩 平地有堆　⿰享瓦 器似甌甂　弴 畫弓也天子弴弓又丁僚切　弤 上同

○暾 他昆切日出也七　焞 火色　⿰黃賁 禮記孺子⿰黃賁魯公子名亦黃色也　噋

詩云大車噋噋噋噋重遲皃　涒 涒灘歲在申也　蜳 蜳螭蟲名　黗 黃黑色　○屯

傅山詩經物類編手稿（山西博物院藏）

騅　蒼白雜毛　駓　黄白雜毛　郭曰今之桃花馬　騂赤黄　騏蒼祺曰○

驒　青驪驎曰○　駱白馬黑鬣　駵赤身黑鬣

黑身白鬣雒

駰　陰白雜毛　騢　彤白雜毛　驔　徒點反　豪骭白○　二目白魚

駽　青驪曰○　呼縣反　又火玄反　胡昫反　又音炫　孫炎曰青黑也

問　郭璞曰今之鐵驄也

山

詩獸

馬 喬言徐其馬傳六尺以上曰。五尺以上曰駒 卯爰表其。 騋牝三千 馬七尺以上曰騋 正合
廣人文兄定本云六尺恐誤也 載驟駸。悠悠 叔于田 巷無服。 大叔于田 乘乘。 秦風 駟既閑 有馬白顛

卷耳 我。陟 隤 玄黃 瘏 乘 乘黃 鴇 我。既同 蕭蕭。鳴

良美我。以舉其馬 路車乘。 老。反為駒 未朝走。 四黃既駕 君子之馬 乘。路車 六駕其。

人乏 以車攻

其馬瘏[illegible]

兔

兔罝 有兔爰爰 相彼投兔 躍躍毚兔。 有。斯首 三句

小弁 巧言 瓠葉 小之[illegible]

豹

唐羔裘 豹袪 褎 赤豹黃羆

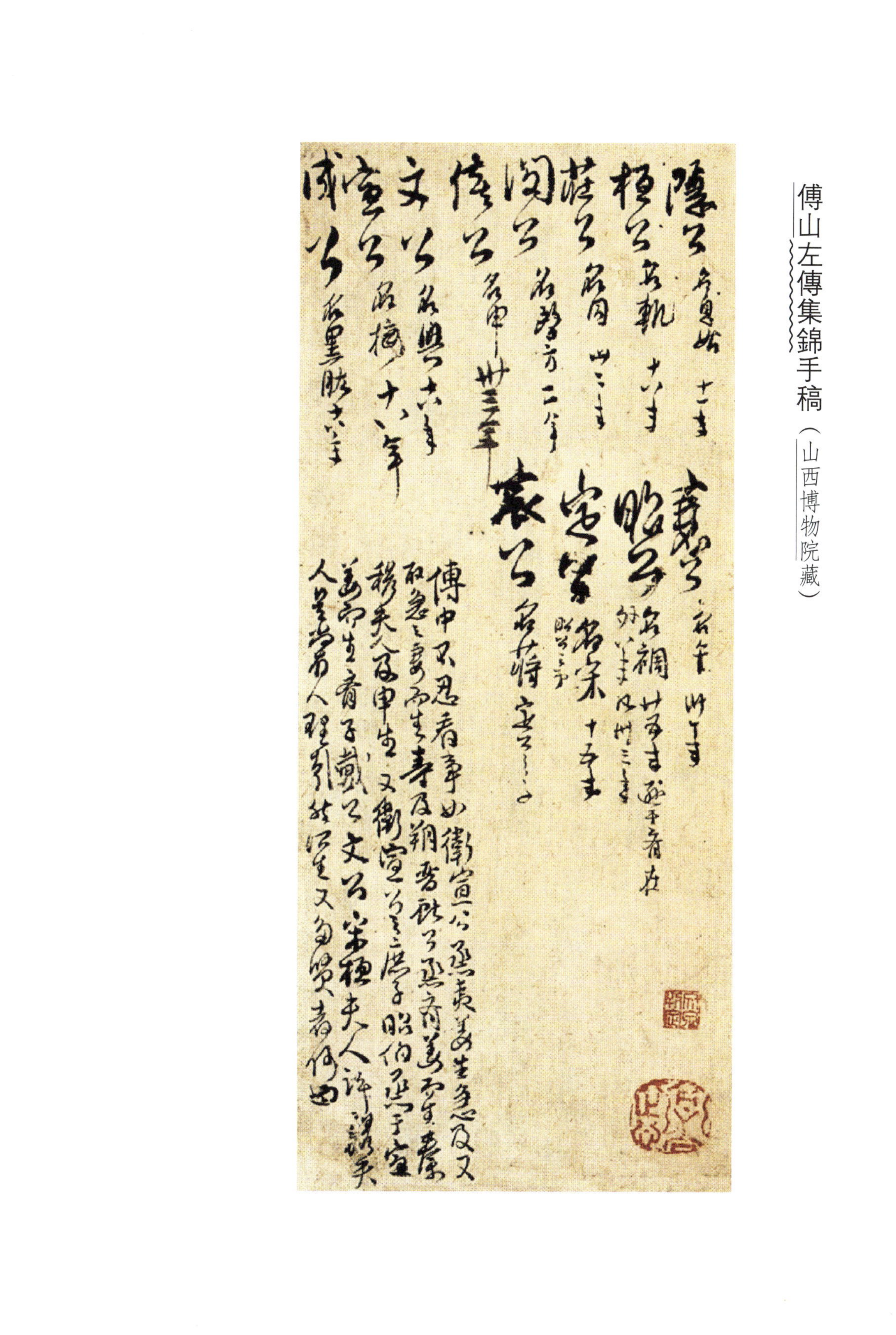

傅山左傳集錦手稿（山西博物院藏）

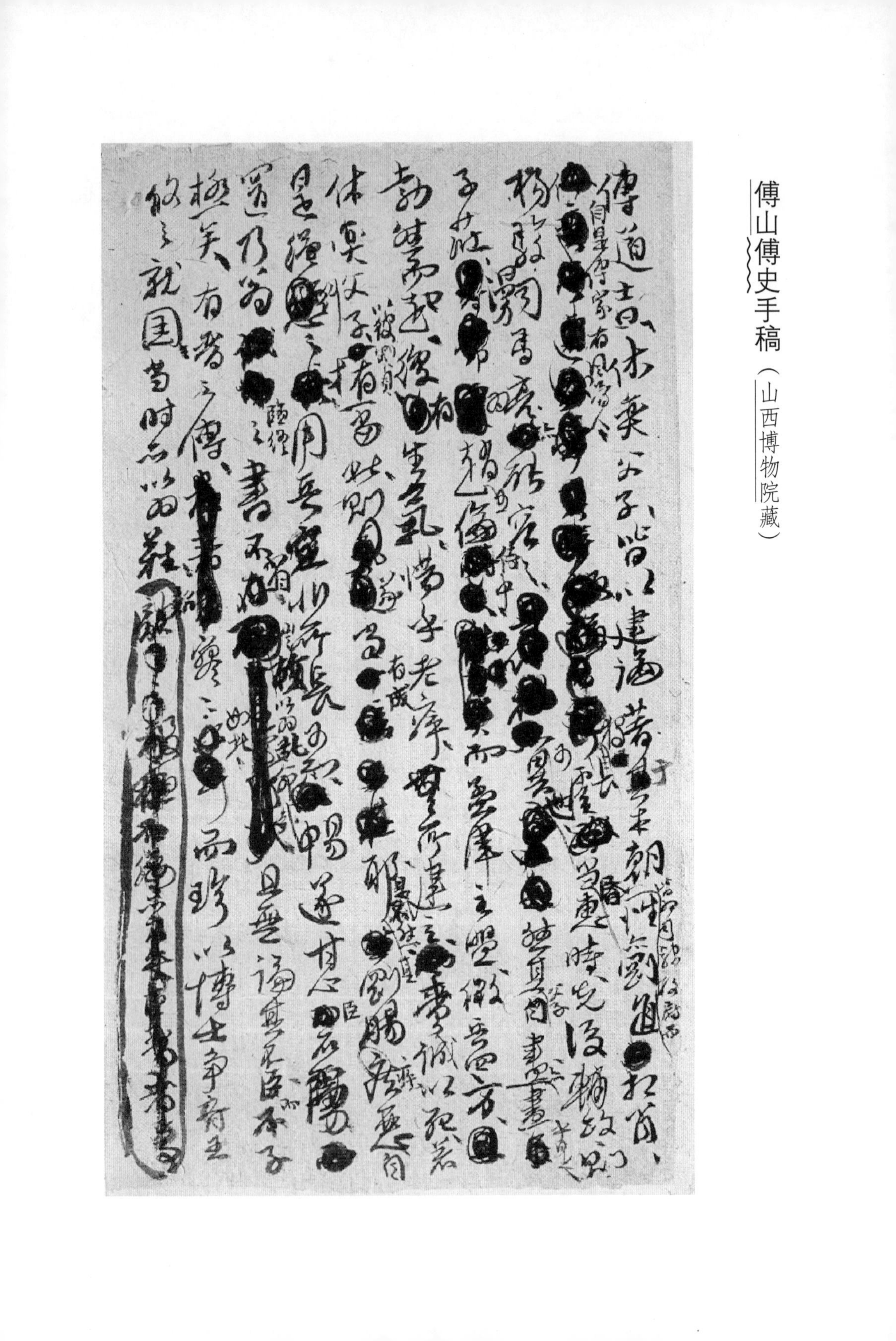

傅山傅史手稿
（山西博物院藏）

第十一册　目録

卷一百五十三　詩經物類編……二八七

卷一百五十四　左傳集錦……三一三

卷一百五十五　左傳集錦補

卷一百四十七　杜詩韻字歸部[一]（一）

上平聲卷

一東

東◇翠華拂天來向東。十　◇中興諸將收山東。五　◇赤甲古城東。十七

◇終日忍饑西復東。廿　◇岸高瀼滑限西東。十六　◇昔我遊山東。十六

◇黃牛更在東。十七　◇聲價歘然來向東。一　◇豈非吾道東。十六

◇章甫尚西東。一　◇宛馬又從東。二　◇迢迢天漢東。二

◇鼓角滿天東。十　◇憶昨路遶錦亭東。十二　◇愁時獨向東。六

◇此身漂泊苦西東。十九　◇編蓬石城東。十八

同◇清漏往時同。十七　◇衣冠與世同。十六　◇萬里鞦韆習俗同。十九

◇一體君臣祭祀同。十三　◇欲語羞雷同。二　◇絕境與誰同。二

◇歸來禦席同。二　◇超然歡笑同。二　◇茲樓清宴同。十

〔一〕此篇據國家圖書館藏手稿釋文，手稿書於廣韻中，底本廣韻五卷，清初張氏刻本。附有咸豐六年壽陽祁寯藻手跋（見本書附錄）。由韓琳整理。標題爲整理者所加。每句以◇相隔，句末數字爲傅批杜詩的卷數。傅山全書初版本未收。

◇賓客引調同。十四　◇樵聲箇箇同。十七　◇雞棲草屋同。十六

◇聞見事略同。十九　◇古來偪側同。十六　◇人今出處同。十六

◇高山四面同。十七　◇不與故山同。十七　◇捷書夕報清晝同。五

◇皆與此圖筋骨同。十

銅◇今許鉛鐵和青銅。十九

童◇何幸飫兒童。十六　◇應門試小童。十七　◇君不見黃鵠高于五尺童。廿

◇他時渭北童。十七　◇拾穗許村童。十七

桐◇君不見前者摧折桐。十六

峒◇常思仙仗過崆峒。五　◇將欲倚崆峒。二

中◇昔在開元中。十九　◇園陵白露中。十七　◇山鬼閉門中。十六

◇江村亂水中。十六　◇春雨闇闇塞峽中。十六　◇臥病擁塞在峽中。十六

◇曹劉不待薛郎中。十七　◇漢主山河錦繡中。十九　◇鮮膾出江中。十六

◇玉殿虛無野寺中。十三　◇未挈鯨魚碧海中。九　◇昔我遊宋中。十五

◇今晨清鏡中。廿　◇天涯水氣中。二　◇交親氣概中。二

◇脫身簿尉中。二　◇萬家雲氣中。二　◇武帝旌旗在眼中。

◇讀書東嶽中。十　◇昔者開元中。十四〔二〕　◇形骸痛飲中。十

◇瀟湘洞庭白雪中。十九　◇哭廟灰燼中。十五　◇天寒歲暮波濤中。廿

〔二〕此句手稿重。

◇尚在行李中。十六　◇經書滿腹中。十六　◇何恨憔悴在山中。十六

◇誰憐病峽中。十七　◇胡危命在破竹中。五　◇無復射蛟江水中。十

終◇玳筵急管曲復終。十八　◇山河誓始終。二　◇焉知清興終。二

◇此曲哀怨何時終。十九　◇長夜始堪終。十六　◇悲秋向夕終。十七

戎◇族父領元戎。三　◇況在狄與戎。二　◇魏絳已和戎。二

◇麾下殺元戎。廿

弓◇荒徼尚彎弓。十六　◇天山早掛弓。二　◇莫徭射雁鳴桑弓。十九

宮◇賜被隔南宮。十七　◇崩年亦在永安宮。十三　◇傳是隗囂宮。六

◇乾坤遶漢宮。二　◇先主武侯同閟宮。十二　◇早晚來自楚王宮。七

◇龍池滿舊宮。十七　◇霜薄楚王宮。十七　◇回紇餧肉葡萄宮。四

◇憶昔巡幸新豐宮。十

融◇逢人問孔融。一　◇契合動昭融。二

雄◇人馬皆自雄。十六　◇凡今誰是出羣雄。九　◇飛揚拔扈爲誰雄。一

◇眞怯笑揚雄。一　◇駑馭必英雄。二　◇近伏盈川雄。十四

◇願展丈夫雄。廿

熊◇田略舊非熊。二

穹◇高標跨蒼穹。

窮◇青眼只途窮。十六　◇將老委所窮。十六　◇不擬哭途窮。十

◇疎放憶途窮。一　◇安可辭固窮。二　◇今日暮途窮。二

◇遊山憶謝公。二　◇出入冠諸公。二　◇際會清河公。十四

工◇何劉沈謝力未工。三

功◇太史竟論功。十七　◇與人一心成大功。一　◇能無分寸功。二

◇何人第一功。二　◇正直原因造化功。十二　◇昆明池水漢時功。十三

◇猶殘獲稻功。十七　◇獨任朔方無限功。五

攻◇其奈疾病攻。十六

蒙◇好惡不合長相蒙。十九　◇行間識呂蒙。二　◇再請甘養蒙。十六

◇烏鳶何所蒙。二

濛◇東山氣鴻濛。三

籠◇局促傷樊籠。二

聾◇耳從前月聾。十七　◇苦恨耳多聾。十七　◇右臂偏枯半耳聾。十九

洪◇未就丹砂愧葛洪。一　◇丹沙訪葛洪。一

紅◇象牀玉手亂殷紅。二　◇題詩蠟炬紅。十　◇爐存火似紅。三

◇連山晚炤紅。十七　◇點注桃花舒小紅。十　◇露溼蓮房墜粉紅。十七

◇城邊野池蓮欲紅。十六　◇除芒子粒紅。十七　◇花禁冷葉紅。十七

鴻◇背若孤征鴻。二　◇汝休枉殺南飛鴻。十九　◇獨帆如飛鴻。十六

叢◇挾子翻飛還一叢。十六　◇時菊碎榛叢。二　◇吾將守桂叢。十七

翁◇歎世鹿皮翁。十七　◇愁吟獨老翁。三　◇那免白頭翁。十

◇誰說祝雞翁。一　◇已是白頭翁。二　◇取適南巷翁。二

◇取笑同學翁。三
◇江湖滿地一漁翁。十三
◇歲時伏臘走村翁。十三
◇未似屍鄉翁。十三
◇肩輿强老翁。十六
◇白蘋愁殺白頭翁。十九
◇化爲白鳧似老翁。廿
◇借問持斧翁。六
◇兼泛滄浪學釣翁。十七
◇垂白辭南翁。廿
◇少壯欺老翁。十六
◇誅茅問老翁。十六
◇君今幸未成老翁。十六

驄◇仍騎御史驄。十
◇安西都護胡青驄。一

通◇新兼節制通。二
◇九里信不通。二

蓬◇秋來相顧尚飄蓬。一
◇霜雪滿飛蓬。一
◇生涯獨轉蓬。二
◇各雲厭轉蓬。十六
◇倉庚慰飄蓬。十七

二　冬（「鍾」同用。）

冬◇且如今年冬。一

農◇前日放營農。九
◇肯銷金甲事春農。十三
◇今年米賤大傷農。十九

宗◇自從獻寶朝河宗。十
◇逝水自朝宗。十六
◇虬冉似太宗。十四

三　鍾

鍾◇掌中琥珀鍾。廿

鐘◇欲覺聞晨鐘。一
◇一老猶聞日暮鐘。十七

龍◇女壻近乘龍。一
◇已佩含景蒼精龍。一
◇恐泥竄蛟龍。三

◇一斛舊水藏蛟龍。十六

松◇天下幾人畫古松。七 ◇晴雪落長松。十七

衝◇此邦俯要衝。七

庸◇割恩忍愛還租庸。十九

蓉◇褥隱繡芙蓉。一

封◇薊門何處盡堯封。十三

胷◇焉得豁心胷。十六

濃◇豪家意頗濃。一

重◇烟霞嶂幾重。十七 ◇乘輿安九重。十六 ◇前登寒山重。四

◇誰看異味重。一 ◇休道秦關百二重。十二

逢◇離索晚相逢。二 ◇巴道此相逢。十二

峯◇卜宅近前峰。十七 ◇故人昔隱東蒙峰。一

烽◇洛陽宮殿化爲烽。十三

蹤◇山峻路絕蹤。七

慵◇觀身向酒慵。十七 ◇擁滯僮僕慵。十九

供◇天下軍儲不自供。十三

從◇賤子欲適從。十九

四　江（獨用。）

江◇登樓況有江。十七　◇中有萬里之長江。十八

窗◇笑舞拓秋窗。十七

邦◇聽子話此邦。十八

降◇更覺片心降。十七

雙◇禁暴清無雙。十四　◇沙鷗並一雙。十七

五　支（「脂」、「之」同用。）

支◇東風避月支。十五　◇何年別月支。二

枝◇來把菊花枝。二　◇莫避珊瑚枝。廿　◇郢樹發南枝。三

◇鴝鵒在一枝。六　◇屈鐵交錯迴高枝。七　◇江上人家桃樹枝。廿

◇憶過盧戎摘荔枝。十七　◇炤曜珊瑚枝。廿　◇空慙舊宿枝。十七

◇碧梧棲老鳳凰枝。十三　◇蕭蕭掛冷枝。十七　◇飛棲假一枝。十五

移◇抱疾屢遷移。十五　◇蓬萊仗數移。十七　◇沙沈榻未移。二

◇火雲終不移。十七　◇仙侶同舟晚更移。十三　◇京華舊國移。三

◇看鷗坐不移。十七

迤◇昆吾御宿自逶迤。十三　◇君子強逶迤。二　◇行酒雙逶迤。廿

◇青楓隱映石逶迤。十七

爲◇餘波綺麗爲。十五　◇一學楚人爲。十五　◇蹭蹬多拙爲。十九
◇學母莫不爲。四　◇焉用窮荒爲。二　◇氣酣達所爲。廿
◇在汝更用文章爲。十七　◇得志行所爲。十九　◇聰明達所爲。廿
◇長夏無所爲。十六　◇方冬變所爲。十七
麾◇自可持旌麾。二　◇萬宇插軍麾。十五
錘◇顧侯運鑪錘。十九
垂◇朱鳳日威垂。廿　◇天寒橘柚垂。十七　◇雄者左翮垂。十六
◇酒酣並轡金鞭垂。十六　◇況蒙霈澤垂。三　◇黑入太陰雷雨垂。七
◇啼痕滿面垂。三　◇白頭吟望苦低垂。十三　◇功成空名垂。廿
◇名聲豈浪垂。十五
吹◇風妬紅花卻倒吹。廿
炊◇玉粒足晨炊。十六
披◇開拆漸離披。二　◇公堂宿霧披。三
陂◇秋水憶皇陂。十五　◇天清皇子陂。二　◇攜我遠來遊渼陂。二
◇紫閣峰陰入渼陂。十三　◇高臺面蒼陂。二
羆◇空荒咆熊羆。十六　◇虎怒怪熊羆。十五
碑◇再讀徐孺碑。十四　◇虛傳幼婦碑。十五
隨◇江湖興頗隨。二　◇不得相追隨。二　◇巫巒瘴遠隨。十七
虧◇堂構惜仍虧。十五

奇（異也。又居宜切。）　◇岑參兄弟皆好奇。二　◇何用羽毛奇。十七

◇多病鄴中奇。十五

騎◇長安壯兒不敢騎。一　◇江邊借馬騎。十七

宜◇紫荊學士宜。十五　◇世亂輕土宜。廿

涯（音同「宜」，又五佳切。）◇各在天一涯。二（杜與「牙」叶。）

儀◇同時陸浚儀。三　◇更須愼其儀。二　◇光芒刷羽儀。廿

◇終愼賓主儀。廿　◇何當一來儀。廿

皮◇田翁號鹿皮。廿　◇兩株慘裂苔蘚皮。七

疲◇心從弱歲疲。十五　◇勿雲聽者疲。十六

匙◇嘗稻雪翻匙。十七

兒◇應門幸有兒。六　◇驥子好男兒。三　◇平生所驕兒。四

◇追隨燕薊兒。十四　◇范曄顧其兒。十四　◇解水乞吳兒。二

◇鴉護落巢兒。二　◇有似幽并兒。二　◇猶是麒麟兒。廿

◇漁陽突騎邯鄲兒。十　◇吾亦驅其兒。十八　◇噴玉大宛兒。廿

◇渥窪騏驥兒。四　◇自恐二男兒。四　◇微風倚少兒。十七

◇騏驥帶好兒。十五

離◇嗚呼生別離。廿　◇迎在漢鍾離。三　◇徘徊悲生離。三

◇聰明憶別離。十七　◇愁來賦別離。十五　◇父子莫相離。十七

◇伏枕聞別離。十八

籬◇春寒細雨出疎籬。廿　◇步屧到東籬。二　◇藉汝跨小籬。十六

羅（接羅，白帽。）　◇狂遺白接羅。一

鸝◇南國且黃鸝。十七

璃◇波濤萬頃堆琉璃。二

疵◇幽人見瑕疵。廿

奇（居宜切，不偶也。）　◇全生或用奇。十七

卑◇東笑蓮花卑。七　◇異俗更喧卑。十五　◇獨屈州縣卑。廿

◇窮荒益自卑。十六

施◇偏裨無所施。十四　◇棲屑無所施。十九

斯◇漢道盛於斯。十五　◇蹉跎病於斯。十九　◇珠碧贈於斯。廿

◇潘省會於斯。廿

褫（易經訟上文：「或錫之鞶帶，終朝三褫之。」）

差（楚宜切。）　◇賢愚誠等差。十九

螭◇暫喜息蛟螭。十七　◇散帙起翠螭。十四　◇江峽繞蛟螭。十五

◇華屋刻蛟螭。廿

知◇朝廷非不知。六　◇得失寸心知。十五　◇隱見爾如知。十七

◇紅嘴漫多知。十七　◇少有外人知。十七　◇折桂早年知。廿

◇曲直吾不知。十八　◇紅顆酸甜只自知。十七　◇古時喪亂皆可知。廿

◇雄豪復遺五陵知。十六　◇走過掣電傾城知。一　◇野老復何知。六

◇舊穿楊葉眞自知。二　◇神農逕不知。二　◇所愧國士知。二
◇人實不易知。二　◇貴作鯨吞不復知。二　◇君意人莫知。二
◇鄧公馬癖人共知。二

馳◇征西車馬羽書馳。十三

池◇讀記憶仇池。六　◇滋蔓匝清池。二　◇蒼蒼雲雨池。十五
◇走馬定昆池。二　◇梟舄共差池。三　◇似向習家池。十七
◇回首蛟龍池。十九　◇鼓栶蓬萊池。廿　◇君不見道邊廢棄池。十六
◇龍喜出平池。十七

危◇聯翩楚漢危。十五　◇將老逢艱危。十九　◇百慮視安危。十九
◇明公壯年值時危。四

規◇歷代各清規。十五

衰（楚危切，又所危切。小也，減也，殺也。）　◇不聞夏殷衰。四
◇拔劍撥年衰。十五

六　脂

脂◇我車已載脂。七

夷◇司空出東夷。十四　◇一望卷西夷。十五

痍◇不似問瘡痍。十五　◇西極最瘡痍。三　◇乾坤合瘡痍。（一作「含」。）四
◇天地則瘡痍。十二

師◇白日熠舟師。廿 ◇李陵蘇武是吾師。十七 ◇風流儒雅亦吾師。十三
◇轉益多師是汝師。九 ◇更覓衡陽董煉師。十八 ◇痛飲眞吾師。二
◇且願休王師。二 ◇安得誅雲師。二 ◇潼關百萬師。四
◇初興薊北師。十五
姿◇秦王撥亂姿。廿 ◇嗚呼江夏姿。十四 ◇雅望與英姿。十四
◇短小精悍姿。十四 ◇學蔚醇儒姿。十四 ◇雖乏諫諍姿。四
◇經濟實借英雄姿。四
資◇我無匡復資。三 ◇苦乏大藥資。一 ◇天然生知資。十四
◇顧我蓬屋資。四
飢◇長大常苦飢。廿 ◇江晚白鷗飢。十七 ◇老雁春忍飢。四
◇落日童稚飢。七（飢、饑同解餓。）
絺◇冬煖更纖絺。十五
茨◇超然待具茨。十五
尼◇麟傷泣象尼。十五
墀◇戰瓦落丹墀。十五
遲◇銳頭將軍來何遲。十七 ◇無令軒車遲。四 ◇幸有舟楫遲。十九
◇波亂日華遲。十六 ◇軍符侯印取豈遲。廿 ◇茶瓜留客遲。一
◇還丹日月遲。一 ◇輕風生浪遲。二 ◇見日敢辭遲。三
◇歸山獨鳥遲。六 ◇花邊行自遲。三 ◇莫怪執杯遲。十八

◇今日過雲遲。十七　◇京華消息遲。十七　◇大賢之後竟淩遲。十七
◇六印佩何遲。廿　◇公侯來未遲。廿　◇風破寒江遲。廿
◇敢恨省郎遲。十五
私◇慙紆德澤私。十五　◇青春猶無私。十九
屍◇京觀且僵屍。十五
鬐◇君不見朝來割素鬐。九
藜◇行人避蒺藜。十五
葵◇傾陽逐露葵。十五
追◇煙火何由追。七　◇雲夢欲難追。十五
龜◇貞觀是元龜。十五
衰（所追切，微也。）　◇浮舟菡萏衰。二　◇飲食過扶衰。三
遺◇宗臣切受遺。十五　◇涕淚受拾遺。三　◇棄我忽若遺。廿
綏◇凡百愼交綏。十五
睢◇藻繪憶游睢。十五
眉◇蒼生可察眉。十五　◇渡頭翠柳艷明眉。廿
悲◇窮猿失木悲。十八　◇予悲長年悲。廿　◇歲暮有餘悲。廿
◇無貴賤不悲。十八　◇鮫人織杼悲。十　◇搖落深知宋玉悲。十三
◇中原鼓角悲。十五　◇杜陵遠客不勝悲。十六　◇湘娥簾外悲。廿
◇風散入雲悲。六　◇山河戰角悲。三　◇樂張遊子悲。廿

◇垂老惡聞戰鼓悲。三　◇只今未醉已先悲。二　◇九日意兼悲。二
◇慘慘中腸悲。二　◇百年世事不勝悲。十三　◇何以開我悲。十四
◇風散入雲悲。六〔一〕
帷◇講殿闢書帷。十五　◇潤色淨書帷。十七
錐◇家家急競錐。十五
誰◇遞相祖述復先誰。九　◇哀歌欲和誰。十五　◇武定禍亂非公誰。四
◇借問苦心愛者誰。十
胝◇頭白眼暗坐有胝。二　◇豈辭青鞋胝。五

七　之

之◇遊子有所之。七　◇蜀使下何之。十五　◇重問子何之。十八
◇吾道竟何之。六　◇歷代皆有之。廿　◇卿家舊賜公取之。二
◇蘇氏今有之。廿
芝◇皇皇齋房芝。十四　◇勝食齋房芝。廿　◇千載商山芝。三
◇時清猶茹芝。廿　◇局促商山芝。廿　◇志士采紫芝。十六
頤◇涕泗亂交頤。十五　◇討論實解頤。廿
時◇揚馬宜同時。廿　◇川原欲夜時。六　◇終軍棄繻英妙時。十六

〔一〕此句手稿重。

絲◇天棘蔓青絲。一 ◇手中挑青絲。二 ◇被褐短窄鬢如絲。二
◇蜻蜓立釣絲。二 ◇佳人雪藕絲。二 ◇雖在命如絲。三
◇白間生黑絲。廿 ◇菜傳纖手送青絲。十六 ◇天晴忽散絲。十七
◇終日淚如絲。十七
罳◇紫鴿下罘罳。三
其◇白首颯淒其。十五
期◇重來未有期。七 ◇深院果幽期。三 ◇吾衰往未期。三
◇來往亦無期。二 ◇空有鹿門期。一 ◇拄策忘前期。七一
◇公家有程期。二 ◇時赴鄭老同襟期。二 ◇搖盪菊花期。二
◇風雲際會期。十 ◇自笑青雲期。廿 ◇雁足系難期。三
◇再與暮春期。十六 ◇中年滄洲期。廿
旗◇俯身試搴期。二 ◇遼海競張旗。十五
棋◇聞道長安似奕棋。十三 ◇青簟疎簾看奕棋。十六 ◇畊巖進奕棋。十五
詩◇沾灑裛新詩。十八 ◇數篇今見古人詩。十七 ◇常懷湛露詩。十五
◇呼兒覓紙一題詩。十六 ◇可以賦新詩。一 ◇不忘角弓詩。一
◇獨立蒼茫自詠詩。二 ◇例及吾家詩。十四 ◇桐葉坐題詩。二
◇應是雨催詩。二 ◇早寄從軍詩。二 ◇岑生多新詩。二
◇深負鶺鴒詩。三 ◇誦得老夫詩。三 ◇何處老翁來賦詩。十六
◇突過黃初詩。廿 ◇微笑索題詩。三 ◇兼工古體詩。廿

◇爲報欲論詩。十六　◇何處老翁來賦詩。十六〔一〕　◇生逢酒賦欺。十五

欺◇不受徒旅欺。二　◇得無妻嫂欺。廿　◇降將飾卑詞。十五

詞◇難酬支遁詞。一　◇意深陳苦詞。十九

◇致君朴直詞。廿

辭◇開懷無愧辭。三　◇百罰深杯亦不辭。二　◇始與捶楚辭。二

◇浩蕩從此辭。廿　◇恥以風病辭。廿　◇知深難固辭。十六

◇風塵病敢辭。十八

淄◇但取不磷淄。十六　◇漢閣自磷淄。十五　◇王化久磷淄。廿

持◇豈暇相扶持。十九　◇答效莫支持。十五

嗤◇杜陵野老人更嗤。二　◇永爲高人嗤。七

慈◇一物自荷皇天慈。二　◇家貧仰母慈。三　◇疎散尚恩慈。十五

茲◇艱險方在茲。七　◇撞鍾齋及茲。三　◇爲政風流今在茲。十六

◇天憂實在茲。十五　◇愁痛正爲茲。十九　◇哀傷不在茲。七

滋◇暑雨溼苔滋。十七

八　微（獨用。）

微◇寒房燭影微。十七　◇新梳白髮微。十七　◇山長去鳥微。十七

〔一〕此句手稿重。

◇奉詔發金微。六
◇華亭入翠微。五
◇錦官城西生事微。十一
◇日日江樓坐翠微。十三
◇行色何其微。廿
◇王室不肯微。廿
◇北雁塞聲微。十七
◇朱幡登陸微。廿
◇兩宮棄紫薇。十九
◇所思烟霞微。廿
◇旄頭彗紫薇。廿
◇明滅洲景微。十六
◇東流之外西日微。十六
◇明河遶塞微。十七

薇◇山中疾采薇。廿
◇不厭北山薇。十七
◇愁絕故山薇。廿

揮◇脫粟爲尔揮。十六
◇失涕萬人揮。廿

輝◇屏帳始覺生光輝。十
◇百祀發光輝。十七
◇邊日少光輝。六
◇端拱自光輝。廿
◇偶經花蕊弄輝輝。十六

暉◇秋日亂清暉。一
◇千家山郭淨朝暉。十三

闈◇塵沙落禁闈。廿

違◇有心遲暮違。廿
◇難教一物違。十七
◇懷舊禮無違。廿
◇在野無所違。十六
◇劉向談經心事違。十三
◇馨香舊不違。十七
◇白首壯心違。十七
◇行邁心多違。六

圍◇艱難帶減圍。十七
◇屈指數賊圍。十六
◇霜皮溜雨四十圍。十二
◇恨解鄴城圍。六
◇肯慮白登圍。廿

霏◇寒雨下霏霏。十七
◇綃綺輕霧霏。廿

菲◇秋花靄菲菲。十六
◇衰朽再芳菲。廿

非◇故園池臺今是非。十六
◇陋此白屋非。十六
◇微尔人盡非。四

◇今來已恐鄰人非。十一　◇他日埽除非。廿　◇榮華有是非。十七
◇奸雄多是非。十九　◇相要舊俗非。十七
飛◇梁棟星辰飛。廿　◇傳聞檄屢飛。六　◇殘雲傍馬飛。五
◇斬新花蕊未應飛。九　◇清秋燕子故飛飛。十三　◇巫山秋夜螢火飛。十六
◇一一背人飛。廿　◇側翅隨人飛。二（此句支韻葉。）
◇故就別時飛。廿　◇慎莫遠奮飛。十六　◇浪翻江黑雨初飛。十七
◇翠蓋蒙塵飛。十九　◇檣烏終歲飛。廿　◇江鳥夜深飛。十七
◇月細鵲休飛。十七　◇長戟鳥休飛。五　◇輕紈細綺相追飛。十
扉◇清曠喜荊扉。十六　◇老恐失柴扉。十七　◇久客掩柴扉。十七
肥◇衣馬不復能輕肥。十三　◇五陵衣馬自輕肥。十三　◇未肯羨輕肥。十六
◇羣凶嗜欲肥。廿
威◇臺迎獬豸威。廿　◇觸熱向武威。二（此與「支」叶。）
◇何德忤天威。六　◇迫此公家威。十六
旂◇休添玉帳旂。廿
畿◇貨市送王畿。十六
機◇永息漢陰機。廿　◇事業富清機。廿　◇丈夫重天機。十九
◇雅論在兵機。廿　◇出處各天機。十六　◇迴首風塵甘息機。十一
磯◇楸樹馨香倚釣磯。九　◇兒扶立釣磯。廿
饑（穀不熟。）◇落日童稚饑。七（與「支」押。）

◇江晚白鷗饑。十七（與支韻押。）

晞◇夕露見日晞。十六

稀◇風流後代稀。廿　◇戎馬何時稀。十六　◇林疎鳥獸稀。六

◇忽驚會面稀。廿　◇可忍醒時雨打稀。九　◇之子俊才稀。廿

◇故舊短書稀。十七　◇天寒行旅稀。十八　◇遠道素書稀。廿

◇六合人烟稀。十九　◇沙邊自宿稀。廿　◇石古細路行人稀。十六

◇復亂簷邊星宿稀。十六　◇昏鴉接翅稀。十七　◇殷檉曉夜稀。十四

◇村墟過翼稀。十七　◇近供生犀翡翠稀。十八

依◇長老可以依。十六　◇抱被宿何依。廿

衣◇入林解我衣。十六　◇清漣曳水衣。五　◇杜陵有布衣。三

◇不妨遊子芰荷衣。十一　◇帝曰大布衣。三　◇天上浮雲如白衣。十八

◇此心猶倒衣。廿　◇衰容新授衣。十七　◇浦浪已吹衣。廿

◇暮把東皇衣。廿　◇秋風淅淅吹我衣。十六　◇疎簾巧入坐人衣。十六

◇雲細不成衣。十七　◇舟也衣綵衣。四　◇哀歌歎短衣。十七

◇忍淚已沾衣。十七　◇天子尚戎衣。十七　◇野風吹征衣。六

歸◇山高客未歸。六　◇山邊漢節歸。六　◇不有萬穴歸。三

◇烏皮幾在還思歸。十一　◇遭亂意不歸。十二　◇蒼隼護巢歸。一

◇虜其名王歸。二　◇念子何當歸。二　◇敢忘二疏歸。十四

◇可與春風歸。廿　◇秋山眼冷魂未歸。十八　◇好鳥知人歸。十六

◇秋帆催客歸。廿　◇鴻雁將安歸。廿　◇神物有所歸。廿
◇今年又北歸。廿　◇早晚孤帆他夜歸。十六　◇來歲如今歸未歸。十六
◇避熱時來歸。十三　◇倒屣喜旋歸。十八　◇門闌誰送歸。廿
◇天隅人未歸。十七　◇林茂鳥知歸。十七　◇逆節同所歸。十九
◇家須農事歸。十七　◇詼諧割肉歸。十七　◇賢客幸知歸。十七
◇似有故園歸。十七　◇賦斂夜深歸。十七　◇白頭拾遺徒步歸。四
◇盤賜將軍拜舞歸。十

九　魚

魚◇秋雨欲生魚。三　◇驟雨落河魚。一　◇溪喧獺趁魚。二
◇素絲絜長魚。三　◇百姓免爲魚。十六　◇看取北來魚。三
◇潮落迴鯨魚。廿　◇猶被賞時魚。十七　◇天然二寸魚。十七
◇頓頓食黃魚。十七　◇溪女得錢留白魚。十七　◇分減及溪魚。十七
◇首唱卻鯨魚。十九　◇呼兒問煮魚。（此「問」字一作「間」。）十六
◇碧山學士焚銀魚。十七　◇東走無復憶鱸魚。五
漁◇倚薄似樵漁。十六　◇萬裏狎樵漁。十九
初◇方期解纜初。廿　◇西郊白露初。三　◇扈蹕上元初。十六
◇南樓縱目初。一　◇及乎貞觀初。廿　◇憶昔狼狽初。四
◇西候別君初。十九　◇國家草昧初。廿　◇浪翻江黑雨飛初。十七

書◇幾歲寄我空中書。一　◇將軍有報書。二　◇袖中諫獵書。十四
◇軍急羽毛書。十六　◇自寄一封書。三　◇久客多枉友朋書。廿
◇重得故人書。廿　◇來爲附家書。三　◇秋來把雁書。十九
◇弟侄雖存不得書。廿　◇客至罷琴書。十六　◇荊門好附書。廿
◇復聞樂毅書。廿　◇欲辨不成書。廿　◇十九授校書。四
◇玄宗妙其書。十九　◇男兒須讀五車書。十七
舒◇恩波錦帕舒。十六　◇青雲亦卷舒。十九　◇江山已定居。十六
居◇干戈未息苦離居。廿　◇草閣柴扉星散居。十七　◇斯人難並居。十七
◇可使營吾居。十九　◇白馬卻走身巖居。十七　◇眞作野人居。二
◇薑被就離居。十九　◇他鄉且舊居。三
◇式瞻北鄰居。二
據◇親賢病拮據。十九
車（車輅，九魚切，又昌遮切。）◇何時通舟車。三　◇吾聞駕鼓車。三
◇神都憶帝車。十六　◇門聽長者車。一　◇蓬萊織女迴雲車。一
裾◇鄒生惜曳裾。十九　◇奉詔許牽裾。十六
渠◇驥子最憐渠。三　◇血走浚儀渠。十九　◇秋水浮階溜決渠。十七
◇只有不關渠。十七
蕖◇別浦落紅蕖。十六　◇過雨亂紅蕖。廿
輿◇豈無平肩輿。十六　◇職述景題輿。廿　◇夫人常肩輿。廿

◇皇極正乘輿。十九　◇我有平肩輿。十八　◇差肩列風輿。十六
◇一命待鸞輿。三

餘◇泠泠風有餘。廿　◇荒城魯殿餘。一　◇斯文憂患餘。十九
◇平生意有餘。十六　◇蔡侯靜者意有餘。一　◇迢迢萬里餘。二
◇從軍十年餘。二　◇詩罷地有餘。十四　◇垂名報國餘。十九
◇乍聞緒業餘。廿　◇聲節哀有餘。廿　◇吟多意有餘。十七
◇年少今開萬卷餘。十七

蜍◇宮硯玉蟾蜍。十六　◇不記改蟾蜍。十九

予◇新文尚起予。十六　◇休煩獨起予。十九

胥◇抄詩聽小胥。十六　◇槍纍失儲胥。十九

狙◇慎勿出口他人狙。三　◇追攀絕衆狙。十九

雎◇才非一范雎。十九

苴◇戰策兩穰苴。十九

鋤◇眷言終荷鋤。三　◇山家藥正鋤。十六　◇荒蕪已荷鋤。十九
◇葵荒欲自鋤。十七

攄（舒也，丑居切。）◇南翁憤始攄。十六　◇函關憤已攄。十九

梳◇蕭蕭白映梳。十六　◇竹冷髮堪梳。廿

蔬◇常餐占野蔬。十九　◇自爲摘嘉蔬。廿　◇風俗當園蔬。十七

疎◇中散舊交疎。十六　◇哀哉王孫慎勿疎。三　◇傷時會合疎。三

◇恭維漢綱疎。十九　◇尚恐主守疎。十六　◇那堪野舘疎。廿
◇朝廷記憶疎。廿　◇新知已暗疎。十七

虛◇溶溶滿太虛。一　◇老馬爲駒驄（一作「信」。）不虛。二
◇眄睞已接虛。十四　◇喜異賞朱虛。十六　◇臺榭楚宮虛。十六
◇宮簾翡翠虛。十六　◇寒江動碧虛。十七　◇畫鷁上湊虛。廿
◇傾箱雪片虛。十七

噓◇使節有吹噓。十六　◇重此憶吹噓。十九

徐◇平野入青徐。十六　◇曾是接應徐。十九　◇此舉開青徐。四
◇沿流想疾徐。十六

於◇良友昔相於。十六

淤◇濔水帶寒淤。十六　◇遼海尚塡淤。十九

閭◇虎穴連里閭。十六　◇經過歎里閭。十六

廬◇秋帆發敝廬。廿　◇及此問吾廬。十六　◇高枕乃吾廬。二
◇妖星下直廬。十六　◇殊恩再直廬。十九

諸◇童丱聯居諸。廿　◇江淮略孟諸。十九　◇功無禮忽諸。十六

除◇暴隋竟滌除。廿　◇村花不掃除。廿　◇八座幾時除。十九
◇麒麟滯玉除。十六　◇騎馬到階除。一　◇清夜置酒臨前除。
◇引客看掃除。三　◇況乃今朝是袚除。廿　◇許以秋蒂除。十六
◇中原有驅除。五

儲◇乾沒費倉儲。十六　◇日給在軍儲。十九
躇◇龍見尚躊躇。廿
如◇盡取義何如。十七　◇道甫問訊今何如。二　◇乾坤欲晏如。十六
◇跋涉體何如。十九　◇內熱比何如。廿　◇新詩錦不如。廿
◇功業竟何如。廿
墟◇萬騎集（一作「略」。）姚墟。十六　◇天地一丘墟。十九
◇卜宅楚村墟。十七

十　虞（「模」同用。）

虞◇點染不易虞。十六　◇維時遭艱虞。四　◇削跡共艱虞。二
◇步趾詠唐虞。十二　◇竟無銜橛虞。十四　◇清霜殺氣得憂虞。十七
愚◇人生無賢愚。十七　◇衰迷賢與愚。十八　◇昔何勇銳今何愚。三
◇許身一何愚。三
娛◇相與博塞爲歡娛。一　◇徐行得自娛。二　◇君臣留歡娛。三
◇主客多歡娛。十五　◇夢盡失歡娛。十八
隅◇今辭楚塞隅。十八　◇天子亦念西南隅。八　◇可憐王孫泣路隅。三
◇歸飛青海隅。三　◇獨在天一隅。十五　◇佇立東城隅。十六
◇雲山湧坐隅。十九　◇棄擲傍天隅。十六　◇啼猿僻在楚山隅。十七
芻◇與奴白飯馬青芻。八

無◇骨鯁絕代無。八　◇黃金傾有無。十五　◇食之豪健西域無。二

◇五陵佳氣無時無。三　◇咸陽客舍一事無。一　◇見爾不能無。二

◇金支翠旗光有無。二　◇肯訪浣花老翁無。八　◇昭君宅有無。八

◇更有思明亦已無。十六　◇玄圃尋河知有無。十九　◇寒空半有無。十六

◇珊瑚市則無。廿　◇哀今徵斂無。廿　◇加餐愁欲無。十六

◇丹橘黃甘此地無。十七

巫◇還來謁大巫。一　◇繫舟臥荊巫。十四

蕪◇毛血灑平蕪。一　◇亦足慰榛蕪。一　◇敢論松竹久荒蕪。十一

◇懷古視平蕪。十五　◇雨露洗春蕪。八　◇秋野日荒蕪。十七

◇後祀何疎蕪。廿

誣◇文章敢自誣。十八

于◇聖德北服南單于。三　◇山鳥山花吾友于。十九

籲◇解纜獨長籲。十八

衢◇鳳沼接亨衢。一　◇不敢長語臨郊衢。三　◇高棟照通衢。十五

◇冰雪曜天衢。十八　◇嘶鳴望天衢。廿

儒◇戚聯豪貴耽文儒。十五　◇蒙恩早廁儒。十八　◇今年得舊儒。一

◇滎陽冠衆儒。十四　◇壯士恥爲儒。十四

濡◇雨露之所濡。四　◇裝囊半壓濡。十八

須◇竇氏檢察應時須。八　◇報答在斯須。十五　◇且爲王孫立斯須。三

◇經術漢臣須。一　◇時時戰鬬欲何須。十五　◇勞人害馬翠眉須。十七
◇淩寒往往須。十九　◇管葛不時須。廿　◇以俟公家須。廿
◇此味亦時須。十八　◇饔飧用斯須。十七　◇才緣挑戰須。三
◇死地脱斯須。十八
鬚◇問事競挽鬚。四　◇隨意數花鬚。二
株◇柴門擁樹向千株。十七
誅◇傍此煙霞茅可誅。十九　◇祿山作逆降天誅。十六　◇爭權將帥誅。十八
殊◇梔子紅椒艷復殊。十七　◇蒼鷹畫作殊。一　◇龍種自與常人殊。三
◇密奉聖旨恩宜殊。八　◇書生道固殊。十八　◇中外貴賤殊。十八
◇玉泉之南麓山殊。十九
殳◇此生免荷殳。七
逾◇滄浪深可逾。十八
腴◇得我色敷腴。十五　◇橘洲田土仍膏腴。十九
瑜◇好在阮元瑜。三
渝◇興深終不渝。十六
榆◇種杏仙家近白榆。十七
區◇凡馬徒區區。十五　◇嬾計卻區區。十八　◇薦藻明區區。十六
嶇◇未必免崎嶇。十八　◇用意盡崎嶇。廿
軀◇王孫善保千金軀。三　◇洗滌煩熱足以寧君軀。八　◇高臥負微軀。十八

◇早據要路思捐軀。廿　◇今幸樂國養微軀。十九　◇仰看八尺軀。廿

驅◇便道即長驅。十九　◇突將且前驅。三　◇骨肉不待同馳驅。三

珠◇汝身已見唾成珠。二　◇奔泉濺水珠。十八　◇此時驪龍亦吐珠。二

◇盈把那須滄海珠。廿　◇僧寶人人滄海珠。十九　◇遺我泉客珠。廿

◇勸人投比（一作「此」。）珠。十六

趨◇馮夷擊鼓羣龍趨。二　◇綵服日向庭闈趨。八　◇焉知衆壑趨。十八

◇揮發府中趨。十六

扶◇緩步仍須竹杖扶。十七　◇上馬不用扶。十七

符◇兵張虎豹符。十六　◇眞爲文翁再剖符。　◇一劍總兵符。廿

梟◇虛隨亂浴梟。十八

雛◇恐有無母雛。七　◇竇侍御，驥之子，鳳之雛。八　◇先拂鳳皇雛。十六

膚◇空翠撲肌膚。十八　◇身上無有完肌膚。三

夫◇豈復慰老夫。七　◇清談慰老夫。八　◇提攜愧老夫。十六

◇衰容問僕夫。十九　◇物色分留與老夫。十九　◇近者抉眼去其夫。十八

◇尺土負百夫。十五　◇岐有薛大夫。三　◇慨彼萬國夫。三

◇地崇士大夫。十四　◇嗟嗟鄧大夫。十四　◇幾回書劄待潛夫。十一

◇衰容豈壯夫。一　◇相逢皆老夫。二

扶◇六月曠摶扶。十八　◇此身已媿須人扶。廿　◇大廈傾宜扶。廿

◇春日兼蒙暄暖扶。十九

紆◇籬中秀色畫屏紆。十七　◇驪龍濯錦紆。十八　◇道林林壑爭盤紆。十九

輸◇獻捷不云輸。十五　◇欹斜挈浪輸。十八

樞◇殘月壞金樞。十八　◇微聲及禍樞。十七

廚◇采掇付中廚。十六　◇不敢恨庖廚。十七

蹰◇日暮且踟蹰。一　◇臨眺獨踟蹰。一（摩廚，藏器曰：摩廚子生西域及南海並斯調國，子如瓜，可爲茹，其汁香如中國用油。）

俱◇香廚松道清涼俱。十九　◇劇則貝魏俱。十五　◇天倫恨莫俱。一

◇年未三十忠義俱。八　◇汁滓宛相俱。十六　◇蒙將玉饌俱。十七

駒◇歷塊匪韁駒。十八　◇倜儻汗血駒。廿　◇莫鞭韁下駒。十六

十一　模

蒲◇側生野岸及江蒲。（「蒲」，一作「浦」。）十七　◇斯時伏青蒲。十五

◇沙茸出小蒲。十八

胡◇側目似愁胡。一　◇彎弓西射胡。三　◇爲我炊雕胡。三

◇屋底達官走避胡。三　◇長戟破林胡。十五　◇狼頭如拔胡。十八

壺◇不熟丹宮滿玉壺。十七　◇置在迎風寒露之玉壺。八　◇開冰清玉壺。十六

瑚◇腰下寶玦青珊瑚。三

湖◇青草洞庭湖。十七　◇樸直乞江湖。十八　◇王也論道阻江湖。十八

◇殿腳插入赤沙湖。十九　◇聲拔洞庭湖。十九　◇風神蕩江湖。廿

◇南嶽據江湖。十六　◇香爐峰色隱晴湖。十七

糊◇騶背錦糢糊。三

孤◇嵇紹自不孤。廿　◇細學何顒免興孤。十九　◇更長燭明不可孤。一

◇津亭北望孤。十八　◇武功少也孤。十四　◇常恐違撫孤。十五

◇不盡白鹽孤。十六

姑◇我之曾老姑。廿

酟◇酒憶郫筒不用酟。十一　◇爲君酟酒滿眼酟。八

辜◇不忍殺無辜。六

沽◇香醪懶再沽。二

徒◇斯文崔魏徒。十五　◇默思失業徒。三　◇近聞昆戎徒。三

◇奈何黠吏徒。十九　◇何必三千徒。廿　◇獻花何日許門徒。十七

塗◇甲子混泥塗。一　◇鶉首麗泥塗。十八

途◇水陸迷畏途。十二　◇誰分哭窮途。十八　◇牽迫限脩途。十九

◇不敢恨危途。十九

圖◇富貴功名焉足圖。十九　◇三城守邊皆可圖。八　◇邂逅豈即非良圖。一

◇昔獻書畫圖。十四　◇聞君掃卻赤縣圖。三　◇先拔古畫圖。十八

◇松門似畫圖。十六　◇應膺將相圖。廿　◇居然屈壯圖。十六

◇自天銜瑞圖。七

奴◇但道困苦乞爲奴。三

呼◇絕倒爲驚呼。十六　◇三更鳥獸呼。十九　◇太守庭内不喧呼。十九

◇斬木火井窮猿呼。八　◇軒檻勢可呼。一　◇飢鷹待一呼。一

◇槍急萬人呼。三　◇夜飛延秋門上呼。三　◇雁鶩空相呼。三

◇存歿再嗚呼。十五　◇韓彭不易呼。十八　◇既夕應傳呼。十六

吾◇可怕李金吾。二

梧◇陶謝不枝梧。二　◇同泣舜蒼梧。十八　◇棲枝把翠梧。十六

租◇縣官急催租。一

盧◇君王按湛盧。十八　◇袒跣不冒成梟盧。一

鑪◇初宵鼓大鑪。十九　◇元和辭大鑪。十五　◇汨沒聽洪鑪。十八

壚◇空知賣酒壚。二　◇論交入酒壚。十五

蘆◇香飯兼苞蘆。十六

爐◇六時天樂朝香爐。十九

蘇◇走置錦屠蘇。十六　◇氣待北風蘇。十九　◇附書與裴因示蘇。廿

◇兵革未息人未蘇。八　◇論文到崔蘇。十四　◇朔方氣乃蘇。十四

◇朗詠劃昭蘇。十八　◇葉蒂辭枝不重蘇。十七

狙◇愼勿出口他人狙。三

徂◇今夕何夕歲雲徂。一　◇合遝歲月徂。十五

烏◇長安城頭頭白烏。三　◇燕子逐檣烏。十八　◇金榜雙回三足烏。十九

晡◇環舟（一作「洲」。）納曉晡。十八

枯◇倚天松骨見來枯。十七　◇未覺栝柏枯。廿　◇愁絕付摧枯。十九
◇涼州白麥枯。三　◇寰海未凋枯。十五　◇濃淡樹榮枯。十八
麤◇吐蕃憑陵氣頗麤。八
都◇昔在鳳翔都。六　◇藹藹咸陽都。四　◇江花未落還成都。八
◇憶念鳳翔都。十二　◇二年客東都。一　◇東來橐駝滿舊都。三
◇春城赴上都。三　◇得歸茅屋赴成都。十一　◇惟梁孝王都。十五
◇轉盼拂宜都。十八　◇師老荒京都。廿

十二　齊（獨用。）

齊◇儒術大名齊。二　◇敢決豈不與之齊。十八　◇長林卷霧齊。十七
黎◇嘉譙及遠黎。二
犂◇縱有健婦把鋤犂。一
妻◇方法報山妻。十七
悽◇游梁竟慘悽。二
低◇恩承雨露低。二　◇漠漠秋雲低。六　◇隨意葛巾低。十七
啼◇見爺背面啼。四　◇都人回面向北啼。三　◇公侯草間啼。十九（驅策「梁卵焍黃」注：焍音題，焦也。）
蹄◇野店山橋送馬蹄。十一　◇歸馬散霜蹄。二　◇崑崙虞泉入馬蹄。十八
◇全身學馬蹄。十七　◇虎跡過新蹄。十七　◇驄馬新鑿蹄。三

◇橘刺藤梢咫尺迷。十一　◇武陵春樹他人迷。十七　◇蒼鷹飢啄泥。六

泥◇先拼一飲醉如泥。十一　◇亨衢炤紫泥。二

◇山雨不作泥。十六　◇組練棄如泥。十五　◇杖藜入春泥。三

◇朱果落封泥。十七　◇朋來有醉泥。十七

溪◇村船逆上溪。十七　◇竹寒沙白浣花溪。十一　◇應指釣璜溪。二

◇若耶溪。三　◇船渡入江溪。十六　◇一種住青溪。十七

◇南有龍湫北虎溪。十七

珪◇琳琅識介珪。二　◇吟同楚執珪。十六

睽◇騰躍事仍睽。二

攜◇甕醬落提攜。十七　◇才小入（一作「辱」。）提攜。二

◇近身藥裹酒長攜。十七

畦◇淹留爲稻畦。十七　◇胡牀面夕畦。十七

十三　佳（「皆」同用。）

佳（古膎切。杜詩遥作今音「加」。與「花」字叶。凡押「麻」韻，此皆書「嘉」字下。）

◇既雨晴亦佳。三（此句又見麻韻「嘉」字下批注。）

柴（士佳切。）　◇其氣如焚柴。十六　（杜與「牙」同押。）

涯（五佳切。）　◇我飢豈無涯。三　（杜葉如今「牙」。）

崖（五佳切。）　◇回首望兩崖。十六　（與「牙」同押。）

十四　皆

階◇寂寞想土階。十四
排◇非關故安排。十八
懷◇自非曠土懷。一　◇尚看王生抱此懷。一　◇赤憎輕薄遮仁懷。廿
◇四序嬰我懷。十五　◇窮迫挫囊懷。十九

十五　灰（「咍」同用。）

灰◇吾人甘作心似灰。二　◇宗廟尚爲灰。三　◇丹心一寸灰。三
◇心死著寒灰。三　◇冥心若死灰。十　◇龍池塹刼灰。廿
◇吹葭六琯動飛灰。十八
恢◇祝網但恢恢。十九
魁◇眞宜法門魁。十九
回◇無人遂卻回。三　◇生涯盡幾回。一　◇嬌燕入簾回。一
迴◇高秋念卻迴。十六　◇水鳥過仍迴。十六　◇巫峽秋濤天地迴。十六
◇金吾萬國迴。廿　◇握節漢臣迴。三　◇痛哭松身迴。四
◇從天此路迴。六　◇一日須來一百迴。九　◇使者徒勞百萬迴。十
◇昭王去不迴。十九　◇暫借上天迴。十九　◇南征且未迴。十九
◇西江首獨迴。十七　◇天地劃爭迴。十七　◇渚清沙白鳥飛迴。十七

◇洞庭揚波江漢迴。十八　◇雲晴欲半迴。十七　◇倚杖更徘徊。十七
徊◇淚落強徘徊。三　◇聖慮窅徘徊。十九
枚◇樵舟豈伐枚。十六
媒◇黃龍詎假媒。十九
梅◇山意衝寒欲放梅。十八　◇紅綻雨肥梅。二　◇安得健步移遠梅。三
◇陰風過嶺梅。十九
雷◇滄江十月雷。十七　◇昨夜有奔雷。十七　◇還嗟地出雷。十六
◇何得空裏雷。三　◇山根鱣鮪隨雲雷。九　◇三蟄楚祠雷。十九
催◇天時人事日相催。十八　◇恐失佳期後命催。十六　◇身世白駒催。十九
◇干戈衰謝兩相催。十七　◇未去小童催。十七
頹◇庭鶴舞摧頹。十九
隤◇詩音義「徒壞反」。
摧◇莫使棟樑摧。十九　◇沙虛岸只摧。十七　◇雙楓舊已摧。十九
陪◇艱危哀職陪。十九
杯（「盃」俗。）　◇教兒且覆掌中杯。十八　◇會有故人杯。十六
◇處處接金杯。十九　◇何知共酒杯。三　◇生前相遇且銜杯。二
◇軍令分明數舉杯。十三　◇願吹野水添金杯。三　◇主人罷鱠還傾杯。九
◇愁徵處處杯。十九　◇傳杯不放杯。十七　◇潦倒新停濁酒杯。十七
壞◇隱類鑿顏壞。十九

醅◇相迎自醱醅。十七

推◇凶門轂少推。十九

十六　咍

咍◇任受衆人咍。十九

開◇東郊何時開。三
◇小兒心孔開。三
◇金銀佛寺開。一
◇高城煙霧開。一
◇殘山碣石開。二
◇主人錦帆相爲開。二
◇日出野船開。十九
◇熏然耳目開。三
◇何時郡國開。六
◇郊扉冷未開。十七
◇柴扉埽逕開。十七
◇連山雨未開。十六
◇蓮峰望忽開。三
◇干戈塞未開。十七
◇蛟龍鬬不開。十六
◇今晨散帙眼忽開。廿
◇櫓搖背指菊花開。十六
◇南遊北戶開。十六
◇菊花從此不須開。十七
◇但媿菊花開。十七

哀◇風急天高猿嘯哀。十七
◇秋山響易哀。十七
◇白首獨餘哀。廿
◇輾轉仲宣哀。十九
◇暴殄天物聖所哀。九
◇羌笛暮吹哀。六
◇如何不飲令心哀。三
◇吾寧捨一哀。三
◇巫峽清秋萬壑哀。十三

埃◇孔丘盜蹠俱塵埃。二
◇舟子喜甚無氛埃。二
◇壯觀已塵埃。廿
◇井竈任塵埃。十九

臺◇東下姑蘇臺。十五
◇共迎中使望鄉臺。十三
◇氣酣登吹臺。十五
◇玄冬幾夜宿陽臺。十八
◇披寫忽登臺。三
◇折檻出雲臺。十九

◇秦樹遠樓臺。廿　◇未必自陽臺。十六　◇高義在雲臺。廿

◇衰意欲登臺。十六　◇抱病起登江上臺。十七　◇百年多病獨登臺。十七

◇霹靂楚王臺。十七　◇亭亭鳳凰臺。七

苔◇皮須截錦苔。十九　◇石田茅屋荒蒼苔。二　◇隨意坐莓苔。二

◇古人白骨生青苔。三

駘◇歎爾疲駑駘。十八

該◇榮枯劃易該。十九

才◇虛懷只愛才。一　◇愧匪挺生才。十九　◇皆登屈宋才。十九

◇時危始識不世才。十七　◇入幕未展才。廿　◇是以資雅才。廿

◇主人不世才。十八

材◇不道棟樑材。十九　◇安危須仗出羣材。十三　◇金眸玉爪不凡材。

來◇宛馬至今來。六　◇驛樹出城來。一　◇名是漢廷來。一

◇先生早賦歸去來。一　◇今弟草中來。三　◇金魚換酒來。一

◇疑是崆峒來。二　◇絲管啁啾空翠來。二　◇客從南縣來。三

◇復自碣石來。十四　◇錦江春色逐人來。三　◇陰風西北來。四

◇我經華源來。三　◇氣酣日落西風來。三　◇迴略大荒來。三

◇門外鸕鷀久不來。九　◇渡海疑從北極來。十八　◇少年早歸來。十八

◇不道諸公無表來。十六　◇俱過阮宅來。三　◇辛苦賊中來。三

◇反畏消息來。三　◇東津觀魚已再來。九　◇天子從北來。三

◇扁舟任往來。十九
◇白馬東北來。廿
◇頻傷八月來。廿
◇鷗鳥鏡裏來。十六
◇客散鳥還來。十七
◇叢花笑不來。十九
◇密作渡江來。十五
◇客從南溟來。廿
◇斯人脱身來。十六
◇林迴硤角來。七
◇清簾白舫益州來。十六
◇好與雁同來。十六
◇故國霜前白雁來。十七
◇難得一枝來。十七
◇不盡長江滚滚來。十七
◇愧子廢鋤來。十七
◇野靜白鷗來。十七
◇深蟠絕壁來。十七
◇冬至陽生春又來。十八
◇丹雀啣書來。十八
◇修德使其來。五
◇陰風千里來。六
萊◇合還起蒿萊。十九
災◇宗臣忌諱災。十九
哉◇浮名安在哉。十九
◇鳳皇麒麟安在哉。九
◇亦知窮愁安在哉。三
◇川陸日悠哉。一
◇儒術於我何有哉。二
猜◇勿受外嫌猜。一
◇沙頭忽見眼相猜。九
◇春燕同歸必見猜。十八
◇茫然庶事使人猜。十六
◇豺虎亂雄猜。十九
胎◇探腸有禍胎。十九
台◇晉使坼中台。十九
◇五雲多處是三台。十六
鰓◇時曝報恩鰓。十九

十七　眞（「諄」、「臻」同用。）

眞◇驅馳喪我眞。六
◇嗜酒不失眞。十七
◇甚愧丈人眞。一
◇畏人嫌我眞。十六
◇態濃意遠淑且眞。二
◇問罪消息眞。廿
◇病從斟酌道吾眞。十六
◇使差疏離卻甚眞。十七
◇嗜酒見天眞。六

振◇明公論兵氣益振。廿

因◇良覿眇無因。六
◇使者來相因。十二
◇此病蓋有因。十七

茵◇當軒下馬立錦茵。一
◇永懷侍芳茵。十四

新◇猥誦佳句新。一
◇龍門客又新。二
◇三月三日天氣新。二
◇調和鼎鼐新。二
◇見之坐右久更新。二
◇天笑不爲新。十四
◇況復荊州賞更新。十一

辛◇到處潛悲辛。一
◇不復同苦辛。二
◇萬事益酸辛。二
◇衰謝增酸辛。十四
◇撫跡猶酸辛。三
◇萬乘爲酸辛。十二

薪◇夜字炤爇薪。十四

辰（植鄰切。）
◇恩傾雨露辰。一
◇聽履上星辰。二
◇王城通北辰。十二
◇稽留伏枕辰。廿

晨（植鄰切。）
◇或在風雪晨。十四
◇不昧風雨晨。十三

宸◇中間謁紫宸。二
◇鳴玉朝來散紫宸。十八

臣◇況懷辭大臣。一
◇宜居漢近臣。二
◇丹青憶老臣。二

◇直筆在史臣。十四　◇禮異見羣臣。十四　◇俱爲蜀使臣。十
◇朝廷多正臣。十二　◇餘時忝諍臣。六　◇鳴玉鏘金盡正臣。十六
◇下有行化臣。十七　◇劉毅答詔驚羣臣。廿　◇主守問家臣。十六
◇蒼生倚大臣。十九　◇美名光史臣。廿

仁（如鄰切。）

◇何處且依仁。六　◇聖聰矧多仁。十四　◇貴人豈不仁。十九

人◇蹉跎陶唐人。十九　◇道傍過者問行人。一　◇路逢相識人。二
◇賢良復幾人。二　◇長安水邊多麗人。二　◇疲苶竟何人。十四
◇生涯似衆人。二　◇故獨寫眞傳世人。二　◇泉出巨魚長比人。二
◇灑落辭幽人。十四　◇眉宇眞天人。十四　◇仿像識蛟人。二
◇送兵五千人。四　◇忽忽窮愁泥殺人。十八　◇始知賢主人。三
◇弟子四五人。五　◇妻子亦何人。五　◇焉得一萬人。三
◇錦里逢迎有主人。十一　◇昭陽院裏第一人。三　◇寥落無其人。十二
◇不薄今人愛古人。九　◇惠遠德過人。三　◇檣燕語留人。十九
◇泱泱泥圬人。三　◇也復可憐人。三　◇當時往還人。三
◇修文偃武不無人。十五　◇宮闈不擬選才人。十五　◇問道暫時人。三
◇不及村野人。十七　◇憶昔村野人。十七　◇先帝侍女八千人。十八
◇齒落未是無心人。廿　◇濟世宜引英俊人。廿　◇哀彼遠征人。十六
◇督領不無人。十六　◇比看伯叔四十人。十七　◇今者兄弟一百人。十六

◇榮名忽中人。十八
◇落日未逢人。十七

神◇下筆如有神。一
◇但覺高歌有鬼神。二
◇簫鼓哀音感鬼神。二
◇蒼茫興有神。二
◇雖未成龍亦有神。二
◇篇什若有神。十四
◇園林固有神。四
◇對此融心神。三

晨（食鄰切。又植鄰切。）
◇盡力潔飧晨。六
◇洩雲蒙清晨。七

親（七人切。）
◇意氣死生親。廿
◇詩看子建親。一
◇附書與六親。二
◇台衮更誰親。二
◇就中雲幕椒房親。二
◇天邊風俗自相親。十八
◇倍此骨肉親。十四
◇功業暗相親。九
◇自契魚水親。十八
◇殺伐虛悲公主親。十一

伸◇別顏始一伸。十二
◇欻然欲求伸。一
◇方覬薄才伸。二

身◇鳥呼藏其身。三
◇負米晚爲身。十四
◇鄒魯莫容身。二
◇五花散作雲滿身。一
◇儒冠多誤身。一
◇遠戍亦有身。二
◇文章實致身。二
◇珠壓腰衱穩稱身。二
◇拜命已挺身。十四
◇人寰難容身。三
◇仗子濟物身。十二
◇取用及吾身。三
◇聖哲爲心小一身。十六
◇孰免危其身。十七
◇看松露滴身。十七
◇衰年強此身。十七
◇未達善一身。十九
◇蒼茫土木身。廿
◇餘波及老身。廿
◇何異飄飄託此身。廿
◇拖玉腰金報主身。十六
◇長大不容身。十七
◇江村獨老身。十七
◇一官羈絆實藏身。十二

紳◇少壯已書紳。十四
◇東方領縉紳。二

賓◇早充觀國賓。一　◇鄉賦念嘉賓。二　◇許生五臺賓。二

◇門引申白賓。十四

鄰◇蜀客郤岑非我鄰。十六　◇筵秩宴比鄰。（此句杜詩與「陰」、「吟」同用。）

◇王翰願蔔鄰。一　◇生女猶得嫁比鄰。一　◇芬芳孟母鄰。十八

◇不教鵝鴨惱比鄰。十二　◇未甚後四鄰。十六　◇荒蕪孟母鄰。廿

◇關西得孟鄰。六　◇道屈善無鄰。六　◇餘波德炤鄰。二

◇墓久狐兔鄰。十四　◇清詞秀句必爲鄰。九　◇田父實爲鄰。十七（爾雅曰：「螢火，卽炤燐也。」埤雅引毛詩傳曰：「熠，燿燐也。」「燐，螢火也。」又引古今注曰：「螢，一名燐。」）

鱗◇蹭蹬無縱鱗。一　◇水精之盤行素鱗。二　◇丹砂作尾黃金鱗。二

◇水有在藻鱗。十四　◇最覺潤龍鱗。三　◇截江一擁百鱗。九

◇一起轍中鱗。廿　◇回首怪龍鱗。十七

麟◇功名圖麒麟。二　◇蹙金孔雀銀麒麟。二　◇早聞黃閣畫麒麟。十六

驎◇驚代得麒驎。二　◇上又回翠驎。十四

珍◇俄頃羞頗珍。廿　◇所過信席珍。十七　◇御廚絡繹送八珍。二

◇由來席上珍。二　◇夔龍廊廟珍。廿　◇逢迎念席珍。六

陳◇其樂難具陳。十七　◇扣馬久上陳。十四　◇天高難重陳。二

◇賤子請具陳。一　◇但願子章陳。十二　◇思見農器陳。三

◇名數頗具陳。十六

塵◇苑囿騰清塵。二　◇暮隨肥馬塵。一　◇鷴鶚離風塵。二
◇黃門飛鞚不動塵。二　◇至尊尚蒙塵。四　◇況我墮胡塵。四
◇亦未雜風塵。十七　◇巾拂香餘擣藥塵。十八　◇志已清風塵。十二
◇恐與齊梁作後塵。九　◇數通和好止煙塵。十八　◇迴風颯颯吹沙塵。九
◇飄飄若埃塵。十七　◇聖朝尚飛戰國塵。廿　◇戰地有黃塵。十七
◇前後間清塵。廿　◇徵君晚節傍風塵。十二　◇天子猶蒙塵。六
◇此物在風塵。六　◇青雲滿後塵。六

津◇立登要路津。一　◇早晚報平津。二　◇賓從雜遝實要津。二
◇滄海闊無津。二　◇嘯歎元和津。廿　◇乘槎動要津。廿
◇泛舟俱遠津。十四　◇浮龍倚長津。十二　◇綿州江尾之東津。九
◇往復江漢津。十七　◇廷評近要津。廿

嗔◇每扶必怒嗔。十七　◇旁舍未曾嗔。十六　◇不勞吏怒嗔。二
◇愼莫近前丞相嗔。二

秦◇歸赴朝廷已入秦。十六　◇扶櫬歸咸秦。十二　◇卽將西去秦。一
◇賜名大國虢與秦。二　◇范叔已歸秦。二　◇路迷何處見三秦。十八
◇贊普多教使入秦。十八　◇款款話歸秦。十六　◇直指熖西秦。十六
◇天闊樹浮秦。九　◇渭水不離秦。六（「渭」，一作「源」。）
◇黃公豈事秦。六

濱◇同游錦水濱。廿　◇我亦滯江濱。十七　◇會我病江濱。十二

◇我行已水濱。四　◇回首清渭濱。三

頻◇行人但云點行頻。　◇志屈悲哀頻。十六　◇明翻宿鳥頻。十七

◇子夏索居頻。二　◇中丞問俗畫熊頻。十八　◇潘輿送喜頻。十八

◇廉頗出將頻。九　◇亂後別離頻。六　◇薏苡謗何頻。六

◇主恩視遇頻。十四　◇門庭畏客頻。十七　◇權宜借寇頻。十九

蘋◇楊花雪落覆白蘋。二　◇處處青江帶白蘋。十一　◇況足采白蘋。十七

銀◇魴魚鱍鱍色勝銀。九　◇手自與金銀。十四　◇自有色如銀。十七

◇知吾斑鬢總如銀。十八

垠◇書劄到天垠。十二　◇揮灑動八垠。十七

筠◇迴首望松筠。六　◇時過憶松筠。一

巾◇隨意簪葛巾。十九　◇光明白氎巾。三　◇青鳥飛去銜紅巾。二

◇懷舊益霑巾。廿　◇涕淚在衣巾。二　◇義形必沾巾。十四

◇嗚咽淚沾巾。三　◇吐蘖攬衣巾。十七　◇穿花落水益沾巾。廿

◇正思戎馬淚霑巾。十七　◇陶公漉酒巾。六

岷◇賊火近洮岷。六

縉◇軍須遠笄縉。九

旻◇側頸訴高旻。十六　◇鼓枻視青旻。十七

貧◇諸生原憲貧。六　◇一字買堪貧。六　◇難甘原憲貧。一

◇兵久食恐貧。十二　◇我輩本長貧。十七　◇誅求異俗貧。十七

◇從來原憲貧。廿　◇此去苦家貧。十七
民◇陶唐歌遺民。二　◇遂令半秦民。四　◇復睹畊桑民。十二

十八　諄

恂◇刺史似寇恂。十八（頃侯溫疥，師古「音詢，又音旬」。從扌不從木。當是傳寫少訛。）
淳◇再使風俗淳。一　◇風俗盡還淳。二
瞤（詩箋音「而純反」，亦當收「犉」下。）
脣◇翠微㔩葉垂鬢脣。二
漘◇東浮滄海漘。十七
屯（陟綸切，又徒渾切。難也，厚也。）　◇豈得恨命屯。十七
淪◇愚蒙但隱淪。二　◇行歌非隱淪。一　◇容易失沉淪。二
輪◇下拂明月輪。十四　◇蝦蟆沒半輪。十六　◇繫舟盤藤輪。十九
◇熊軾且移輪。廿　◇關山倚月輪。六
倫◇文雅見天倫。十四　◇傳經固絕倫。二　◇爽氣必殊倫。二
◇炙手可熱勢絕倫。二　◇高義邁等倫。十二　◇公矦爲等倫。十七
◇褚公書絕倫。十九　◇尊榮邁等倫。十八　◇先生藝絕倫。六
◇流傳必絕倫。六
綸◇鸞刀縷切空紛綸。二　◇頹綱漏網期彌綸。廿　◇賢豪贊經綸。廿
◇餘孽尚紛綸。六

十九　臻

駪◇萬馬肅駪駪。十二
詵◇籲嗟後郤詵。二

二十　文（獨用。）

文◇新晴錦繡文。十六　◇重與細論文。一　◇長空面水文。廿
◇兼隨鄭廣文。十七　◇箇箇五花文。十七　◇還披鮑謝文。十七
◇汝更少年能綴文。二　◇稚子總能文。二　◇前後百卷文。十四
◇示我百篇文。十二
聞◇天清木葉聞。十七　◇哀多如更聞。十七　◇崔九堂前幾度聞。廿
◇行斷不堪聞。廿　◇舟重竟無聞。廿　◇初來葉上聞。十六
◇三年實飽聞。十六　◇空峽夜多聞。十七　◇兒童未遣聞。六
◇秋砧醒卻聞。十四　◇大賢爲政卽多聞。十七　◇那堪處處聞。四
◇主將寧盡聞。二
雲◇帆留一片雲。十七　◇青海黃河卷塞雲。十八　◇亦如角鷹下翔雲。十八
◇蘯胷生曾雲。一　◇幽處欲生雲。一　◇江東日暮雲。一
◇鷙鳥舉翮連青雲。二　◇旅食瀼西雲。十六　◇紅見海東雲。十六
◇風折旋隨雲。十六　◇寒深北渚雲。廿　◇先花別楚雲。廿

◇數將黃霧亂玄雲。十七
◇江入度山雲。廿
◇雉堞粉似雲。十六
◇相失萬重雲。十七
◇疊嶺宿靀雲。十七
◇西北有孤雲。十七
◇山籬帶薄雲。十七
◇階前樹拂雲。二
◇上有無心雲。三
◇四海八荒同一雲。二
◇晴天卷片雲。六
◇翻身向天仰射雲。三
◇濳龍故起雲。十七
◇今日始無雲。四
◇是身如浮雲。六

氳◇佳氣日氤氳。一
◇秋興坐氤氳。十七

濆◇臥龍無首對江濆。十七

焚◇上感九廟焚。十五

分◇刺史眞符不必分。十七
◇陽臺曙色分。十七
◇陰晴屢不分。廿
◇四序本平分。十九
◇亭午未全分。十六
◇明明領處分。十三
◇水竹會平分。六
◇驅出六合梟鸞分。十八
◇香爐曉勢分。二
◇聽詩靜夜分。二
◇濁涇清渭何當分。二

羣◇安得爾輩開其羣。十八
◇三峰意出羣。一
◇飄然思不羣。一
◇倏忽數百羣。二
◇不與衆峯羣。六
◇西戎休縱犬羊羣。十八
◇年衰鴛鷺羣。十七
◇全生麋鹿羣。十六
◇飛鳴聲念羣。十七
◇戎馬惜離羣。四
◇喧已去人羣。十七
◇應共爾爲羣。十七
◇心醉阻賢羣。十七
◇摩霄鶴數羣。十六
◇輕霑鳥獸羣。十六
◇側身長顧求其羣。廿
◇高起洞庭羣。廿

曛◇書籤映隙曛。十七
◇江南日色曛。廿

勳◇幾時樹功勳。二　◇異王策崇勳。十四

醺◇愁多任酒醺。四

君◇不見比封君。十六　◇生逢堯舜君。三　◇辛勤不見華蓋君。十八
◇昔謁華蓋君。五　◇府中韋使君。三　◇上有明哲君。十七
◇聽雞更憶君。廿　◇落花時節又逢君。廿

軍◇蕭關隴水入官軍。十八　◇知是相公軍。三　◇荊南芮公得將軍。十八
◇桓桓陳將軍。四　◇俊逸鮑參軍。一　◇領我赴三軍。二
◇筆陣獨埽千人軍。二　◇焉得附書與我軍。三　◇不必作參軍。十七
◇應洗伏波軍。廿

紛◇世上兒子徒紛紛。二　◇涼月白紛紛。二　◇闌風伏雨秋紛紛。二
◇風處急紛紛。十六　◇大雪夜紛紛。廿　◇鳴噪自紛紛。十七
◇坐客醉紛紛。十七

二十一　殷（獨用。）

勤◇空念禹功勤。十七　◇尚驚矰繳勤。十六　◇敢忘帝力勤。十二（蔡十四篇）
◇皆是王忠勤。十四

芹◇暮啄泥中芹。十六　◇風吹春井芹。三

斤◇操持郢匠斤。二（杜押真韻中。）

筋◇損傷已露筋。十六

欣◇林木心所欣。十六

二十二　元（「魂」、「痕」同用。）

元◇窮年憂黎元。三

原◇草露滿秋原。十七　◇荊棘暗長原。十六　◇虎狼窺中原。十九

源◇登高素滻源。十七　◇多憂汙桃源。十九　◇西上岷江源。十八

◇使客向河源。六　◇勝概憶桃源。二

（集韻有「拳」、「捲」、「權」、「權」。小補於此字下，亦云「又元韻」。）

援◇行李相攀援。三

垣◇長懷禁掖垣。二

園◇養親唯小園。十六　◇埋沒在中園。十六　◇清晨向小園。十六

◇青春波浪芙蓉園。二　◇江山非故園。十七

猿◇耳邊已是聞清猿。三

煩◇我衰涕涶煩。十八

藩◇竹枝霜不藩。一　◇九曲非外藩。十四

繁◇馬齒葉亦繁。十六　◇鸎歌煖正繁。三　◇涔涔塞雨繁。六

◇朱果爛枝繁。十六　◇況兼水賊繁。十九　◇何須花燼繁。十七

◇天寒霜雪繁。七

翻◇踏藉盤案翻。十三　◇梅花已飛翻。十八　◇地軸爲之翻。三

◇無乃瀟湘翻。三　◇王母晝下雲旗翻。一（工部「翻」字與「寒」、「壇」同用。）

◇拂水低徊舞袖翻。二　◇陵厲不飛翻。二

暄◇炙背近墻暄。十七

萱◇堂後自生萱。一

喧◇黃牛峽水喧。十七　◇骨清慮不喧。十八　◇空聞燕雀喧。二（「喧」一作「闕」。）

◇巢多衆鳥喧。二　◇終防市井喧。十六　◇爲態何喧喧。十六

諼（又「忘」也。）

軒◇沈吟坐西軒。二　◇炙背俯晴軒。三　◇蜀都足戎軒。十八

◇夜深坐南軒。十八　◇放歌避戎軒。十六

鶱◇風雅藹孤鶱。一

二十三　魂

魂◇無夢寄歸魂。十七　◇招得幾時魂。三　◇鬱沒二悲魂。十九

◇慰我久疾魂。十八　◇環佩空歸月夜魂。十三　◇南方實有未招魂。十六

◇昭州詞翰與招魂。廿

渾◇汲多井水渾。二

昆◇謀拙愧諸昆。一　◇實惟親弟昆。十八

溫◇之子白玉溫。十八

◇知有從來天子尊。十六　◇南北東西拱至尊。十八　◇祝融五峰尊。十九
◇服食劉安德業尊。廿　◇吾知拙養尊。十七　◇圖以奉至尊。七

罇◇恨此當離尊。十八　◇從兒具綠尊。十七

存◇白頭唯有赤心存。十六　◇遙憐舍弟存。三　◇伏櫪在坰空大存。二
◇家聲庶已存。二　◇河間經術存。十八　◇懷古意空存。一
◇憶昔李公存。十四　◇白首扁舟病獨存。廿　◇署有其名存。十六
◇今日幾家存。十七

蹲◇暫睡想猿蹲。十七

敦◇同姓古所敦。一　◇肅睦古制敦。十八

墩（齊墩，果名。酉陽雜俎：齊墩生波斯及拂菻，高二三丈，花似柚，極香美，似楊桃。五月熟，西域人壓爲油一煎餅果。）

屯（徒渾切，聚也。）◇入門天廐皆雲屯。二　◇防邊舊穀屯。十七

豚◇旭日散雞豚。十七

村◇樵歌稍出村。十七　◇畊稼學山村。十七　◇罷人不在村。十九
◇歸雲擁樹失山村。十七　◇月掛客愁村。十七　◇生長明妃尚有村。十三
◇寄食一家村。三　◇愚公野穀村。一　◇客舍如荒村。二
◇柴門老樹村。三　◇牛羊嶺上村。六

奔◇談論淮湖奔。十八　◇沈埋日月奔。一　◇覺兒行步奔。一
◇彼軍爲我奔。二　◇蕃人聞道漸星奔。十八　◇衣冠南渡多崩奔。廿

論（盧昆切，又力旬、盧純二切。說也，議也，思也。）
◇春官驗討論。二　◇兒童惠討論。一　◇世事固堪論。十六
◇一勝何足論。二　◇庶與達者論。十九　◇薄俗難具論。一
◇聰慧與誰論。三　◇請從丈人論。十八　◇倜儻權奇難具論。二
◇東西南北更堪論。廿　◇愁絶更看論。十七　◇分明怨恨曲中論。十三
崘◇雲氣接昆侖。六　◇崆峒西極過崐崘。十八
坤◇歸老任乾坤。一　◇直氣橫乾坤。十八　◇今春喜氣滿乾坤。十八
◇勞生共乾坤。十一　◇欲傾東海洗乾坤。廿　◇作客信乾坤。十七
顚（又去聲。）
昏◇楚王宮北正黃昏。十六　◇風來北斗昏。十七　◇百里風塵昏。二
◇江山雲霧昏。十八　◇獨留青塚向黃昏。十三　◇氣擁葵荏昏。十六
閽◇途窮乃叫閽。二　◇誰能叫帝閽。三

二十四　痕

痕◇伏枕淚雙痕。十七　◇永掛麤刺痕。十六　◇白帝城西過雨痕。十六
◇啼垂舊血痕。三　◇蛟螭出無痕。十八
馨（香也。亦人名。姚興太史令郭馨。馨，東坡詩第廿八卷有書馨公詩後。馨公本名清戒。）
根◇放手傷葵根。一　◇老夫困石根。十八　◇摧頽蒼松根。三
◇痛哭蒼煙根。三　◇輕雲倚細根。十七　◇大江蟠嵌根。十六

◇傾奪蕙草根。十六　◇讀書秋樹根。十六
恩◇常荷地主恩。十六　◇雄姿未受伏櫪恩。一　◇棄絕父母恩。二
◇難述二公恩。二　◇聖人筐篚恩。三　◇不如親故恩。十八
吞◇發聲爲爾吞。十

二十五　寒（「桓」同用。）

寒◇天長關塞寒。六　◇報之以微寒。十六　◇渚拂蒹葭寒。十八
◇冰漿碗碧瑪瑙寒。一　◇青石漠漠常風寒。一　◇瓜嚼水精寒。二
◇雨聲颼颼吹早寒。二　◇清輝玉臂寒。三　◇月過北庭寒。六
◇沙晚鶺鴒寒。十六　◇積阻霾天寒。七　◇西征海氣寒。三
◇荆巫非苦寒。十六　◇佳晨强飲食猶寒。廿　◇一請甘飢寒。十六
◇白帝峽風寒。十七　◇杜鵑不來猿狖寒。十八
翰◇從茲正羽翰。三
單◇我實衣裳單。七
丹◇筆跡遠過楊契丹。三　◇衰顏欲付紫金丹。十一
安◇兵甲望長安。三　◇社稷蒼生計必安。十六　◇稍令社稷安。十二
◇未解憶長安。三　◇昔隨劉氏定長安。十七　◇茘枝還複入長安。十七
◇艱難體貴安。廿　◇愁看直北是長安。廿
鞍◇傷時卽據鞍。三

難◇人世別離難。三

◇魚海路常難。六

◇信有人間行路難。十一

◇君不見才士汲引難。二

◇空愁避酒難。二

◇胡雁翅溼高飛難。二

◇未敢辭路難。七

◇羈棲見汝難。十六

◇猶嘆行路難。十七

◇一論朋友難。十九

◇爲冬亦不難。十七

餐◇金錢罄一餐。二

◇使我不能餐。三

◇行子傍水餐。七

珊◇時聞雜佩聲珊珊。一

壇◇屋前太古玄都壇。一

◇王喬下天壇。五

◇何時議築壇。六

干◇蠻夷雜種錯相干。十五

玕◇留客夏簟清琅玕。一

◇持荅翠琅玕。二

竿◇惡竹應須斬萬竿。十一

◇皂尾製旗杆。十七

乾(古寒切。)

◇田家望望惜雨乾。五

◇懸軍幕井乾。六

◇泥汙後土何時乾。二

◇雪重拂廬乾。三

◇制可題未乾。十四

◇雙炤淚痕乾。三

◇衣袖不曾乾。十六

欄◇常若沙崩損藥欄。十一

瀾◇泝沿增波瀾。七

◇南紀改波瀾。廿

看◇漢節野童看。三

◇孝子忠臣後代看。十六

◇閨中只獨看。三

◇老年花似霧中看。廿

丸◇應對如轉丸。三

紈◇絲麻雜羅紈。十八（菜根篇與六韻葉。）

端◇山谷勢多端。七　◇浮俗何萬端。十六　◇已入風磴霾雲端。一

◇感動百慮端。十六（與元韻葉。）

湍◇片片輕鷗下急湍。廿　◇也從江檻落風湍。十一

團◇玉座應悲白露團。十七

摶◇九萬一朝摶。三

官◇司直非冗官。十八　◇借問今何官。二　◇幕府綴諫官。三

◇身退豈待官。二　◇今日起爲官。三

觀◇超然牟壯觀。七

冠◇雖蒙換蟬冠。十四　◇隱幾蕭條戴鶡冠。廿

巒◇兵氣漲林巒。三

歡◇既結仁里歡。三　◇南陌既留歡。十　◇和親願結歡。三

◇舊俗自相歡。十七

寬◇吳吞水府寬。十六　◇惟良待士寬。三

盤（俗作「柈」。）◇內府殷紅瑪瑙盤。十一　◇焦糖幸一柈。十七

◇況聞內金盤。三　◇夷歌捧玉盤。三　◇向來雲濤盤。十九

蟠（薄官切。又見元韻。）　◇逕摩穹蒼蟠。七

二十七　刪（「山」同用。）

關◇上牢下牢修水關。十六　◇一一問函關。十六　◇暮年詩賦動江關。三
◇卻望懷青關。一　◇水面月出藍田關。二　◇胡馬犯潼關。十七
◇東來紫氣滿函關。十四　◇胡虜千秋尚入關。十三　◇不夜月臨關。六
◇清深歸遠關。十七

還◇唯應促駕還。一　◇何時築城還。二　◇各滿深望還。十四
◇一麾出守還。十四　◇樓蘭斬未還。六　◇龐公隱不還。六
◇詞客哀時且未還。十三　◇朝廷憫生還。三　◇江東客未還。十七
◇終契如往還。十八　◇春歸客未還。十五　◇暖向神都寒未還。十六
◇鷗輕故不還。十七

環◇不知何國致白環。五

鬟◇自陳剪髻鬟。廿

班◇幾回青鎖點朝班。十三　◇回首憶朝班。十七

斑◇休鑷鬢毛斑。六　◇過眉拄杖斑。十五

蠻◇戰自青羌連百蠻。十六　◇風雲暗百蠻。十七

顏◇嘗新破旅顏。十七　◇都人慘別顏。十七　◇日繞龍鱗識聖顏。十三
◇野人曠蕩無靦顏。三　◇將軍且莫破愁顏。十三　◇衰颯正摧顏。六

◇朋知來問䀹我顏。十六　◇有鏡巧催顏。十七

攀◇蒼生豈重攀。十七　◇鐵鎖高垂不可攀。一　◇清晨陪躋攀。三

◇可望不可攀。二　◇過去杳難攀。十九　◇龍冉幸再攀。十七

二十八　山

山◇漢朝陵墓對南山。十三　◇蓬萊宮闕對南山。十三　◇魚跳日映山。一

◇尚憐終南山。一　◇軍行入高山。二　◇半陂以南純浸山。二

◇維南有崇山。二　◇人安若泰山。十四　◇高視笑祿山。十四

◇屯兵鳳皇山。十四　◇明朝且入藍田山。三　◇淩晨過驪山。三

◇北上唯土山。十　◇餘時遊名山。五　◇塞外苦厭山。七

◇隱幾亦青山。十七　◇幸不礙雲山。十七　◇翠蓋出關山。十七

◇莽莽萬重山。六　◇客舍雨連山。六　◇五溪衣服共雲山。十三

◇老馬怯關山。十七　◇春火更燒山。十九　◇雲煖麝香山。十

◇秋風淅淅吹巫山。十六　◇臥病楚人山。十七

間◇曾閃朱旗北斗間。十三　◇漂泊西南天地間。十三　◇繫馬高林間。一

◇詩卷長留天地間。一　◇指落曾冰間。二　◇長嘯宇宙間。十四

◇分宅脫驂間。十四　◇動影裊窕沖融間。二　◇承露金莖霄漢間。十三

◇放蕩齊趙間。十五　◇用心霜雪間。十八　◇避風湘渚間。十九

◇差參北戶間。十七　◇仙窟下人間。十四　◇心事披寫間。廿

◇未甚拔行間。十四　◇千秋汾晉間。十四　◇豈可久在王侯間。三

◇早時金盌出人間。十三　◇悠悠兵馬間。六　◇揚舲洪濤間。十二

◇偪側兵馬間。三　◇賦詩賓客間。十五　◇白首寄人間。十八

◇胡爲漂泊岷漢間。十六　◇平疇百頃間。十七　◇茫茫天造間。十九

◇況乃主客間。十六　◇與子姻婭間。十八　◇霜蹄蹴踏長楸間。廿

◇得失瞬息間。十九　◇暝傳戍鼓長雲間。十六　◇視我班揚間。十九

慳◇玉粒未吾慳。十七　◇逆行波浪慳。十九

殷◇曾閃朱旗北斗殷。十三

卷一百四十八　杜詩韻字歸部（二）

下平聲卷

一　先（「仙」同用。）

先◇身當問罪先。廿　◇鄉黨敬何先。六　◇文章並我先。十五

前◇心蘇七校前。三　◇一鼓氣無前。六　◇皎如玉樹臨風前。一

◇蘇晉長齋繡佛前。一　◇脫巾露頂王公前。一　◇猛虎立我前。四

◇佳人上客前。十五　◇氣蘇君子前。廿　◇馬援征行在眼前。廿

◇古者三皇前。十八　◇飛旐泛堂前。廿　◇杜陵韋曲未央前。廿

◇春深把臂前。廿　◇分明在目前。十七

千◇道里下牢千。十五　◇安得突騎只五千。十七　◇流落劍三千。六

◇轉致斛六千。七

阡◇幾處有新阡。十五

芊◇幾地肅芊芊。十五

箋◇書柱滿懷箋。六　◇佳句染華箋。十五

韉◇朋來坐馬韉。十五

天◇那將血射天。六　◇朝海蹙吳天。十五　◇潛通小有天。六
◇玉棺已上天。五　◇舉頭向蒼天。三　◇蒲荒八月天。一
◇自私猶畏天。十九　◇舉觴白眼望青天。一　◇汝陽三門始朝天。一
◇自斷此生休問天。二　◇唯待吹噓送上天。二　◇横笛短簫悲遠天。二
◇喜遇武功天。三　◇或驂鸞騰天。廿　◇東城乾旱天。十六
◇鵰鶚在秋天。四　◇時論同歸尺五天。廿　◇搏極望秋天。十六
◇臥病數秋天。十　◇故故滿青天。十八　◇峽外絕無天。十六
◇缺月未生天。廿　◇江湖眇霽天。廿　◇妻子山中哭向天。四
◇白首望霜天。十七

堅◇自覺坐能堅。十五　◇有識笑苻堅。六　◇保愛金石堅。廿

肩◇出入最隨肩。六　◇四海絕隨肩。十五

賢◇鄉里衣冠不乏賢。廿　◇磊落映時賢。廿　◇無取媿高賢。廿
◇有跡負前賢。十九　◇南伯從事賢。三　◇深期列大賢。六
◇啣杯樂聖稱避賢。一　◇地分親切任才賢。二　◇長吟不世賢。十五

弦◇漁陽復控弦。六　◇暫擬控鳴弦。十五　◇音知燥溼弦。十五
◇朱絲有斷弦。六　◇威弧不能弦。三　◇春來六上弦。十六
◇白夜月休弦。十七

舷◇南湖日扣舷。十五

煙◇朝來新火起新煙。十九　◇梨園弟子散如煙。十八　◇揮毫落紙如雲煙。一

◇城凝碧樹煙。六
◇明目掃雲煙。十五
◇華燭蟠長煙。廿
◇南游花柳塞雲煙。廿
◇蓬門啟曙煙。十七
◇青者官鹽煙。七

燕◇昭王客赴燕。十五
◇破竹勢臨燕。六

蓮◇紅膩小湖蓮。六
◇白種陸池蓮。十五

憐◇白髮竟誰憐。六
◇朱紱有哀憐。二
◇寒花亦可憐。十五
◇歸來始自憐。三
◇楚女腰支亦可憐。十九
◇犀牛蜀郡憐。廿

田◇下請安井田。廿
◇寉唳必青田。十五
◇便至四十西營田。一
◇杜曲幸有桑麻田。二
◇相攜行豆田。十六
◇前日放營田。九
◇歸山買薄田。二
◇比興展歸田。六

畋◇兆喜出於畋。十五

闐◇小人苦喧闐。七

鈿◇米盡拆花鈿。十五

年◇宗之瀟灑美少年。一
◇次問最少年。廿
◇看射猛虎終殘年。二
◇公車留二年。二
◇差池弱冠年。廿
◇獨步四十年。十四
◇眼中萬少年。廿
◇相留可判年。二
◇應用酒爲年。六
◇但過新少年。十九
◇紫綬映暮年。十四
◇才名三十年。二
◇新數中興年。三
◇濁醪粗飯任吾年。十九
◇爲客費多年。十九
◇佩服自早年。廿
◇快意八九年。十五
◇消渴已三年。十五
◇足了垂白年。十六
◇狄公執政在末年。
◇於今四十年。廿

邊◇夜久落江邊。十六　◇巴州鳥道邊。六　◇孤城白帝邊。十五
◇歸來頭白還戍邊。一　◇中原君臣豺虎邊。十六　◇故將移住南山邊。二
◇獻納司存雨露邊。二　◇晚景臥鐘邊。六　◇送老白雲邊。六
◇簪裾紫蓋邊。廿　◇秦城北斗邊。十七　◇重覺在天邊。十七
◇萬里長江邊。十八

編◇青簡爲誰編。十五

玄◇虛心味道玄。十五　◇蒼蒼理又玄。六

懸◇高當淚臉懸。十六　◇雲泥相望懸。二　◇鐘律儼高懸。十四
◇隅目青熒夾鏡懸。二　◇獮猴壘壘懸。十五　◇釣瀨客星懸。六
◇寶劍欲高懸。廿　◇疎籬野蔓懸。十七

二　仙

仙◇自非得神仙。十七　◇中堂有神仙。三　◇華屋艷神仙。十五
◇廐馬解登仙。六　◇自稱臣是酒中仙。一

鮮◇江令錦袍鮮。十五　◇兼求畜豕且封鮮。一　◇階下決明顏色鮮。二
◇朝正霽景鮮。六

錢◇錦石小如錢。十五　◇長安米萬錢。十四　◇左相日興費萬錢。一
◇河魚不取錢。二　◇開花無數黃金錢。二　◇時時與酒錢。二
◇春給水衡錢。六　◇普天無吏橫索錢。十六　◇實借君平賣蔔錢。十九

遷◇菁華歲月遷。十五　◇甘與歲時遷。六　◇忽已歲時遷。十七
然◇長懷賈傅井依然。十九　◇焦遂五斗方卓然。一　◇王氏井依然。十九
◇此別意茫然。二　◇謫宦兩悠然。六　◇爭名古豈然。十四
◇把酒意茫然。二　◇溪風爲颯然。六　◇衰謝日蕭然。十五
◇二月曉睡昏昏然。十六　◇復憶襄陽孟浩然。十七　◇安爲動主理信然。十六
◇宿昔浩茫然。廿　◇端雅獨翛然。廿　◇把臂共潸然。廿
◇故舊獨依然。十九　◇物理固自然。七
煎◇迴腸杜曲煎。十五　◇端居茗續煎。十九
延◇淹留景不延。十六　◇有生固蔓延。十六　◇迴帆覬賞延。十九
筵◇蕭曹拱御筵。十五　◇高談雄辨驚四筵。一　◇宮女開函近御筵。二
◇燕蹴飛花落舞筵。二　◇殷憂捧御筵。六　◇肅肅秩初筵。廿
氈◇遙憶舊青氈。一　◇坐客寒無氈。二　◇偷存子敬氈。十五
旃◇明公各勉旃。十六
鸇◇戮力效鷹鸇。十五
甄◇會是正陶甄。十五
邅◇失旅自迍邅。六　◇國步尚迍邅。十五
鱣◇求飯或三鱣。十五
孱◇清羸任體孱。十五
羶◇野人對腥羶。一　◇黃羊飫不膻。三　◇莫帶犬戎羶。十五

鋋◇人憶止戈鋋。十五

禪◇醉中往往愛逃禪。一　◇門求七祖禪。十五

蟬◇落樹有驚蟬。十七　◇笳簫急暮蟬。廿　◇森木亂鳴蟬。一

◇蕭疎聽晚蟬。十五

纏◇倒石賴藤纏。十五　◇哀樂本相纏。廿　◇馮招疾病纏。廿

躔◇早晚列星躔。十五

瀍◇旐頭俯澗瀍。六　◇秋蔬影澗瀍。十五

連◇成名異魯連。十九　◇蓬萊漢閣連。十五　◇兵戈動接連。六

◇出車日連連。七

漣◇伏臘涕漣漣。十五

聯◇官曹可接聯。四

篇◇歎我淒淒求友篇。廿　◇情在强詩篇。廿　◇不敢廢詩篇。十六

◇嚴詩賦幾篇。六　◇陶冶賴詩篇。十五　◇晴窗檢點白雲篇。二

◇李白一斗詩百篇。一　◇朗詠六公篇。十四

偏◇榮枯雨露偏。六　◇燒畬度地偏。十五　◇蒸池疫癘偏。十九

◇黃帽待君偏。廿　◇小郡海西偏。廿　◇來因孝友偏。十七

翩◇鎩翮再聯翩。六　◇放逐早聯翩。十四　◇沈宋欻聯翩。十五

便◇秋風灑靜便。十六　◇長吟阻靜便。六

綿◇衣冷欲裝綿。二　◇烹鯉問沈綿。十五　◇宮莎軟勝綿。六

旋◇澤國遶迴旋。十五　◇不敢墜周旋。十五　◇佳氣拂周旋。六
◇解袂從此旋。廿　◇文律早周旋。廿

娟◇江漢月娟娟。十五

船◇瓶罍易滿船。十九　◇湖色春光淨客船。十九　◇虛脩水戰船。六
◇城隅進小船。一　◇知章騎馬似乘船。一　◇天子呼來不上船。一
◇青蛾皓齒在樓船。二　◇東西卻渡船。十六　◇跡斷孝廉船。廿
◇渡河不用船。五　◇鰕菜忘歸范蠡船。廿　◇故泊洞庭船。廿
◇相逢纜客船。廿　◇百丈內江船。十六　◇兼懷雪下船。十七

涎◇道逢麯車口流涎。一　◇水怪莫飛涎。十五

鞭◇喧爭嬾著鞭。十五　◇麒麟受玉鞭。六

鯿◇漫釣槎頭縮項鯿。十七

詮◇衣褐向眞詮。十五

銓◇鏡象未離銓。十五

佺◇何曾藉偓佺。十五

筌◇愜當久忘筌。十五

痊◇棲遲病卽痊。十五

悛◇凶徒惡未悛。十五

專◇招尋興已專。十五

員◇郎官幸備員。十五

圓◇支牀錦石圓。十七　◇巖排古樹圓。十五

湲◇滿座涕潺湲。十五　◇故老淚潺湲。六　◇掩抑淚潺湲。廿

虔◇豈但祁嶽與鄭虔。三　◇諸儒憶伏虔。十五　◇諸生老伏虔。六

愆◇卒踐塞前愆。十五

褰◇橘井尚高褰。十五

騫◇楂上似張騫。十五　◇奉使待張騫。六　◇志在必勝騫。六

權◇恩榮錯與權。十五　◇朝難將帥權。廿

拳◇霜鶻不空拳。六　◇穰多栗過拳。十五

攣◇黔首遂拘攣。十五

椽◇茅齋八九椽。十五　◇茅茨寄短椽。十九

傳◇張旭三杯草聖傳。一　◇清渠一邑傳。六　◇福地語眞傳。六

◇常時弟子傳。十五　◇莫使衆人傳。六　◇清詩句句盡堪傳。十七

◇韋經亞相傳。廿　◇禦劄早流傳。十九　◇應任老夫傳。四

焉（何也。）　◇遊寺可終焉。十九（此「寺」字一作「遊意」，又作「遊藝」。）

焉（語助也。）　◇吾道蔔終焉。六　◇登龍蓋有焉。十五

◇柴荊卽有焉。十七

三　蕭（與「宵」同用。）

（元徽之酬劉猛「蕭」、「爻」、「豪」並用。）

蕭◇馬蕭蕭。一　◇大樹日蕭蕭。二　◇清影日蕭蕭。十七

貂◇總戎皆插侍中貂。十三

凋◇非關風露凋。十六

條◇此意竟蕭條。一　◇興盡卻蕭條。廿　◇哀贈竟蕭條。十四

◇扶顛永蕭條。十四

迢◇五城何迢迢。三

寥◇南海明珠久寂寥。十三　◇蒼生轉寂寥。廿　◇巡狩何寂寥。十九

鷯◇體物幸鷦鷯。廿

四　宵

霄◇秋鷹整翮當雲霄。十九　◇靈鳳在赤霄。廿　◇門閥冠雲霄。廿

◇哭聲直上幹雲霄。一　◇野竹上青霄。一　◇崆峒使節上青霄。三

◇孔翠望赤霄。十四

消◇春蒲長雪消。十九

綃◇鮫人獻微綃。三

銷◇冥冥氛祲未全銷。十三　◇卻教江漢客魂銷。十六

朝◇世封刺史非時朝。十八　◇無補聖明朝。十九　◇紫蓋獨不朝。十九

◇河北將軍盡入朝。十六　◇狂歌託聖朝。三　◇河隴降王款聖朝。三

◇只在忠良翊聖朝。十三　◇往者武后朝。十四　◇內省未入朝。十四

◇反覆歸聖朝。十四　◇醉酒或連朝。廿

潮◇寒水不成潮。廿

樵◇獨能無意向漁樵。三

驕◇匈奴氣不驕。二　◇才如伏波不得驕。十八

焦◇盱心杼柚焦。廿

饒◇無他亦自饒。十七　◇相於契託饒。廿

遙◇行行郡國遙。十九　◇率府且逍遙。三　◇新阡繹水遙。三

◇未惜馬蹄遙。二　◇爭米貯船遙。廿

姚◇將軍只數漢嫖姚。三

謠◇喧喧道路多歌謠。十六

搖◇蠻溪豪族小動搖。十八　◇湖山合動搖。廿

招◇濠梁同見招。二　◇誰雲晚見招。廿　◇京兆田郎早見招。三

飈◇天意颯風飈。三　◇迴首向風飆。三　◇耳激洞門飆。十

標◇迴首扶桑銅柱標。十三　◇妙選異高標。廿　◇顏氏之子才孤標。十九

瓢◇還斟泛泛瓢。廿

飄◇風生一任飄。十七

苗◇隨意點春苗。十七　◇風壤帶三苗。十九（「苗」字與屋韻「苗」字全無分別，不知何辨。）

腰◇行人弓箭各在腰。一　◇淒涼爲折腰。三　◇銀章破在腰。廿

鴞◇莫信鵬如鴞。廿
橋◇塵埃不見咸陽橋。一　◇今知第五橋。二
僑◇披襟得鄭僑。廿

五　肴（獨用。）

交◇漢源十月交。七　◇范雲堪晚交。廿　◇藹藹桒麻交。十七
◇三峽春冬交。十八　◇晚定崔李交。三　◇君不見管鮑貧時交。二
◇雞鳴風雨交。三　◇況當仲冬交。七
蛟◇相對十丈蛟。三
郊◇二宮泣西郊。十四　◇出郭眺四郊。三
包◇粉黛亦解苞。四

六　豪（獨用。）

豪◇後生血氣豪。十九　◇分閫救世用賢豪。十八
毫◇弓矢向秋毫。四　◇碣石小秋毫。一　◇走索背秋毫。廿
◇利器當秋毫。廿　◇直欲數秋毫。十七
號◇悲連子女號。四　◇十月荊南雷怒號。十七　◇盡使鴟鴞相怒號。廿
◇暮返空村號。十九　◇十里卻呼號。廿　◇翻風轉日木怒號。十八
壕◇官兵擁賊壕。四　◇鬼物撇捩辭坑壕。十八

勞◇早宿賓從勞。十九　◇謝爾從者勞。十九　◇芮公回首顏色勞。十八
◇志決身殲軍務勞。十三　◇翅垂口噤心甚勞。廿　◇知子歷險人馬勞。十七
◇尚詐漫徒勞。四　◇跋涉覺身勞。廿　◇偷眼蜻蜓避伯勞。廿
◇邊心此日勞。廿
牢◇神行羽衛牢。四　◇問兵刮寇趨下牢。十八　◇寸心銘佩牢。廿
醪◇準擬獻香醪。四　◇終日困香醪。二　◇牆頭過濁醪。二
高◇君不見瀟湘之山衡山高。廿　◇含風彩仗高。廿　◇涇久飛遲半欲高。廿
◇飛走使我高。廿　◇宗臣遺像肅清高。十三　◇馮軒拔鞘天爲高。十八
◇亂石閉門高。二　◇恐懼祿位高。十四　◇遙連滄海高。一
◇公子華筵勢最高。二　◇曲江蕭條秋氣高。二　◇鱠飛金盤白雪高。九
◇朱崖雲日高。十九　◇故躋瀼岸高。十六　◇磊落星月高。七
◇雲橫雉尾高。四　◇攀桂仰天高。十七　◇應弦不礙蒼山高。十七
◇郎君玉樹高。十七
膏◇寶貝休脂膏。廿　◇鐫錯碧罌鸊鵜膏。十八
皋◇蛟螭乘九皋。一　◇聊作寉鳴皋。廿
蒿◇濟上沒蓬蒿。一　◇視汝如莠蒿。十九　◇塊獨委蓬蒿。廿
◇老夫不出長蓬蒿。二
毛◇騎突劍吹毛。四　◇林棲見羽毛。十七　◇縈沙惹草細於毛。廿
◇空瞻烏鵲毛。一　◇金羈白雪毛。廿　◇遊子空嗟垂二毛。二

◇林間踏鳳毛。二　◇赤汗微生白雪毛。二　◇壯士短衣頭虎毛。十八
◇萬古雲霄一羽毛。十三　◇鳳雛無凡毛。廿　◇前者坐皮因問毛。十七
髦◇節制收英髦。廿
旄◇漢苑入旄旄。五
韜◇司空握豹韜。四
洮◇拓羯走臨洮。四
絛◇蒼水使者捫赤絛。十八
滔◇宿昔恨滔滔。廿
刀◇左將呂虔刀。四　◇歸心折大刀。十七　◇饔子左右揮霜刀。九
◇玄冬示我胡國刀。十八　◇右持腰間刀。廿　◇刻剝及錐刀。十九
舠◇南汎上瀧舠。廿
騷◇文雅涉風騷。十七　◇劣于漢魏近風騷。九
臊◇已是沃腥臊。四
艘◇海胡舶千艘。廿　◇青天矢萬艘。一　◇牧出令奔飛百艘。十八
袍◇轅門炤白袍。四　◇未使吳兵著白袍。十七　◇詩成得繡袍。一
◇白帝寒城駐錦袍。十八　◇春草隨青袍。廿　◇花時貰緼袍。十九（「貰」一作
「甘」。）
陶◇一豁明主正鬱陶。十七
咷◇入門聞號咷。三

逃◇穴蟻欲何逃。四　◇猛蛟突獸紛騰逃。十五　◇漢陰槎頭遠遁逃。九
◇爾家同遁逃。廿　◇漁奪成逋逃。十九　◇黃雀最小猶難逃。廿

濤◇八水散波濤。四　◇百穀漏波濤。一　◇菱荷枯折隨風濤。二
◇開帆駕洪濤。十九　◇知我礙湍濤。廿　◇海圖拆波濤。四
◇鋩鍔已瑩虛秋濤。十八　◇滿眼送波濤。廿

桃◇王母獻宮桃。廿　◇利涉想蟠桃。一

遭◇我寬螻蟻遭。十三　◇時和運更遭。四

嗷◇山巔朱鳳聲嗷嗷。廿　◇乾坤沸嗷嗷。廿　◇郡國訴嗷嗷。一
◇喪亂紛嗷嗷。十九

鰲◇龍伯國人罷釣鰲。十五　◇猶能掣巨鰲。　◇有志乘金鰲。廿
◇威聲沒巨鰲。四

曹◇鬻菜輸官曹。十九　◇五色非爾曹。廿　◇指揮若定失蕭曹。十三
◇防川領簿曹。一　◇哀鴻獨叫求其曹。二　◇歷塊過都見爾曹。九
◇未曾領官曹。十四　◇針灸阻朋曹。十六　◇崒然眉骨皆爾曹。十七
◇雲林得爾曹。十七　◇遊魂貸爾曹。四

嘈◇太常棲船聲嗷嘈。十八

猱◇冰翼雲淡傷哀猱。十八

操◇羸俘何足操。四　◇未與俗人操。十七　◇版築不時操。一
◇籌運神功操。廿　◇飄風爭所操。十九

七　歌（與「戈」同用。）

歌◇佳人絕代歌。十六　◇座中薛華能醉歌。三　◇今日醉弦歌。三
◇玉佩仍當歌。一　◇誰憐醉後歌。二　◇崆峒足凱歌。二
◇巷有從公歌。十四　◇空聞紫芝歌。十四　◇今日復悲歌。廿
◇男穀女絲行復歌。廿

多◇悲風日暮多。一　◇濟南名士多。一　◇開邊一何多。二
◇回首白雲多。二　◇黃金臺貯俊賢多。十六　◇新詩日又多。二
◇向來哀樂何其多。二　◇胡人雖獲多。十四　◇白水雨偏多。三
◇清光應更多。三　◇堅昆碧碗最來多。十八　◇六月青稻多。十六
◇遺穗及衆多。十六　◇早已戰場多。十七　◇以茲朋故多。十九
◇冰置玉壺多。廿

鼉◇瀟湘水國傍黿鼉。廿

陀◇星纏寶校金盤陀。二

沱◇東逾遼水北滹沱。十六　◇不勞烈士淚滂沱。廿

跎◇且用慰蹉跎。二　◇淮海莫蹉跎。廿

蛾◇想像嚬青蛾。三

他◇歲寒心匪他。廿

羅◇亡命嬰禍羅。二　◇少答胡王萬匹羅。十八

蘿◇白雨一洗空垂蘿。十七
何◇歡娛將謂何。三　◇岱宗夫如何。一　◇落日將如何。一
◇歸期無柰何。二　◇佳句灋如何。二　◇少壯幾時奈老何。二
◇勞生共幾何。十　◇羸疾且如何。十九　◇其如離別何。廿
◇故園今若何。十七　◇古人成敗子如何。十七
河◇安得壯士挽天河。五　◇夜騎天駟超天河。二　◇寂寞向山河。一
◇北渚淩清河。一　◇或從十五北防河。一　◇悠悠赴交河。二
◇交洛赴洪河。三　◇秋期猶渡河。三　◇勃律西天采玉河。十八
軻◇德尊一代常坎軻。二　◇英賢遇轗軻。三
阿◇零落首陽阿。一　◇蕭然暴露依山阿。十七

八　戈

戈◇吞聲行荷戈。二　◇自胡之反持干戈。十七
過◇膽力爾誰過。廿　◇吟詩許更過。一　◇從公難重過。一
◇風雨亦來過。二　◇古人誰復過。三　◇蘇侯得數過。三
摩◇翠蕤雲旓相蕩摩。二
磨◇濟時曾琢磨。廿
波◇交流空湧波。一　◇有淚如金波。三　◇況乃山高水有波。十七
◇風高湖湧波。廿　◇天下學士亦奔波。十七

和◇星象風雲氣共和。十六

科◇喧淨不同科。十六

靴◇羌父豪豬靴。三

九 麻（獨用。）

（此不列「涯」字，從來「生涯」之「涯」同「牙」。）

麻◇得種菜與麻。三 ◇舟楫通鹽麻。十六

蟆◇坡陀金蝦蟆。三

車◇氛昏埋日車。十六 ◇先宜駕鼓車。十七 ◇吾聞駕鼓車。三

奢◇約身不願奢。十六

賒◇銀壺酒易賒。廿 ◇山林跡未賒。二 ◇且畊今未賒。三

◇遲遲歸路賒。十九 ◇自覺酒須賒。十七

釾◇竦壁攢鏌釾。十六

斜◇疏鑿就欹斜。十六 ◇江泥輕燕斜。十九

遮◇宅幸蓬蓽遮。十六 ◇浮雲薄漸遮。十七 ◇五株桃樹亦從遮。九

嗟◇復令識者久嘆嗟。十 ◇在眼無咨嗟。十六 ◇吟詩解嘆嗟。九

◇志士幽人莫怨嗟。十二 ◇咄咄空咨嗟。三 ◇生別古所嗟。十八

◇我何良嘆嗟。七

蛇◇藤蔓曲藏蛇。二 ◇慘澹鬥龍蛇。三 ◇衆水爲長蛇。十六

◇迷芳著處家。九　◇王臣未一家。十五　◇天下車書正一家。十一

葭◇北風吹蒹葭。十六

笳◇山樓粉堞隱悲笳。十三

霞◇迴首猶暮霞。十六

瑕◇此道誰疪瑕。三

鴉◇列炬散林鴉。一　◇有待至昏鴉。廿　◇兒童莫信打慈鴉。九

差◇敢居高士差。十六

紗◇百過落烏紗。十七

沙◇淒惻近長沙。十九　◇風濤上春沙。十九　◇漂轉混泥沙。十六

◇我欲就丹砂。廿　◇江沫擁春沙。九　◇或紅如丹砂。四

◇驛道出流沙。六　◇映竹水穿沙。六　◇坐看清流沙。三

◇遠引蟠泥沙。三　◇他日委泥沙。十六　◇北雪犯長沙。廿

◇山田飯有沙。十六　◇瀼岸雨頹沙。十七　◇素練漠漠開風沙。十

斜◇小徑升堂舊不斜。九　◇夔府孤城落日斜。十三　◇疏鑿就攲斜。十六

◇迴首白日斜。三　◇飛騰暮景斜。一　◇胡舞白題斜。六

◇長雲溼褒斜。四

涯◇爛醉是生涯。一　◇我飢豈無涯。三　◇各在天一涯。二

◇富貴任生涯。十六　◇浮生卽有涯。十六

楂◇最窄容浮楂。十六

查◇高隨海上查。十七　◇滄海有靈查。三
槎◇奉使虛隨八月槎。十三
呀◇餘光散唅呀。十六

十　陽（「唐」同用。）

陽◇薇蕨餓首陽。十九　◇今我不樂思岳陽。十七　◇憶戲東嶽陽。十六
◇西歸到咸陽。十五　◇葵藿傾太陽。三　◇通郭前衡陽。廿
羊◇禮過宰肥羊。廿
揚◇君今下荆揚。十六　◇旌旆盡飛揚。一　◇妙舞此曲神揚揚。十六
◇含情空激揚。二　◇揮翰綺繡揚。十四　◇以我似班揚。十五
◇憂憤心飛揚。十五　◇感此氣揚揚。九
楊◇四郊多白楊。十五
翔◇威鳳高其翔。三　◇鐵鳳森翱翔。三　◇側觀英俊翔。十五
◇半刺已翱翔。六　◇鵬路觀翱翔。廿　◇鑾輿駐鳳翔。三
◇矯如羣帝驂龍翔。十八　◇羣仙夾翱翔。十九
祥◇安時謌吉祥。　◇神其思降祥。十九
良◇扶顛始知籌策良。五　◇恐是漢代韓張良。十七　◇馬卿四賦良。廿
◇奪我同官良。三　◇嗚呼殺賢良。廿
涼◇鏡湖五月涼。十五　◇陰益食單涼。二　◇今我獨淒涼。六

◇厥土聞清涼。廿　◇秋天昨夜涼。廿　◇江上早來涼。廿

◇高棟曾軒已自涼。十六

糧◇論文暫裹糧。六

梁◇日月近雕梁。一　◇雲臺引棟樑。二　◇長歌激屋樑。三

◇普天無川梁。三　◇胡兵更陸梁。十四　◇玄冥蔚强梁。十六

◇蕩析川無梁。十六

粱◇家纔足稻粱。二　◇官雞輸稻粱。十四

香◇茵陳春藕香。二　◇名園花草香。廿　◇風生錦繡香。十一

◇長洲芰荷香。十五　◇心清聞妙香。三　◇佇聞秔稻香。十六

◇色難腥腐餐風香。十七　◇駐屐近微香。十七　◇在德非馨香。十九

◇不去非無漢署香。十六　◇花氣渾如百和香。十六　◇輕籠熟柰香。十六

◇婆娑一院香。十六　◇女樂久無香。十七

鄉◇蕩子不歸鄉。廿　◇養拙更何鄉。一　◇俱兼山水鄉。六

◇中歲貢舊鄉。十五　◇草奏何時入帝鄉。十六　◇況乃復舊鄉。十六

◇春色是他鄉。十一

商◇又如參與商。二　◇汨沒隨漁商。廿

傷◇前賢命可傷。六　◇豈在多殺傷。二　◇膳部默凄傷。二

◇多憂增内傷。廿　◇所遇多被傷。四　◇赫怒幸無傷。十五

◇我衰易悲傷。十六　◇感時撫事增惋傷。十八　◇曾是戍役傷。十六

◇風逆羽毛傷。十六　◇鬱紆遲暮傷。十六　◇帷幄未改神慘傷。十七

◇衰老易悲傷。十一　◇不虞一蹶終損傷。十六

觴◇斑鬢兀稱觴。十五　◇高談隨羽觴。廿

場◇嶔岑猛虎場。三　◇遠奪戎馬場。十六　◇並驅紛遊場。十六

◇二州豪俠場。十　◇此物棄沙場。十七

房◇天寒割蜜房。十七　◇世賢張子房。廿　◇幕下復用張子房。五

防◇靜一資堤防。十六　◇府庫實過防。廿　◇雅節在周防。廿

章◇除道哂腰章。十五　◇何時有報章。廿

昌◇後漢今周喜再昌。五　◇南極老人應壽昌。十七

疆◇勿謂地無疆。十六　◇足以守邊疆。十六　◇立國自有疆。二

◇盡室在邊疆。六

繮◇左牽紫遊繮。廿　◇粉堞電轉紫遊繮。十六

長◇看劍引杯長。一　◇旅食白日長。三　◇秋來興甚長。六

◇憑高禁禦長。一　◇體物寫謀長。（李邕附。）　◇用箭當用長。二

◇莫春三月巫峽長。十六　◇山林引興長。十七　◇提攜日月長。十六

◇費日擊舟長。廿　◇春日嶺南長。廿　◇樓前御曲長。十七

◇寒衣寬總長。十二　◇坐看綵翮長。七　◇愁隨舞曲長。十一

◇應耽野趣長。二　◇儒門舊史長。二　◇謝安乘興長。廿

◇岷山行幸長。十五　◇雲來氣接巫峽長。十二　◇秋草徧山長。六

◇門前百草長。六
◇蒲稗各自長。十六
腸◇鬱鬱迴剛腸。廿
◇骨出熱中腸。十六
◇疾惡懷剛腸。十五
◇逗留熱爾腸。廿
場◇吳生遠擅場。一
◇清邊生戰場。廿
◇夜深經戰場。四
◇出遊翰墨場。十五
◇十二年來多戰場。十六
張◇衣露淨琴張。一
◇卓立天骨森開張。二
◇君看燈燭張。十八
◇開元錦獸張。十七
方◇一舞劍器動四方。十八
◇曾冰延樂方。（李邕附。）
◇眼有紫焰雙瞳方。二
◇雲端各異方。六
◇素於圓鑿方。廿
◇太子入朔方。十四
◇老病客殊方。十五
◇鎮名各其方。十六
◇澒洞半煙方。十九
◇眞賜還疑出尚方。十六
湘◇虛無只少對瀟湘。十六
◇影動倒景搖瀟湘。十七
◇殺氣吹沅湘。廿
◇行邁越瀟湘。十九
◇使者歷三湘。廿
將◇書城無使將。六
◇寬猛性所將。廿
◇吹毛任選將。廿
◇新詩昨寄將。廿
漿◇味如甘露漿。三
◇星宮之君醉瓊漿。十七
瘡◇下憫萬民瘡。十五
◇遷延胝趼瘡。廿
亡◇一鬼不銷亡。六
◇引古惜興亡。十四
◇有虞今則亡。十九
忘◇書疏莫相忘。廿
◇扁舟意不忘。一
◇恩豈布衣忘。二

◇詞客未能忘。六　◇欲罷不能忘。十五　◇客居安可忘。十
◇此別淚相忘。十二（「忘」字列去聲，下又音「亡」，畢竟當列此。）
望◇萬里遙相望。十四　◇爭長蝶相望。十九
牀◇鐘聲仍殷牀。三　◇露井凍銀牀。一　◇花嶼讀書牀。六
◇廷爭守御牀。十五　◇茅棟蓋一牀。十六　◇身欲奮飛病在牀。十七
◇中宵淚滿牀。十六　◇乘月坐胡牀。十六　◇舞馬既登牀。十七
莊◇聚謀洩康莊。廿　◇巨壑眇雲莊。（李邕附。）
粧◇有靦屢鮮粧。六
裝◇嫌疑陸賈裝。廿
常◇勤墾免亂常。十六　◇貧窮固其常。十六　◇安貧亦士常。六
◇衆懷清典常。（李邕附。）　◇掌節鎮非常。一　◇才格出尋常。十五
◇哀矜存事常。廿
甞◇丹橘露應甞。六　◇野露及新甞。十六
裳◇羣公會軒裳。十五　◇碧海吹衣裳。十六　◇卒伍單衣裳。廿
◇秋風此日灑衣裳。十六　◇垂實礙衣裳。十六
霜◇紅梨迴得霜。一　◇增寒抱雪霜。六　◇結根失所纏風霜。二
◇獨坐飛風霜。廿　◇落刃嚼冰霜。十六　◇歲暮有嚴霜。十五
◇肅肅候微霜。十六　◇雁度麥城霜。十八　◇青楓葉赤天雨霜。十七
◇散風如飛霜。十九

驦◇仍殘老驌驦。六

牆◇妙絕動宮牆。一　◇目短曹劉牆。十五　◇山雲低度牆。六

◇兀者安堵牆。廿

檣◇消魂逐去檣。廿

槍◇苔臥綠沈槍。二

王◇馳旐異姓王。十八　◇神妙獨數江都王。十　◇天下盡化爲矦王。五

◇分日侍諸王。十九（「侍」一作「示」。）　◇賞游實賢王。十五

◇近代惜盧王。六　◇道德付今王。一　◇擒賊先擒王。二

◇功業汾陽異姓王。十六　◇秩禮自百王。十九　◇興衰看帝王。廿

央◇鼻酸朝未央。十五

鴦◇江檻俯鴛鴦。十一

殃◇大降湖南殃。廿　◇沉綿底咎殃。六　◇赤族迭罹殃。十五

强◇忽如携葛彊。十五　◇客子鬬身强。六　◇挽弓當挽强。二

◇勇鋭白起强。廿　◇由來萬匹强。六　◇臥病一秋强。十二

◇時來不得誇身强。五　◇遙憐似葛强。十八

芳◇晚有弟子傳芬芳。十八　◇地清棲暗芳。三　◇碧蕙捐微芳。十五

◇籬邊野外多衆芳。二　◇靈芝冠衆芳。十二　◇無人碧草芳。十一

妨◇經過霖潦妨。二　◇擺浪散帙妨。十九　◇入朝病見妨。廿

◇於今出處妨。六　◇燕子銜泥溼不妨。十六

狂◇裘馬頗清狂。十五　◇胡馬何倡狂。廿

十一　唐

唐◇謁帝似馮唐。二　◇淳俗本歸唐。六　◇我未下瞿唐。十七

堂◇焉得置之貢玉堂。十七　◇蚯蚓上深堂。六　◇獨辭京尹堂。十五

◇射策君東堂。十四（又見「策」下。）　◇沐浴休玉堂。十九

◇春星帶草堂。一　◇採擷細瑣升中堂。二　◇上君白玉堂。十四

◇天威已息陣堂堂。十六　◇蟋蟀近中堂。十六　◇昔人戒垂堂。十九

塘◇起地發寒塘。十六　◇清廟映迴塘。十五　◇更僕往方塘。十六

◇雲水炤方塘。十六

郎◇白首尚爲郎。廿　◇風流漢署郎。廿　◇已老尚書郎。十六

◇自有兩兒郎。三　◇多除南省郎。二　◇飄飄青瑣郎。三

◇抱病江天白首郎。十六　◇繡衣黃白郎。三　◇雖爲尚書郎。十五

◇可憐馬上郎。廿

廊◇盛才冠嵓廊。廿

狼◇肉瘦怯豺狼。六　◇累足穿豺狼。廿　◇螭虎噉豺狼。十五

浪◇撫事淚浪浪。十五　◇漁父濯滄浪。十五

當◇攀龍附鳳勢莫當。五　◇纍纍塜相當。十六　◇蚊蚋焉能當。廿

璫◇風動金鋃鐺。三

倉◇不獨陵我倉。十六

蒼◇廻立向蒼蒼。六　◇結交皆老蒼。十五　◇高煙樵上蒼。廿

◇身長九尺鬚眉蒼。五　◇百里獨蒼蒼。二　◇颯颯鬢毛蒼。二

鶬◇引臂落鶖鶬。十五

岡◇捷下萬仞岡。二　◇逐獸雲雪岡。十五　◇捨舟入西岡。十六

◇更上林北岡。十六　◇寄語踰崇岡。十六　◇未暇杖崇岡。十九

◇小園背高岡。十六

綱◇輕權絕紀綱。廿　◇提攜頗在綱。十六　◇君行佐紀綱。廿

桑◇農力廢畊桑。十六　◇鴟梟鳴黃桑。四　◇不得窮扶桑。十四

康◇宇縣復小康。十五

荒◇濯足洞庭望八荒。十七　◇田家戒其荒。十六　◇矯首望八荒。十六

◇李生園欲荒。三　◇闔閭丘墓荒。十五

肓◇凋瘵滿膏肓。十五

黃◇人間又見眞乘黃。十五　◇梅杏半傳黃。十六　◇峽乾南日黃。十六

◇苦見塵沙黃。三　◇少海旌旗黃。十五　◇毛爲綠縹兩耳黃。二

◇洮雲片片黃。六　◇已是安蒼黃。廿　◇蓊匌川氣黃。三

◇湘潭一葉黃。廿　◇同時待菊黃。十六　◇清秋草木黃。十七

皇◇渡淅想秦皇。十五　◇經傳拱漢皇。一　◇曷以贊我皇。十九

◇先生有道出羲皇。二　◇白日到羲皇。二

隍◇烽櫓蟠城隍。廿　◇峽形藏堂隍。七
凰◇或騎麒麟翳鳳凰。十七　◇俱宜下鳳凰。十一　◇擇木羞鸞凰。廿
◇開口詠鳳凰。十五
簧◇疏鬆隔水奏笙簧。十六
篁◇春容轉林篁。廿
光◇汝翁草明光。四　◇皛皛行雲浮日光。十六　◇空山樓閣暮春光。十六
◇奏賦入明光。十五　◇瘦妻面復光。四　◇巴牋染翰光。六
◇出人見三光。（李邕附。）　◇猗蘭奕葉光。一　◇曝背竹書光。十七
◇列宿頓輝光。二　◇開函書劄光。廿　◇不復辨晨光。六
◇罷如江海凝清光。十八　◇同舍有輝光。廿　◇五馬爛生光。十一
湯◇江漢始如湯。十六　◇河岳空金湯。廿
航◇已具浮海航。十五　◇仙山引舟航。廿
行◇千官列雁行。一　◇吾輩碌碌飽飯行。十八　◇磊落字百行。廿
◇沈鮑得同行。六　◇涿鹿親戎行。十五　◇故老淚萬行。十六
◇來書細作行。十二　◇空慚鴛鷺行。十六　◇風逆雁無行。廿
◇侁侁胄子行。廿　◇胡塵逾太行。五
茫◇篇終接混茫。六　◇明徵天莽茫。廿　◇俗物多茫茫。十五
忙◇感此亂世忙。十六　◇遙知對屬忙。六　◇日覺死生忙。十五
臧◇凱歌懸否臧。廿　◇用心未甚臧。十六

囊◇有作成一囊。十五　◇三嘆酒食旁。三　◇猶乳女在旁。廿
傍（亦作「旁」。）
旁◇號略鼎湖旁。六　◇金莖一氣旁。一　◇冬獵青丘旁。十五
◇去家死路旁。十六　◇鉏草置岸旁。十六　◇羽人稀少不在旁。十七
◇漾舟清光旁。十九　◇西戎鄠杜旁。廿
昂◇天地爲之久低昂。十八　◇羽翮困低昂。十五　◇暮年慚激昂。廿
◇峰峰次低昂。十九
藏◇山精白日藏。二　◇龐公至死藏。六　◇痛飲信行藏。十五

十二　庚（「耕」、「清」同用。）

杭◇遣人向市賒香杭。一　◇半溼擣香杭。十七
羹◇香聞錦帶羹。廿　◇誰與討蓴羹。一　◇香芹碧澗羹。二
◇勸客駝蹄羹。三
横◇水寒長冰横。七　◇淩雲健筆意縱横。九　◇胡騎忽縱横。十四
◇餘孽尚縱横。三　◇人今罷病虎縱横。十六　◇迴昔淚縱横。十六
◇亦伴玉繩横。十六　◇烽火炤夜屍縱横。十一
槍◇戮力掃欃槍。三
亨（煮也，俗作烹。）◇羣兇勢就烹。三
平◇幽薊已削平。十六　◇終聞盜賊平。廿　◇江流氣不平。十六

◇美人細意熨帖平。二
◇園陵殺氣平。三
◇忠臣氣不平。十四
◇羣公固合思升平。十一
◇諸君何以答升平。十三

驚
◇防邊詎敢驚。三
◇律中鬼神驚。一
◇此馬數年人更驚。二
◇潛魚亦獨驚。十九
◇落筆四坐驚。十四
◇不露文章世已驚。十二

京
◇聯翩收二京。十四
◇犬戎也復臨咸京。十一
◇前軍壓舊京。三
◇相過問兩京。十八

荊
◇韜鈐延子荊。十四
◇環堵但柴荊。廿

明
◇冰雪淨聰明。三
◇百祥奔盛明。三
◇原廟丹青明。十四
◇午時起坐自天明。十六
◇焚宮火徹明。三
◇獨樹花發自分明。十六
◇能添白髮明。四
◇戀主寸心明。十八
◇高樓月迴明。十七
◇輪囷半樓明。十七
◇二十四迴明。十六
◇走馬向承明。十一
◇白鳥去邊明。十七
◇自得隋珠覺夜明。十九
◇萬里逼清明。十六

鳴
◇驊騮顧主鳴。三
◇不與八駿俱先鳴。二
◇雪涕風悲鳴。十四
◇赤葉楓林百舌鳴。十七

榮
◇衛霍竟哀榮。三
◇周行獨坐榮。三

兵
◇羈棲尚甲兵。十六
◇三掌華陽兵。十四
◇翻然遠救朔方兵。十三
◇秋屯隴右兵。三
◇中原未解兵。十九
◇四海十年不解兵。十一
◇君臣尚論兵。十四
◇宜憂阮步兵。二
◇長安已亂兵。十
◇無有一城無甲兵。廿
◇驅馳厭甲兵。廿
◇似聞上游兵。廿

◇何時見息兵。十七　◇休添苑囿兵。十七　◇渭水更屯兵。十八
兄◇憐君如弟兄。一
卿◇君主問長卿。一　◇逢人問公卿。十四　◇丈人領宗卿。十八
◇殊恩且列卿。三
生◇眞堪詑死生。一　◇還尋北郭生。一　◇天意薄浮生。二
◇休看白髮生。一　◇籲嗟乎蒼生。二　◇龍媒昔是渥窪生。二
◇小心事友生。十四　◇不覺前賢畏後生。九　◇伏事董先生。五
◇無數春筍滿林生。九　◇只是魯諸生。三　◇江草日日喚愁生。十六
◇萬古一死生。十九　◇臥病江湖春復生。十九　◇飄轉任浮生。十六
◇此物娟娟長遠生。十七　◇缺月殊未生。十九　◇春氣晚更生。十五
◇高枕笑浮生。十七　◇搗藥免長生。四　◇問道嬖孽能全生。十一
笙◇軍中吹玉笙。十四
甥◇劉牢出外甥。廿
鯨◇周秦觸駭鯨。三
迎◇虛館開逢迎。十四　◇客至從嗔不出迎。九　◇江閣邀賓許馬迎。十六
行◇遠作辛苦行。十九　◇居官志在行。廿　◇實少銀鞍傍險行。十六
◇王孫白衣行。三　◇白馬休橫行。十四　◇肯使騏驎地上行。二
◇柴門密掩斷人行。九　◇萬里可橫行。一　◇天馬老能行。一
◇晚飯越中行。二　◇斷雲疎復行。十七　◇攜手日同行。一

◇贈子猛虎行。十九　◇商洛少人行。十八

衡◇諸公厭禰衡。二　◇孤舟轉荆衡。十四　◇還疑厭禰衡。三

◇高興激荆衡。廿

十三　耕

耕◇畬田費火畊。十七　◇一寸荒田牛得畊。廿

鏗◇往往似陰鏗。一

甿（同「氓」。）◇此行牧遺甿。三　◇中夜混黎甿。廿

嶸◇天衢陰崝嶸。三　◇旅食歲崢嶸。二　◇碣石歲崢嶸。十四

罌◇誰欲致杯罌。廿

鶯◇接葉暗巢鶯。二

爭◇空村虎豹爭。三　◇先鋒孰敢爭。一　◇中原有鬬爭。二

◇嫉邪常力爭。十四

十四　清

清◇侍立小童清。一　◇千章夏木清。二　◇宛在中流渤澥清。二

◇復見秀骨清。十四　◇穢濁殊未清。三　◇龍起猶聞晉水清。十三

◇蕭索漢水清。三　◇沙亂雪山清。三　◇新窺楚水清。十六

◇江樓枕席清。廿　◇心跡喜雙清。八　◇橘井尚淒清。廿

◇蕭條別浦清。十七　◇人間月影清。四　◇春風江漢清。十一
◇夜深露氣清。九　◇眼暗不見風塵清。十一
情◇悠悠滄海情。一　◇魏闕尚含情。十一　◇落絮遊絲亦有情。二
◇笳鼓凝皇情。十四　◇踴躍常人情。三　◇忍淚獨含情。三
◇巫峽泠泠非世情。十六　◇如知進退情。十六　◇長夏想爲情。廿
◇淚血渭陽情。廿　◇不示知禁情。十六　◇惻隱誅求情。十九
◇萬裏故鄉情。十七　◇落日渭陽情。十七　◇粔籹作人情。十七
◇崩迫闕其情。十九（「闕」一作「開」。）　◇久客惜人情。九
精◇雲霧晦冥方降精。二　◇劉侯天機精。三
旌◇飄颻沙塞旌。十四　◇冥搜信客旌。二　◇擬絕天驕拔漢旌。十三
◇高風捲旆旌。三
晶◇華岳金天晶。十四
盈◇人藏紅粟盈。十四
營◇不獨漢家營。十七　◇笳吟細柳營。三　◇青蠅紛營營。十四
◇休炤國西營。四
塋◇悵望龍驤塋。十四　◇不及父祖塋。十六
嬰◇朱夏熱所嬰。十六　◇不以喪亂嬰。廿　◇沈沈二豎嬰。十四
◇蕭條病轉嬰。十八　◇還爲世塵嬰。六
纓◇賜浴皆長纓。三　◇身上媿簪纓。十四　◇短髮寄簪纓。三

◇聞見同一聲。十九　◇耳聞讀書聲。廿　◇林烏反哺聲。廿
◇尚聞丁丁聲。十六

征◇邊兵盡東征。三　◇浮雲暮南征。二　◇揮發岐陽征。十四
◇杜子將北征。四　◇高帆終日征。十九　◇鎭靜示專征。三
◇勾漏且南征。廿

輕◇風入四端輕。一　◇公去雪山輕。十四　◇無復繐帷輕。三
◇醉於馬上往來輕。十六

名◇莫作後功名。三　◇胡馬大宛名。一　◇詩義早知名。二
◇夫子獨聲名。一　◇吾舅盡知名。廿　◇谿穀無異名。七
◇藥纂西極名。十四　◇已聞老成名。十四　◇問之不肯道姓名。三
◇子等成大名。廿　◇才微歲老尚虛名。十九　◇晚洲適知名。十九
◇旅食豈才名。十六

幷◇問俗終相幷。十四

傾◇堅坐看君傾。十七　◇每過得酒傾。三　◇欻使寸心傾。二
◇憂國只細傾。十四　◇西極杜亦傾。三　◇棆角夜同傾。三
◇蟾蜍且自傾。十七

十五　青（獨用。）

青◇傾筐蒲鴿青。十六　◇錦樹曉來青。十六　◇雙崖洗更青。十七

◇三寸黄甘猶自青。十七　◇君看銀印青。十七　◇意鐘老柏青。三
◇高柳半天青。六　◇恩與荔枝青。一　◇渚蒲牙白水荇青。二
◇編簡爲誰青。三　◇玉殿莓苔青。三　◇吾聞昔秦青。十六
◇相見眼終青。六　◇藥條藥甲潤青青。十二　◇江邊一蓋青。八

經◇黄麻似六經。一　◇神凝推道經。三　◇丈夫正色動引經。十八
◇勸郎勤六經。十七　◇重聞西方止觀經。十六　◇原上急曾經。十六
◇子知出處必須經。十七　◇諸生困一經。六

涇◇飄飖陵濁涇。三　◇休辨渭與涇。十七　◇腸斷秦川流濁涇。十七
◇長吟望濁涇。六

刑◇治國用輕刑。十七　◇斯人尚典刑。六　◇高臥想儀刑。六

形◇尚謂求無形。三　◇爲農知地形。十七

硎◇利物常發硎。三　◇見道發新硎。十七　◇提刀見發硎。六

庭◇山鳥暮過庭。十七　◇俊乂始盈庭。十七　◇沃野開天庭。三
◇退食吟大庭。十四　◇樓船過洞庭。十九　◇哀壑無光留戶庭。十七
◇俱議哭秦庭。六

亭◇風帆數驛亭。十六　◇天畔羣山孤草亭。十七　◇佐酒望雲亭。一
◇舉翮唳孤亭。十七　◇春光潭沲秦東亭。二　◇相逢長沙亭。廿
◇臺榭爭岧亭。三　◇臨池好驛亭。六　◇乾坤一草亭。十六
◇色過棕亭入草亭。十二　◇漲水望雲亭。六　◇晨發赤谷亭。七

◇伊昔臨淄亭。十四
廷◇多士盈朝廷。三　◇遷擢潤朝廷。六
停◇啖侯筆不停。三　◇烽火未全停。六
丁◇論功超五丁。三　◇莫學冷如丁。十七　◇杜史正零丁。六
婷◇赤節引娉婷。十七　◇不嫁惜娉婷。五
馨◇裴李春蘭馨。三　◇夢覺有微馨。十七　◇清廟肅惟馨。六
星◇攊絕始星星。十六（「攊」一作「愁」。）　◇銀漢會雙星。十七
◇宮中漢客星。一　◇前軍落大星。三　◇祠官朝見星。三
◇喧呼閱使星。六　◇結託老人星。十九　◇南斗避文星。十九
◇鷁鶂催明星。廿　◇南極老人自幼星。十七　◇羣公若會星。六
腥◇昨夜東風吹血腥。三　◇若厭食魚腥。十七　◇宇宙一羶腥。六
醒◇漁父寄偏醒。六　◇明日蕭條盡醉醒。二　◇衆賓皆醉我獨醒。二
◇窮愁醉不醒。三　◇悲風方一醒。十七　◇窮途阮籍幾時醒。十七
◇醉舞爲誰醒。十六
靈◇欻吸領地靈。十九　◇風雷搜百靈。十七　◇哀詔惜精靈。三
◇茲山朝百靈。三　◇才力爾精靈。六
舲◇及此慰揚舲。十七
鴒◇原俗類鶺鴒。六　◇抛書示鶺鴒。十六
瓴◇長驅甚建瓴。六

翎◇嚶雨鳳皇翎。十七　◇王喬隨鶴翎。三　◇安得隨鳥翎。十六

泠◇松風肅泠泠。三　◇野水日泠泠。十七　◇老身古寺風泠泠。十六

零◇烈士涕飄零。六　◇呑聲躑躅涕淚零。二　◇暮途涕泗零。三

◇歲暮百草零。三　◇垂老見飄零。十九

寧◇今古歲方寧。十七　◇惟王心不寧。三　◇同憂歲不寧。十

汀◇慘澹飛雲汀。十七　◇沙苑交迴汀。三

聽◇哀怨不堪聽。十七　◇悲歌在一聽。一　◇聲華眞可聽。三

◇致君君未聽。十七　◇明日杖藜來細聽。十六　◇新詩更憶聽。六

冥◇江中風浪雨冥冥。十七　◇爲我下青冥。十六　◇危階根青冥。三

◇川原紛眇冥。三　◇樹攬離思花冥冥。二　◇竟日雨冥冥。十七

◇斧鉞下青冥。十九　◇妖氛忽杳冥。六

銘◇秉德崔瑗銘。二　◇書生已勒銘。三　◇待勒燕山銘。十七

◇北山移文誰勒銘。十七　◇元動溢鼎銘。六

溟◇鯨力破滄溟。一　◇橫水注滄溟。十七　◇簫鼓蘯四溟。三

◇浩蕩乘滄溟。三　◇天威總四溟。六

瓶◇叫婦開大瓶。九　◇酒盡沙頭雙玉瓶。二　◇陰井敲銅瓶。三

屏◇卻略羅峻屏。三　◇無心雲母屏。十七　◇江猿吟翠屏。十五

◇悵望秋天虛翠屏。十七

萍◇浩蕩逐流萍。六　◇充飢憶楚萍。十七　◇垂老獨漂萍。一

◇旅泛一浮萍。三　◇豈食楚江萍。十七　◇乾坤水上萍。十九
◇誰定握青萍。六
熒◇金石兩青熒。十七　◇琳琅愈青熒。三
螢◇朝迴歎聚螢。六　◇空餘泣聚螢。三　◇廨署容秋螢。三
◇日暮拾流螢。十七
扃◇豪家朱門扃。十七　◇好鳥鳴巖扃。三　◇囚梁亦固扃。六
瀠◇洪河左瀠瀠。三
坰◇灑血暗郊坰。十七　◇客思迴林坰。三　◇不異在郊坰。六
◇戎生及近坰。六

十六　蒸（「登」同用。）

蒸◇畢景遺炎蒸。十　◇炎天避暑蒸。一　◇秋來尚鬱蒸。十五
承◇小子獨無承。十五
丞◇正似六安丞。十五　◇不見高人王右丞。十七
澄◇高秋爽氣澄。一　◇碧海闊踰澄。十五
懲◇伐數必全懲。十五
陵◇誰敢問山陵。一　◇苟能制侵陵。二　◇深水謁彝陵。十五
◇禁中決策請房陵。十七
淩◇丹梯庶可淩。一　◇戰勝洗侵淩。十六

膺◇詞場媿服膺。十五　◇何知對李膺。一
應◇郎官列宿應。十五
鷹◇君不見韝上鷹。三　◇奇毛或賜鷹。一　◇捩翅服蒼鷹。十五
◇陵北有豪鷹。四
憑◇襟懷庶可憑。十六　◇朝退若無憑。一
冰◇黃河十月冰。二　◇簷凍玉壺冰。一　◇恩分夏簟冰。十五
◇目存寒穀冰。十　◇東風吹春冰。三
蠅◇天地有青蠅。十五
繩◇臨軒對玉繩。十五　◇祖帳飄金繩。十　◇胡爲有結繩。十八
澠◇況挹酒如澠。一　◇割愛酒如澠。十五
乘◇將衰棲大乘。十　◇中使日相乘。一
升◇天人夙德升。一
昇◇多才接迹昇。十五
勝◇崇重力難勝。一
仍◇離恨兼相仍。十　◇世故莽相仍。十五
兢◇飄零免戰兢。十五
矜◇一諾豈驕矜。一　◇纖豪欲自矜。十五　◇張兵撓棘矜。十五
徵◇主上頃見徵。一　◇聊從月繼（竈）徵。十五
凝◇益破旅愁凝。十五

興◇漢運初中興。三　◇周漢獲再興。四　◇推忠忘寢興。一
◇勞歌跼寢興。十五　◇周室宜中興。廿
稱◇平居孝義稱。一　◇時論以儒稱。十五　◇神速至今稱。三
◇知名未足稱。廿　◇丹砂冷舊秤。十五（杜詩「峽内多雲雨」章有「丹砂冷舊秤」。「秤」字其實卽「稱」字。此篇重押者「矜矜」、「矰矰」、「增增」，不必作「稱」字。）

十七　登

登◇豈知秋禾登。三　◇終不媿孫登。一　◇青竹幾人登。十五
◇茲山亦深登。十
燈◇鳧雁宿張燈。一　◇紫殿九華燈。十五
稜（「稜」俗。）　◇簪稀白帽稜。十五（稜，杜有去聲。）
僧◇灰劫問胡僧。十五　◇遠謁雲端僧。十
崩◇莫慮杞天崩。十五
增◇羣公價盡增。十五　◇黃霸璽書增。十五
矰◇冥冥欲避矰。十五
罾◇野食待（一作「行」，一作「羣」。）魚罾。十五
層◇巖棲在百層。一　◇高宜百萬層。十五
朋◇忘形向友朋。一　◇西南喜得朋。十五　◇艱難懷友朋。十
鵬◇丹極上鯤鵬。十五　◇風翮九霄鵬。一

能◇未絕風流相國能。十七　◇鳴弓射獸能。三　◇辭華哲匠能。一
◇書兼褚薛能。十五　◇道大容無能。十四
騰◇章罷鳳鶱騰。一　◇所用皆鷹騰。四　◇落雁失飛騰。十五
◇猛噬失蹻騰。三
藤◇饑鼯訴落藤。十五　◇所扳仍舊藤。十　◇藍田丘壑漫寒藤。十七
恆◇令肅事有恆。十

十八　尤（與「侯」、「幽」同用。）

郰◇肯作置書郰。廿
憂◇登臨未消憂。七　◇一洗蒼生憂。七　◇歲雲暮矣增離憂。十八
◇天子饗時憂。十八　◇朔雲寒菊倍離憂。廿　◇毒瘴未足憂。十九
◇白骨更何憂。十六　◇將老已失子孫憂。十八（漢地理志濟南郡有虒。孫注：「侯國。」蔡譙音由，音鴞。師古：「蔡音是，于虬反。」）　◇不貽黃屋憂。三
◇漢二千石眞分憂。十八　◇登茲翻百憂。二　◇兔經三窟莫深憂。十八
優◇人才覺弟優。廿　◇諸公德業優。廿
留◇吾病得淹留。廿　◇先鞭不滯留。廿　◇王事有去留。三
◇二宅可淹留。三　◇心折此淹留。六　◇邀人晚興留。一
◇雲車紛少留。三　◇惜君只欲苦死留。二　◇庶足充淹留。二
◇太史尚南留。十六　◇爲仗主人留。十六　◇胡爲淹此留。十

◇藍田莫滯留。十六　◇萬壑東逝無停留。十八　◇花門旣須留。五
◇月出遮我留。九　◇羣盜何淹留。七　◇惆然難久留。七

流

◇河漢聲西流。二　◇屈注滄江流。三　◇曉達兵家流。十四
◇展席俯長流。二　◇篆刻揚雄流。十四　◇寺下春江深不流。十
◇不廢江河萬古流。二　◇百川皆亂流。三　◇宿昔一逢無此流。十八
◇樽前失詩流。三　◇川穀血橫流。三　◇內外名家流。廿
◇內懼非道流。廿　◇瘡痍無血流。十六　◇落日九江流。十六
◇河漢近人流。十七　◇百川日東流。六　◇豈徒比清流。七
◇飲馬寒塘流。七

騮

◇世復輕驊騮。一　◇如今豈無騕褭與驊騮。二　◇尚書玉腕騮。十八

秋

◇荒榛農復秋。十六　◇寒蟬碧樹秋。廿　◇天高白帝秋。廿
◇別浦雁賓秋。廿　◇洞庭相逢十二秋。廿　◇一辭故國十經秋。十七
◇天寒耐九秋。十七　◇冰壺玉衡懸清秋。十八　◇江漢失清秋。十六
◇扶藜望清秋。五　◇皇帝二載秋。四　◇少昊行清秋。一
◇移因風雨秋。三　◇陂塘五月秋。二　◇山空鳥鼠秋。六
◇萬里風煙接素秋。十三　◇客意已驚秋。二　◇憂憤病二秋。十四
◇雲飛玉立盡清秋。十八　◇回風吹早秋。十六　◇皆傳玉露秋。十七
◇宿留洞庭秋。十六　◇遙悲水國秋。十六　◇眞傷白帝秋。十六
◇鞍馬信清秋。十六　◇風江颯颯亂帆秋。十七　◇天氣涼如秋。七

羞◇勑廚倍長羞。十八　◇勦劫吏所羞。三

瘳◇聚集病應瘳。十六

周◇握手步道周。三　◇舉意八極周。七

州◇君不聞漢家山東二百州。一　◇焉能辨皇州。一　◇樹羽臨九州。三

◇長鯨吞九洲。三　◇澶漫山東一百州。十五　◇杭州定越州。十六

◇廊廟之具裴施州。十八　◇南謁裴施州。十八　◇秦中自古帝王州。三

◇傳聲典信州。十六　◇每欲到荆州。十六　◇騎馬發荆州。十六

◇有客乘舸自忠州。十三　◇北對西康州。七　◇無衣思南州。七

◇何時到峽州。十五　◇與子避地西康州。廿　◇身危適他州。七

◇天子憂涼州。三　◇商胡離別下揚州。十七　◇何人爲覓鄭瓜州。十七

◇老氣橫九州。三　◇子尚客荆州。十七

洲◇日夜向滄洲。十三

舟◇遣騎覓扁舟。十六　◇減米散同舟。十九　◇江漢一歸舟。十六

◇對君疑是泛虛舟。一　◇杖策可入舟。十六　◇清池可方舟。七

◇今君復入舟。十六　◇從此具扁舟。二　◇子豈無扁舟。十七

◇永係五湖舟。十四　◇故著浮槎替入舟。八　◇江滿帶維舟。十六

◇開帆八月舟。十六　◇半夜有行舟。十七

讎◇張目視寇讎。三

酬◇隨時成獻酬。三　◇潁川何以酬。十六

柔◇八極念懷柔。十六　◇道足示懷柔。三　◇揮弄滑且柔。三
◇春氣漸和柔。三
收◇乾坤一戰收。十八　◇寰區要盡收。十六　◇古來白骨無人收。一
◇王母不肯收。三　◇伊洛指掌收。四　◇淚下恐莫收。三
◇二京陷未收。三　◇一辱泥塗遂晚收。廿　◇塞田始徵收。七
丘◇石門斜日到林丘。一　◇日晏崑崙丘。一　◇擘石摧林丘。三
◇削成如案抱青丘。十六　◇憤激馳林丘。三　◇每見秋瓜憶故丘。十七
◇漁陽突騎獵青丘。十八　◇東郭老人住青丘。十八
不◇至性有此不。三　◇借問有酒不。二
搜◇足可追冥搜。一　◇曠原延冥搜。二　◇服食寄冥搜。十三
◇亦可縱冥搜。三
陬◇南鎮枹罕陬。三
愁◇飲啄慰孤愁。七　◇許坐曾軒數散愁。十七　◇孤城笛起愁。十七
◇青楓遠自愁。十六　◇絕塞豁窮愁。十六　◇身老不禁愁。廿
◇高義豁窮愁。廿　◇蒼山旌旆愁。三　◇三歲爲客寬邊愁。十八
◇已畏空樽愁。三　◇浩蕩及關愁。六　◇春來花鳥莫深愁。八
◇翻思在賊愁。四　◇山腰官閣迴添愁。十　◇歸醉每無愁。二
◇蒼梧雲正愁。二　◇燕姬翠黛愁。二　◇清絕聽者愁。三
◇芙蓉小苑入邊愁。十三

休◇干戈不肯休。十七
◇烈風無時休。一
◇何當甲兵休。三
◇時無王良伯樂死卽休。二
◇王命官屬休。三
◇輕薄爲文哂未休。九
◇語不驚人死不休。八
◇其如餌白休。十三
◇天下鼓角何時休。廿
◇荏苒百工休。十六
◇經過老自休。十六
◇斯文去矣休。十六
◇今日苦短昨日休。十八
◇喪亂幾時休。四
◇敢辭微命休。七

儔◇會心眞罕儔。三
◇古先莫能儔。三

裯◇城中斗米換衾裯。二

稠◇參錯雲石稠。十九
◇葉密鳴蟬稠。二
◇背日丹楓萬木稠。十
◇積陰雲雪稠。三
◇歸路晚山稠。四
◇實恐人事稠。七

疇◇下有良田疇。七

籌◇主憂急良籌。三

裘◇鄉里小兒狐白裘。十八
◇天子翠雲裘。十六
◇寒膩黑貂裘。十六
◇誰憫敝貂裘。廿
◇蟾亦戀貂裘。十七
◇羌兒青兕裘。三
◇苦寒寄我青羔裘。十八
◇宴寢驚敝裘。三
◇煖客貂鼠裘。三

求◇兼須入海求。十三
◇所願亦易求。二
◇于人何事網羅求。十八
◇春山無伴獨相求。一
◇張梨不外求。一
◇涇渭不可求。一
◇況因令節求。三
◇東盡白雲求。十六
◇二美又何求。三
◇供給愍誅求。十六
◇炯然無外求。七
◇崖蜜亦易求。七

浮◇蒼茫雲霧浮。七
◇石林氣高浮。七
◇庶用慰沈浮。三

◇幔卷浪花浮。二　◇異香泱漭浮。三　◇豈料沈與浮。三
◇行止各雲浮。十六　◇瀟湘共海浮。十六
謀◇從容仰廟謀。十六　◇各有稻粱謀。二　◇奉詔令參謀。三
◇更起爲君謀。二　◇熟醉爲身謀。三　◇生事不自謀。七
矛◇今代横戈矛。三

十九　侯

侯◇西謁巴中侯。十八　◇奸雄惡少皆封侯。十八　◇子干東諸侯。十九
◇談笑覓封侯。十七　◇園人非故侯。十六　◇免值公與侯。三
喉◇同谷爲咽喉。三　◇金城賊咽喉。十四
鷗◇錦纜牙檣起白鷗。十三
樓◇應在仲宣樓。十六　◇醉别仲宣樓。十六　◇畫角自山樓。十六
◇長沙舊驛樓。廿　◇竟非吾土倦登樓。廿　◇憶上西陵故驛樓。十七
◇光抱空中樓。三　◇僻近城南樓。二　◇他日訪江樓。十四
◇蕭瑟倚朱樓。十三　◇魂飄結蜃樓。十六　◇殘夜水明樓。十七
◇朝朝上水樓。十六　◇夜宿敞雲樓。十六　◇飢烏集戍樓。四
◇飛下十二樓。七
頭◇大魚傷損皆垂頭。九　◇王祭還供盡海頭。十六　◇今晨梳我頭。三
◇龍吟迴其頭。三　◇宮殿居上頭。三　◇瞿唐峽口曲江頭。十三

◇與子俱白頭。十七　◇去時里正與裹頭。一　◇君不見青海頭。一
◇走馬脫轡頭。二　◇風急打船頭。二　◇寸步曲江頭。二
◇堂上書生空白頭。二　◇昏黑應須到上頭。十　◇江渾魚掉頭。十六
◇走馬仇池頭。三　◇鳴櫓少沙頭。十六　◇遺騎安置瀼西頭。十七
◇還家尚黑頭。四　◇爲君上上頭。七　◇烏啼滿城頭。七
投◇札翰時相投。三
鉤◇風簾自上鉤。十七　◇龍蛇動篋蟠銀鉤。十　◇豐屋珊瑚鉤。十四
◇應手看捶鉤。二　◇文采珊瑚鉤。三　◇他日辱銀鉤。十八
◇潛魚不銜鉤。十九　◇意氣逐吳鉤。廿
韝◇百中爭能恥下韝。十八

二十　幽

幽◇況聞山水幽。七　◇噴薄漲巖幽。三　◇伐木丁丁山更幽。一
◇始出枝撐幽。一　◇孰謂吾廬幽。二　◇琴瑟幾杖柴門幽。十八
呦◇春草鹿呦呦。一
虯◇化作長黃虯。三

二十一　侵（獨用。）

侵◇山庭嵐氣侵。十七　◇莫慮犬羊侵。十七　◇所迫豪吏侵。十六

◇羈旅病年侵。廿　◇煩促瘴豈侵。十九
駸◇逸足競駸駸。廿
尋◇源花費獨尋。廿　◇丞相祠堂何處尋。七　◇峻岸復萬尋。十六
◇骨肉失追尋。十六
潯◇偃息歸此潯。十六　◇松筠起碧潯。廿
林◇碧色見松林。十三　◇鞍馬到荒林。一　◇持危覓鄧林。廿
◇呼鷹皂櫪林。十五　◇囱虛交茂林。九　◇玉露凋傷楓樹林。十三
◇每夜必通林。十七　◇歸老守故林。十四　◇厥貢傾千林。十六
◇荒鉏淨果林。十七　◇鳴鶴不歸林。十六　◇而多楓樹林。十九
◇清旭步北林。十六　◇長懸舊羽林。十七　◇熊羆咆空林。十八
琳◇述作異陳琳。廿
臨◇皇天實炤臨。廿　◇落景惜登臨。九　◇花萼罷登臨。十七
◇何如儉德臨。十七
霖◇無成涕作霖。廿　◇驕陽化爲霖。十六
琛◇汝貴玉爲琛。廿
針◇鶉衣寸寸針。廿　◇苦苣刺如針。十六
箴◇問俗九州箴。廿
沈◇忘機陸易沈。廿　◇自待白河沉。九　◇水陸兼浮沈。十六
砧◇白帝城高急暮砧。十三　◇欲掩見清砧。十七　◇三霜楚戶砧。廿

任◇許靖力還任。廿

深◇晝洗須騰涇渭深。二　◇氣溟海嶽深。一　◇干戈北斗深。廿

◇爲恨與年深。十　◇春城草木深。三　◇清渭東流劍閣深。三

◇日氣射江深。十五　◇湘流東逝深。十九　◇去翼依雲深。十六

◇銀海雁飛深。十七　◇恩加四海深。十七　◇要路亦高深。十三

◇月彩靜高深。九　◇江依白帝深。十七　◇阻此江浦深。十六

◇在野興清深。十七　◇請哀瘡痍深。十九　◇鳥雀聚枝深。十七

◇無辭荊棘深。十七　◇神傷山行深。七

淫◇濛濛雨滯淫。廿

鐔◇高誇周宋鐔。廿

心◇孤雲無自心。十三　◇晤語契深心。三　◇恨別鳥驚心。三

◇蕭然淨客心。一　◇哀絲千古心。一　◇恐泥勞寸心。十六

◇皦皦幽曠心。十九　◇故舟一傍故園心。十三　◇江樓延賞心。九

◇驅馳魏闕心。十六　◇乃知君子心。十四　◇應几亦無心。十七

◇猶傷半死心。廿　◇兩朝開濟老臣心。七　◇頗學陰何苦用心。十七

◇他時見汝心。十六　◇惻隱仁者心。十九　◇平生方寸心。廿

◇因見縣尹心。廿　◇老去多歸心。十六　◇萬國尚同心。十七

◇茫茫遲暮心。十七

琴◇日夜偶瑤琴。十六　◇虞舜罷彈琴。廿　◇新詩近玉琴。十三

◇膝有無聲琴。十　◇收書動玉琴。十七

擒◇侯景未生擒。廿

禽◇悵望高飛禽。十六　◇彈落似鴞禽。廿

欽◇微才謝所欽。廿

嶔◇杖藜出嶇嶔。十六

吟◇苦調短長吟。九　◇終然學越吟。十三　◇泓下亦龍吟。一

◇得兼梁父吟。一　◇久放白頭吟。廿　◇江猿應獨吟。十七

◇新詩改罷自長吟。十七　◇行坐白頭吟。十七　◇庶作梁父吟。十六

◇南浦白頭吟。十七

崟◇峻趾得嶔崟。廿　◇挽葛上崎崟。十六

歆◇投閣爲劉歆。廿

金◇家書抵萬金。三　◇不要懸黃金。十四　◇華筵直一金。一

◇得近四知金。廿　◇三寸如黃金。十六　◇久客藉黃金。十六

◇莫愁父母少黃金。十八　◇人間有賜金。十七

今◇別離慘至今。十四　◇遺堞感至今。一　◇軍聲動至今。廿

◇兀兀遂至今。三　◇諸孫賢至今。九　◇薄倚浩至今。十六

襟◇秀氣豁煩襟。十六　◇若倚仲宣襟。廿　◇長使英雄淚滿襟。七

◇微微風動襟。九　◇飄然散疎襟。十六　◇側塞煩胸襟。十六

◇眇眇獨開襟。十九　◇扣寂豁煩襟。廿

禁◇愁來遽不禁。廿　◇江州涕不禁。十六

音◇感激在知音。廿　◇隔葉黃鸝空好音。七　◇衰疾謝知音。十三

◇喜聞樵牧音。十　◇黃鳥喧佳音。十九

陰◇羣雲慘歲陰。廿　◇曠絕同曾陰。十六　◇隱見清湖陰。一

◇高飛恨久陰。十六　◇塞上風雲接地陰。十三　◇輕鳥度曾陰。九

◇劣於山有陰。十六　◇日下四山陰。十七

森◇時物自蕭森。廿　◇巫山巫峽氣蕭森。十三　◇錦官城外柏森森。七

參◇湖平早見參。廿　◇天橫醉後參。九

岑◇春日漲雲岑。十九　◇楓岸疊青岑。廿　◇分明在夕岑。十七

◇不隔崑崙岑。十　◇午辭空靈岑。十九　◇秋光近青岑。十六

◇十年經碧岑。十六　◇不到洛陽岑。十七

涔◇行藥病涔涔。廿

簪◇渾欲不勝簪。三　◇淹留冠上簪。廿　◇脫我頭上簪。十六

◇頻抽白玉簪。廿

二十二　覃（「談」同用。）

潭◇終是老湘潭。廿　◇搖落任江潭。十七

參◇雲木曉相參。十七

南◇清旭楚宮南。十七　◇巫峽漏司南。十七　◇憂端齊終南。三

◇千秋滄海南。十　◇天長眺東南。十四　◇太守頃者領山南。十八

◇身事五湖南。廿　◇回頭指大男。九

枏◇掄材媿杞楠。廿

男◇人生貴是男。十九

含◇霜空萬嶺含。十七

貪◇飢烏下食貪。十七

堪◇充庖爾輩堪。十七

二十三　談

三◇初鳴度必三。十七

慚◇失次曉無慙。十七

酣◇操紙終夕酣。十四

二十四　鹽（「添」同用。）

鹽◇斷崖當白鹽。十六

簾◇鳥窺新卷簾。十八

髯◇參軍舊紫髯。三

尖◇萬點蜀山尖。二

潛◇未怪老夫潛。（八卷晚晴。）

黔◇内媿突不黔。三

二十五　添

添◇通家别恨添。二　◇春酒漸多添。十六

兼◇勝概欲相兼。十六

嫌◇於汝定無嫌。二　◇詩家筆勢君不嫌。十九

二十六　咸（「銜」同用。）

喦◇虎之飢，下巉喦。十七

二十七　銜

銜◇鐵馬馳突重兩銜。二

巖◇崑崙月窟東嶄巖。二

衫◇將軍昔著從事衫。二

監◇惡若哮虎子所監。二

二十八　嚴（「凡」同用。）

嚴◇雖當霰雪嚴。廿

二十九　凡

帆◇一日過海收風帆。二

卷一百四十九　杜詩韻字歸部（三）

上聲卷

一　董（獨用。）

孔◇不復夢周孔。十六

總◇遠媿梁江總。四

嵸◇悲臺蕭颯石巃嵸。十八

動◇喜覺都城動。四

◇絕岸風威動。十

◇繫馬林花動。十五

◇宸極妖星動。三

◇沸天萬乘動。三

◇肉駿碨磊連錢動。二

◇春風自信牙檣動。二

◇巫峽中宵動。十七

◇光射潛蛟動。十七

◇歲陽初盛動。廿

◇回風滔日孤光動。十八

◇欃槍熒惑不敢動。二

◇雄劍四五動。一

◇病身終不動。十七

◇志士惜妄動。十六

◇人生相感動。十七

◇意愜關飛動。六

◇風連西極動。六

◇神融躡飛動。十五

二腫

種◇元帥歸龍種。五　◇初得花驄大宛種。二　◇聞說眞龍種。六
◇彭城英雄種。廿
踵◇羣盜久相踵。十六
寵◇顧影驕嘶自矜寵。二
隴◇飛傳自河隴。十四　◇山田麥無隴。十六
擁◇綺麗玄暉擁。十四　◇頗免崖石擁。十六
冗◇郎官未爲冗。十六
重◇蜀月西霧重。十六
冢◇吾思哭孤冢。十四　◇斯人各枯冢。十六
湧◇江間波浪兼天涌。十三　◇龍宮塔廟湧。十四　◇江流靜猶湧。十六
恐◇迫此懼將恐。十六
拱◇天子渴垂拱。十六　◇金粟堆南木已拱。十八
聳◇深峽轉修聳。十六
竦◇牽來左右神皆竦。七
洶◇哀壑杈枒浩呼洶。十八

四　紙（「旨」、「止」同用。）

（工部「早晚更望官軍至」與「子」、「死」、「市」叶，作上聲。）

紙◇紫誥鸞回紙。十八

是◇國之社稷今若是。四　◇九日明朝是。十七　◇勿矜朱門是。十六

◇周宣漢武今王是。十六　◇今之畫圖無乃是。二　◇官屬果稱是。三

◇男兒行處是。六

氏◇通家惟沈氏。二　◇白水見舅氏。三　◇上古葛天氏。三

◇昔有佳人公孫氏。十　◇禍首燧人氏。十八

委◇猛將紛塡委。三

髓◇愛畫入骨髓。三　◇隔日搜脂髓。六

倚◇闕防猶可倚。三　◇不似長劍須天倚。十八　◇順浪翻堪倚。十九

◇野樹欹還倚。十七

綺◇落霞沉綠綺。十八

蟻◇築場憐穴蟻。十七　◇仙醴來浮蟻。一　◇苦心未免容螻蟻。十二

◇無人竭浮蟻。廿　◇願分竹實及螻蟻。廿

蘂◇仳離放紅蘂。三

此◇消渴今如此。十六　◇老夫如有此。六　◇深意實在此。三

◇吾舅政如此。三　◇驍騰有如此。一　◇英雄有時亦如此。一

◇故人官就此。二　◇盛業今如此。二　◇恕己獨在此。廿
◇汗血今稱獻於此。廿　◇置驛常如此。十五　◇不爲困窮寧有此。十七
◇亂代飄零予到此。十七　◇富貴當如此。十八　◇深衷止爲此。七

爾◇崤函蓋虛爾。三

邇◇盜賊縱横甚密邇。十七

弭◇籲嗟光祿英雄弭。十八　◇西蜀災長弭。十六

庳◇用之不高亦不庳。十八

豕◇燕薊奔封豕。三

五　旨

旨◇授鉞築壇聞意旨。廿

視◇壯士血相視。十四

美◇漸知秋實美。十六　◇麾下賴君才並美。三　◇魚知丙穴由來美。十一
◇且食雙魚美。二　◇脆添生菜美。二　◇衆歸周給美。十四

鄙◇每歲攻駒冠邊鄙。二　◇上將盈邊鄙。六

几◇紫騮隨劍几。十四　◇郭南抱甕亦隱几。廿　◇拂拭烏皮几。十六
◇只作移巾几。廿

比◇後來傑出雲孫比。廿　◇司存何所比。二　◇揮灑亦莫比。三
◇大食寶刀聊可比。十八

暑◇告別無淹暑。三

矢◇生涯抵弧矢。七

死◇紈袴不餓死。一　◇穀神如不死。一　◇萱草秋已死。一

◇有儒愁餓死。二　◇雨中百草秋爛死。二　◇出師未捷身先死。七

◇豐草青青寒不死。二　◇健兒寧鬬死。三　◇四萬義軍同日死。三

◇君辱敢愛死。十五　◇金鞭折斷九馬死。三　◇白摧朽骨龍虎死。七

◇陣前部曲終日死。廿　◇雲壑布衣鮐背死。十七　◇愚智心盡死。十六

◇青草萋萋盡枯死。十八

履◇細軟青絲履。三　◇遠媿尚方曾賜履。廿　◇看君宜著王喬履。十六

水◇野亭逼湖水。一　◇研寒金井水。一　◇邊庭流血成海水。一

◇淘米少汲水。一　◇磨刀嗚咽水。二　◇詞源倒流三峽水。二

◇名園依綠水。二　◇公子調冰水。二　◇洗劍青海水。十四

◇君不見左輔白沙白如水。二　◇野雲低度水。十　◇血作陳陶澤中水。三

◇迢迢隔河水。三　◇羌童看渭水。六　◇卽今龔廐水。十五

◇嬾心似江水。十三　◇努力慎風水。十八　◇平年下春水。十六

◇蜀江如線針如水。十　◇美人娟娟隔秋水。十七　◇滿峽重江水。十六

◇蛟龍欲蟄寒沙水。廿　◇湖南安背水。十九　◇荻岸如秋水。十六

◇仲夏流多水。十六　◇岸疏開闢水。十九　◇朔風吹桂水。廿

◇南圖卷雲水。廿　◇壯士淚如水。十六　◇政化平如水。十七

◇野屋流寒水。十七　◇由來巫峽水。十七　◇稻穫空雲水。十七

◇卷簾惟白水。十七　◇楚宮臘送荆門水。十八　◇落雁浮寒水。八

◇回回山根水。七　◇美人胡爲隔秋水。十七

壘◇單于寇我壘。二　◇四郊失壁壘。十四　◇氣靡屈賈壘。十五

◇妻孥隔軍壘。三　◇五原空壁壘。四　◇雜種雖高壘。六

六　止

止◇干戈兵革鬬未止。九

趾◇金城蓄峻址。三

時◇坡陀望鄜時。四

市◇藥物楚老漁商市。廿　◇仍唱胡歌滿都市。三　◇新麪來近市。十六

徵◇金管迷宮徵。十六

喜◇燈花何太喜。四　◇妖腰亂領敢欣喜。十八　◇運糧繩橋壯士喜。八

◇浪傳烏鵶喜。三　◇徒懷貢公喜。二

紀◇倏忽向二紀。十九　◇賊臣惡子休干紀。十八　◇相國生南紀。十四

◇鳳歷軒轅紀。二

己◇使蜀見知己。十二　◇洗然遇知己。十八　◇先王實罪己。十九

◇鶱騰訪知己。廿　◇豈特一知己。十六

以◇與餘問答既有以。十八

已◇插秧適云已。十六 ◇拓境功未已。十五 ◇武皇開邊意未已。一
◇蓋棺事則已。三 ◇東胡反未已。四 ◇雲雷屯不已。三
◇秀崿西未已。三 ◇差科死則已。九 ◇浮名尋已已。十八
◇荆岑彈丸心未已。十八 ◇歲暮窮陰耿未已。十七 ◇人肩四根已。十六
◇予見亂離不得已。十七

似◇故人情意晚誰似。一 ◇問俗人情似。十七 ◇元惡迷是似。廿
◇枕帶還相似。十七

史◇十五富文史。四 ◇世家遺舊史。一 ◇奕葉祖姑史。十八
◇中有古刺史。廿

使◇遷轉五州防禦使。十八

駛◇晨溪響虛駛。五（「駛」一作「駃」。）

耳◇不意書生耳。六 ◇魑魅罔兩徒爲耳。十八 ◇傾側天下耳。十六

里◇泰山雄地里。（李邕附。） ◇老驥思千里。一 ◇戚戚去故里。二
◇明朝步隣里。十 ◇吾聞天子之馬走千里。二 ◇繚以周墻百餘里。二
◇無錢居帝里。六 ◇爲退三百里。三 ◇飄零仍百里。十五
◇問君適萬里。三 ◇雲白山青萬餘里。廿 ◇繫舟身萬里。十七

裏◇臺閣黄圖裏。廿 ◇老向巴人裏。十八 ◇殺人紅塵裏。十五
◇能添老樹巓崖裏。三 ◇自到青冥裏。一 ◇飛閣捲簾圖畫裏。二
◇寂寞書齋裏。一 ◇響下清虛裏。十三 ◇宿昔青門裏。十七

◇頭白明燈裏。十七
◇君不見金粟堆前松柏裡。十
◇衡岳猿啼裏。六
◇丹青宛轉麒麟裏。十八
◇影靜千官裏。三
◇翠華想像空山裏。十三
◇農事空山裏。三
◇秦城樓閣煙花裏。十九

理◇自喜遂生理。十九
◇臣如忽至理。三
◇以茲悞生理。三
◇情窮造化理。十
◇誰寄方隅理。廿
◇昔歲文爲理。十五
◇廟堂知至理。二
◇高懷見物理。十二
◇易識浮生理。十七
◇復見陶唐理。十六
◇濁醪有妙理。三
◇得君亂絲與君理。十八
◇堯有四岳明至理。十八
◇白髮絲難理。廿

始◇青鞋布襪從此始。三
◇攬環結佩相終始。十八
◇峽門自此始。十六

起◇況乃清夜起。十六
◇河朔風塵起。十五
◇一飯四五起。二
◇駿尾蕭梢朔風起。二
◇東岳雲峰起。一
◇素練風霜起。一
◇華館春風起。一
◇儒術誠難起。二
◇旁制山賊起。三
◇峽東滄江起。十五
◇羽翼商山起。十六
◇趙公玉立高歌起。十八
◇余病不能起。十七
◇在家常早起。十六
◇一自風塵起。十七
◇早作丞相東山起。廿
◇多病馬卿無日起。十七
◇秋風亦已起。十六
◇井屋有煙起。十五
◇壁立石城橫塞起。十一
◇蠻歌犯星起。十七
◇無端盜賊起。十七

杞◇千叢萬落生荆杞。一
◇城内空荆杞。三

士◇王國稱多士。二
◇君門羽林萬猛士。二
◇海内知名士。六

◇藥囊親道士。十五
◇因悲林中士。三
◇從來苦節士。廿
◇未知天下士。三
◇傷哉文儒士。三
◇圭竇三千士。三
◇持以比佳士。十七
◇食新先戰士。十六
◇古來傑出士。十三
◇由來貔虎士。十七
◇茱萸賜朝士。十七
◇時見文章士。十八

疕

◇轆轤凍階疕。廿（杜叶去聲。）

子

◇貌得山僧及童子。三
◇汝陽讓帝子。十四
◇天上張公子。一
◇謬慚知薊子。一
◇好去張公子。二
◇學詩猶孺子。二
◇卑枝低結子。二
◇萬里戎王子。二
◇主將收才子。二
◇溫溫士君子。十二
◇孟冬十郡良家子。三
◇禹功亦命子。十五
◇吾觀鴟夷子。十五
◇疾驅塞蘆子。三
◇年少臨洮子。六
◇安知蔡夫子。十二
◇北門天驕子。五
◇未能割妻子。十七
◇李舟名父子。四
◇汝去迎妻子。十六
◇吾宗老孫子。十六
◇故人有遊子。十六
◇神堯十八子。十八
◇衣冠是日朝天子。十八
◇萬歲持之護天子。十八
◇麻鞋見天子。三
◇欲學鴟夷子。
◇飄飄蘇季子。廿
◇宴筵曾語蘇季子。廿
◇生年鶡冠子。十七
◇萬姓悲赤子。十九
◇再宿煩舟子。十九
◇啼鳥爭引子。十五
◇我今遠遊子。十六
◇似聞昨者赤松子。十七
◇風落收松子。十七
◇只應與兒子。十五
◇炙背可以獻天子。十五
◇乃吾故人子。廿
◇鼓瑟至今悲帝子。廿
◇煉金歐冶子。廿
◇洞庭春色悲公子。廿

◇驅馳數公子。廿　◇白露團甘子。十六　◇閭閻聽小子。十七
◇飛錫去年啼邑子。十六　◇驊騮事天子。十八　◇山風吹遊子。七

矣◇年華紛已矣。十五　◇乘黃已去矣。十五　◇古人稱逝矣。六
◇翠華森遠矣。十　◇素業行已矣。十九

齒◇朝班及暮齒。十八　◇几杖將衰齒。十九　◇獨立發皓齒。十六

恥◇酷見凍餒不足恥。二　◇花門剺面請雪恥。三

滓◇吾獨何爲在泥滓。三　◇光芒六合無泥滓。十八　◇藉糟分汁滓。十七

七　尾（獨用。）

尾◇苦搖求食尾。十九

幾◇此會共能幾。九

鬼◇胡行速如鬼。三　◇戰哭多新鬼。三　◇鼓迎非際鬼。廿
◇臥病識山鬼。十七　◇家家養烏鬼。十七

八　語

語◇瓦卜傳神語。十七　◇若訪衰翁語。十七　◇繫書原浪語。廿
◇百舌欲無語。十六　◇卽今耆舊無新語。十七　◇廢邑狐狸語。三
◇蛺蝶飛來黃鸝語。二　◇經綸皆新語。三　◇聞道三年未曾語。十八
◇千載琵琶作胡語。十三　◇兒童解蠻語。十七　◇野人尋煙語。七

呂◇伯仲之間見伊呂。十三
旅◇恐懼棄捐仍羈旅。二
佇◇聖心頗虛佇。四
杼◇鮫館如鳴杼。十六
與◇上官權許與。六　◇歲月不我與。十九
渚◇鶤雞號枉渚。六　◇星落黃姑渚。十七　◇暮春鴛鴦立洲渚。十六
◇收穫辭霜渚。十七　◇稍稍煙集渚。九　◇參錯走洲渚。廿
◇應經帝子渚。十八　◇憶過楊柳渚。二　◇杖藜俯沙渚。十六
汝◇滄江白髮愁看汝。十六　◇忘形到爾汝。二　◇谷口子眞正憶汝。十六
暑◇修竹不受暑。一　◇君山可避暑。十七
杵◇落影聞寒杵。一
處◇皇華吾善處。二（此是去聲讀。）　◇名賢慎出處。十八
◇深山窮谷不可處。十六
女◇飛霜任青女。十七　◇妝前兩小女。四　◇遙憐小兒女。三
◇自云帝里女。十七　◇石間采蕨女。十九　◇他日辭神女。十五
◇況聞處處鬻男女。十九
許◇開新合故置何許。二　◇牽牛去幾許。六　◇乞歸恩詔許。六
拒◇缺籬將棘拒。十五
所◇大軍多處所。六　◇今歸行在所。三　◇野人寧得所。二

楚◇商山猶入楚。六　◇入幕知孫楚。廿　◇軍事留孫楚。二
◇豺構哀登楚。十五
舉◇隨風炤日宜輕舉。二
序◇金鐘大鏞在東序。十八
緒◇征南多興緒。九　◇野鴉無意緒。十九

九　麌（與「姥」同用。）

羽◇江蓮搖白羽。一　◇郤思翻玉羽。十七　◇芊芊炯翠羽。十六
◇傷弓流落羽。廿
雨◇毀廟天飛雨。三　◇皇天久不雨。三　◇黄鵠翅垂雨。六
◇自多窮岫雨。三　◇菱熟經時雨。一　◇弟姪何傷淚如雨。一
◇翻手作雲覆手雨。二　◇峽内多雲雨。十五　◇楚江巫峽半雲雨。十六
◇楚岸收新雨。十六　◇今秋乃淫雨。二　◇稚子無憂走風雨。二
◇楚天不斷四時雨。十六　◇此行怨暑雨。廿　◇雷聲忽送千峰雨。十六
◇始賀天休雨。十六　◇斷續巫山雨。十六　◇北風昨夜雨。廿
◇直怕巫山雨。十六　◇筆架霑窗雨。十七　◇巫峽日夜多雲雨。十七
◇隱豹深愁雨。十七　◇何須妒雲雨。十七　◇蛟龍得雲雨。四
◇一秋常苦雨。四　◇落筆驚風雨。六　◇冉冉松上雨。七
宇◇戎馬暗天宇。廿　◇起行視天宇。三　◇及乎歸茅宇。十六

◇喜無多屋宇。十七

聚◇蕭摵寒鐘聚。七

府◇兩都開幕府。十五　◇艱危參大府。廿　◇爾到江陵府。十六

◇徐關深水府。一　◇不愛入州府。十六　◇石林蟠水府。二

◇主人薨城府。十二　◇十年出幕府。二　◇雲幕隨開府。三

腑◇一重一掩吾肺腑。十九

武◇洞主降接武。廿　◇君王自神武。二　◇將軍不好武。二

◇先帝正好武。十五　◇國嗣初將付諸武。十七　◇此邦今尚武。六

舞◇留連春夜舞。三　◇意氣卽歸雙闕舞。十六　◇瀲灩雙雙舞。十五

◇春天衣著爲君舞。二　◇自笑燈前舞。二　◇黃泥野岸天雞舞。十七

◇湘妃漢女出歌舞。二　◇雲晴鷗更舞。廿

鵡◇健筆淩鸚鵡。二　◇隴俗輕鸚鵡。六

父◇遂姓同漁父。十九　◇所媿爲人父。三

釜◇紫駝之峰出翠釜。二

輔◇連雲屯左輔。五　◇每覺昇元輔。六

柱◇風箏吹玉柱。一　◇壯節初題柱。二　◇瑞芝產廟柱。三

◇南海殘銅柱。十五　◇拙計泥銅柱。十九（杜押「柱」字叶去聲。）

愈◇甘澤不猶愈。三

貐◇公時呵猰貐。十九

主◇舊入故園常識主。廿　◇王侯第宅皆新主。十三　◇神靈漢代中興主。十六
◇萬歲千秋奉明主。二　◇君識中興主。四　◇側聽中興主。十五
◇吾聞聰明主。十七　◇三嘆問府主。十九　◇江邊地有主。十九
◇風夜聽憂主。十六　◇城中賢府主。十六　◇朝廷問府主。十七
拄◇竹杖交頭拄。十七
數（說文：「計也。」）　◇戶牖粲可數。七　◇比屋豪華固難數。二
◇紛紛輕薄何須數。二　◇長安布衣誰比數。二　◇臨江節士安足數。二
取◇偶然擢秀非難取。二　◇歸來權可取。三　◇微逕不復取。七

十　姥

姥◇歸帆拂天姥。十五
土◇無食問樂土。七　◇安能陷糞土。廿　◇二公化爲土。十七
◇荊揚冬春異風土。十七　◇此道今人棄如土。二　◇美人爲黃土。四
◇紫荊寄樂土。廿
吐◇初日翳復吐。七
杜◇轣轆辭下杜。三
魯◇展懷詩誦魯。十五
睹（當古切。）　◇司隸章初睹。三
堵◇各使蒼生有環堵。十七　◇反鎖衡門守環堵。二

古◇喬木村墟古。十七　◇巨渠決太古。十六　◇潭府邑中甚淳古。十九
◇苔蘚山門古。六　◇崔嵬枝幹郊原古。十二　◇海右此亭古。一
◇卽事非今亦非古。二　◇獨步才超古。二　◇鄭氏才振古。二
◇側身天地更懷古。十一　◇桃蹊李徑年雖古。十七　◇荒戍之城石色古。十八
◇草書何太古。六　◇愁破崖寺古。七
罟◇前王作網罟。十九
五◇往者十四五。十五　◇紀德名標五。十七
午◇出蘿已亭午。七
部◇沈范早知何水部。十七（「部」字又在有韻。）
虎◇謬知終畫虎。二　◇空中右白虎。十七　◇何年滅豺虎。十七
塢◇貧居類村塢。二
怒◇潛龍無聲老蛟怒。九　◇坐久風頗怒。三　◇絕域遙懷怒。三
◇來如雷霆收震怒。十八
弩◇疑惑尊中弩。廿　◇貞觀銅牙弩。十七
苦◇乃知貧賤別更苦。二　◇定知深意苦。六　◇遠行無自苦。廿
◇形神寂寞甘新苦。十七　◇只益丹心苦。四　◇勉強終勞苦。七
戶◇野涼侵閉戶。十六　◇索錢多門戶。十九　◇鼎食分門戶。一
◇山河扶繡戶。一　◇七星在北戶。一　◇延州秦北戶。三
◇林木在庭戶。廿

普◇敕書憐贊普。三

浦◇水生魚復浦。十六　◇輟棹青風浦。十九　◇尊鑷臨極浦。一

◇側身野岸及江浦。十七（「浦」一作「蒲」。）

補◇衰謝身何補。十八　◇還蜀祇無補。六

圃◇不必陪玄圃。十五　◇草堂亂玄圃。十六

十一　薺（獨用。）

薺◇誰謂荼苦甘如薺。十七

禮◇聯翩匍匐禮。廿　◇幾人卓絕秉周禮。十七　◇爾克富詩禮。十八

◇奴僕何知禮。十六　◇守祧嚴具禮。一　◇高宴諸侯禮。十五

◇指揮過無禮。九

醴◇晚年務置醴。十四

體◇委曲承顏體。十八　◇才盡傷形體。十九　◇必驗升沉體。十六

◇浩蕩古今同一體。十七　◇儉約前王體。廿　◇密論貞觀體。十四

◇王楊盧駱當時體。九　◇總戎存大體。十五　◇霸業尋常體。十九

涕◇前朝長老皆流涕。十七　◇故老仍流涕。十七

濟◇不見十年官濟濟。十七　◇濁河終不污清濟。十七

邸◇事殊迎代邸。十六

底◇有才無命百寮底。十七　◇秋花危石底。六　◇秋水清無底。一

◇翻疑柁樓底。二　◇復歸虛無底。三　◇邠郊入地底。四

◇故鄉門巷荊棘底。十六　◇威遲哀壑底。七　◇孟氏好兄弟。十六

弟◇梁公曾孫我姨弟。十七　◇病中吾見弟。十六

泥◇秋風蕭蕭露泥泥。十七

洗◇白髮少新洗。十二　◇漢官威儀重昭洗。十七

泚◇蛟之横，出清泚。十七

啓◇長兄白眉復天啓。十七

棨◇身使門戶多旌棨。十七

米◇秋菰成黑米。十六　◇家籍家家米。十九　◇日糴太倉五升米。二

◇月分梁漢米。六

眯◇早歸來，黃土污人眼易眯。十七

陛◇滄洲動玉陛。十四　◇公獨廷爭守丹陛。十七

十二　蟹（「駭」同用。）

解◇葛洪屍定解。廿（「屍解」之「解」讀如「假」。）　◇戰伐何當解。十四

十五　海

海◇未成游北海。十六　◇浪作禽塡海。六　◇乾坤霾漲海。十八

◇未暇泛滄海。六　◇防河赴滄海。六　◇繆持蠡測海。一

◇今欲東入海。一　◇羽人埽碧海。廿
醢◇姦臣竟菹醢。四
宰◇妙譽期元宰。三　◇皆爲百里宰。十五
待◇出門無所待。三　◇卑飛欲何待。十二　◇鸞鳳不相待。十六
◇賜錢傾府待。廿　◇他日臨江待。廿
怠◇早行篙師怠。十九
改◇卽今蓬鬢改。十七　◇禁掖朋從改。六　◇傳家節操尚不改。
◇往來時屢改。一　◇中夜窟宅改。三　◇仰觀天色改。四
彩◇三軍晦光彩。十四　◇侍者雖光彩。十六
在◇相門韋氏在。一

十六　軫（「準」同用。）

軫◇藥餌駐修軫。十二　◇宵旰憂虞軫。十五
哂◇識者安肯哂。十二
忍◇瘧癘三秋孰可忍。一　◇捷逕應未忍。十二
緊◇魏侯骨聳精爽緊。二
盡◇童孺交游盡。廿　◇雨聲衝寒盡。十六　◇晚來高興盡。二
◇東征健兒盡。六　◇預恐尊中盡。二　◇不如醉裡風吹盡。九
◇長安少年氣欲盡。二　◇令我懷抱盡。十二　◇閱書白氏盡。十四

◇故山歸興盡。三　◇老去才難盡。六　◇習池未覺風流盡。十一
◇地僻秋將盡。六　◇亂離朋友盡。十五　◇野興每難盡。九
◇交游颯向盡。廿　◇故畦遺穗已蕩盡。廿　◇客下荆南盡。十六
◇釣艇收緡盡。十七　◇白帝更聲盡。十七　◇秋覺追隨盡。十七
◇林香出實垂將盡。十七

引◇霧樹行相引。三　◇勝地初相引。二　◇此時霑奉引。六
◇萍流仍汲引。十五　◇影遭碧水潛勾引。廿

閔◇牢落值顏閔。十二

敏◇學並盧王敏。十六　◇衰容豈爲敏。十二

泯◇青史字不泯。十二　◇傳家節操尚不泯。十六

隕◇只同燕石能星隕。十九

十七　準

準（之尹切，又音拙。）◇詩家一標準。十二

尹◇酒酣誇新尹。九　◇有客傳河尹。一　◇異味煩縣尹。十二

筍◇密竹復冬筍。七　◇綠垂風折筍。二

隼◇華岳峰尖見秋隼。二

蠢◇平生流輩徒蠢蠢。二

盾◇力與願矛盾。十二

十八　吻（獨用。）

憤◇賈筆論孤憤。六　◇琴烏曲怨憤。十九

十九　隱（獨用。）

隱◇萬木雲深隱。十六　◇竄身跡非隱。十二　◇東蒙赴舊隱。十四
◇無才逐仙隱。十七　◇地坼江帆隱。十七
磤（雷聲。）　◇層閣憑雷殷。廿
謹◇吾子色愈謹。十二
堇◇追隨飯葵堇。十二
近（迫也，幾也。）　◇安得闕親近。十二

二十　阮（「混」、「狠」同用。）

遠◇佳聲斯共遠。廿　◇漠漠舊京遠。十九　◇背堂資僻遠。十七
◇十年蹴踘將雛遠。十九　◇牙檣列柁青樓遠。廿　◇皇天悲送遠。三
◇旅茲殊俗遠。十八　◇風煙巫峽遠。十六　◇長沙才子遠。六
◇紫鸞無近遠。十五　◇王謝風流遠。十五　◇深山大澤龍蛇遠。一
◇出門日已遠。二　◇已去漢月遠。二　◇受命邊沙遠。二
◇古人日已遠。十二　◇漢水黄河遠。三　◇潘生驂閣遠。十五

◇素幙渡江遠。廿　◇謳歌互激遠。十九　◇兵革自久遠。廿
◇野亭春還雜花遠。三　◇繫舟今夜遠。十七　◇轉蓬行地遠。十七
◇雖傷旅寓遠。七　◇謝庭瞻不遠。廿　◇鼎湖龍去遠。十七
◇蕭瑟唐虞遠。十五　◇巫山不見廬山遠。十七

晚◇此地生涯晚。十六　◇君王納涼晚。十六　◇論交翻恨晚。廿
◇衰年傾蓋晚。廿　◇寂寂夏將晚。廿　◇依止老宿亦未晚。廿
◇蒼蒼衆色晚。十九　◇金鐙下山紅日晚。廿　◇不才名位晚。十五
◇致君時已晚。一　◇庭前甘菊移時晚。二　◇坐對秦山晚。二
◇卷軸來何晚。十五　◇感激時將晚。二　◇絕域長夏晚。十
◇屬國歸何晚。六　◇一臥滄江驚歲晚。十三　◇本枝淩歲晚。廿
◇松林蘭若秋風晚。十七　◇龍舟移棹晚。六

反◇丘壑曾忘反。十八　◇去秋羣胡反。三

阪◇西曆青羌阪。十七

苑◇憶昔霓旌下南苑。三　◇獨當省署開文苑。十七　◇名參漢望苑。廿

綣◇寸長堪繾綣。一

飯（餐飯。）　◇鳳翔千官且飽飯。四　◇諸僧但乞齋時飯。十七
◇豈無青精飯。一　◇常擬報一飯。一　◇但使殘年飽喫飯。一

二十一　混

本◇邦以民爲本。十九　◇凋弊惜邦本。廿　◇穀者命之本。十六

損◇世人憐復損。十七

穩◇平地一川穩。十七　◇顧視清高氣深穩。十一

遁◇後有韋諷前支遁。十一

衮◇五聖聯龍衮。一　◇不才同補衮。十五　◇備負竊補衮。十五

閫◇帝念深分閫。九

二十三　旱（「緩」同用。）

旱◇浸潤無天旱。十六（杜作去聲押，見行官張望篇。）

誕◇政術甘疎誕。十五

懶◇淇上健兒歸莫懶。五　◇興來不暇懶。三　◇頗怪朝參懶。二

◇東柯遂疎懶。六　◇小來習性懶。四

二十四　緩

短◇寒日經簷短。十八　◇翠衿渾欲短。十七　◇檢書燒燭短。一

◇白頭搔更短。三　◇余今委脩短。十七　◇禮樂攻吾短。十七

斷（斷絕。）◇龍門横野斷。一　◇骨肉恩豈斷。二

◇霜嚴衣帶斷。三 ◇數州消息斷。三 ◇舊好腸堪斷。六

◇逆氣數年吹路斷。十八 ◇往年朝謁斷。廿

椀◇客醉揮金椀。二

碗◇無勞映渠盌。十七

管◇一陽發陰管。十四 ◇尚錯雄鳴管。廿

卵◇生成猶拾卵。十七

煖◇夜郎溪日煖。十七 ◇荆揚風土暖。十六

暖◇山家蒸栗暖。十七

滿◇天地軍麾滿。三 ◇北闕妖氛滿。三 ◇帝京氛祲滿。三

◇最傳秀句寰區滿。十 ◇氣纏霜匣滿。廿

二十五　潸（「產」同用。）

綰◇紫誥仍兼綰。一

阪◇昨憶踰隴阪。七

二十六　產

產◇兩京猶薄產。十五

限◇殺人亦有限。二

簡◇晚節嬉遊簡。一

眼◇兵戈猶在眼。四　◇庭蔬猶在眼。廿　◇颯颯開啼眼。十六
◇巾拂那關眼。十九　◇牧童斯在眼。十七　◇濁醪必在眼。三
◇今日明人眼。六　◇金篦空刮眼。十五　◇巫峽寒江那對眼。十六
◇血流紛在眼。十五　◇江村野堂爭入眼。十六
盞◇邊酒排金盞。三

二十七　銑（「獮」同用。）

典◇十載考墳典。十四　◇邦家用祀典。十九（八哀武功篇「報兹劬勞顯」叶究、典。）
趼◇足踏宿昔趼。十四
泫◇每食淚必泫。十四
讞◇胡爲投乳讞。十四
罥◇罪罟已横罥。十四
犬◇李斯憶黄犬。十四　◇脂膏嘗飼犬。十七

二十八　獮

蘚◇垢衣生碧蘚。十四
衍◇誦詩渾游衍。二　◇吾誰與遊衍。十四
踐◇枕戈憶勾踐。十五　◇吏祿亦累踐。十四
餞◇永負蒿里餞。十四

展◇舊好何由展。六　◇弼諧方一展。二　◇斷此朋知展。十四
◇鬱鬱苦不展。十五　◇亂離心不展。十五　◇才高心不展。六

淺◇常恨結歡淺。三　◇他日更僕語不淺。廿　◇庾公興不淺。十四
◇溟漲本末淺。十四

闡◇乙科已大闡。十四

遣◇虜庭悲所遣。十四　◇沈飲聊自遣。三　◇人世悲歡暫相遣。廿（與「晚」字押。）

蹇◇始泰則終蹇。十四　◇翠旗澹偃蹇。三

搴◇事絕萬手搴。十四

善◇文包舊史善。十四

墠◇再扈祠壇墠。十四

剪◇盤石圭多剪。十九

輦◇歸來潛京輦。十四

巘◇忍飢浮雲巘。十四

辨◇來牛去馬不復辨。二　◇得無逆順辨。十四

緬◇予實苦懷緬。十四

沔◇歸帆阻清沔。十四

兗◇徒步客徐兗。十四

臠◇枕藉皆禁臠。十四

轉◇有恨石可轉。十四
◇綺繡相展轉。三
◇法歌聲變轉。十八
◇人事傷蓬轉。十
◇各逐萍流轉。十二
卷◇讀書破萬卷。一
◇黃屋朔風卷。十四
◇羣書一萬卷。十八
喘◇凋喪盡餘喘。十四
剸◇犀兕豈獨剸。十四
選◇宗匠集精選。十四
免◇久客幸脫免。廿
◇艱難人不免。十七
勉◇正始徵勸勉。十四
冕◇帳殿羅玄冕。五
◇差池分組冕。十九
◇賞從頻峩冕。十九

二十九　篠（「小」同用。）

鳥◇幾年遭鵩鳥。六
◇南飛覺有安巢鳥。五
◇兵氣迴飛鳥。五
◇日月籠中鳥。十
◇南岳配朱鳥。十九
◇空村惟見鳥。十七
◇蓮花交響共命鳥。十九
◇西來有好鳥。十七
◇其流則凡鳥。十三
◇心惟傍魚鳥。六
◇豈有四蹄疾於鳥。二
◇決眦入歸鳥。一
◇何當擊凡鳥。一
◇落日邀雙鳥。六
◇江湖多白鳥。十五
◇楚人重魚不重鳥。十九
◇高興知籠鳥。六
了◇魯齊青未了。一
◇爲客無時了。十七
◇整頓乾坤濟時了。五
曉◇雞鳴問寢龍樓曉。五
◇刁斗皆催曉。十七
◇陰陽割昏曉。一

◇歌哭俱在曉。十九

杳◇尚書氣與秋天杳。五

褭◇喚人看騕褭。六　◇願隨金騕褭。十六　◇禦鞍金騕褭。十六

窕◇長影沒窈窕。十六

三十　小

小◇成王功大心轉小。五　◇獻芹則小小。十六　◇懷恩義不小。廿

◇君雖軀幹小。三　◇此行入奏計未小。八　◇一覽衆山小。一

◇居跡縣邑小。廿　◇世亂憐渠小。三

兆◇始見張京兆。二

旐◇湖邊有飛旐。廿

趙◇興在北坑趙。廿

沼◇開顏憩亭沼。廿

少◇郭相深謀古來少。四　◇昔歸相識少。十七　◇山荒人民少。十六

◇親故行稀少。六　◇澧卒用矜少。廿　◇故人湖外少。廿

◇村僻人來少。十七　◇時來故舊少。六

擾◇未話長沙擾。廿　◇旄頭初俶擾。十八

繞◇紫禁正耐煙花繞。五

醥◇愁當置清醥。廿

渺◇築居仙縹緲。二　◇典郡終微渺。六　◇見訪荒江渺。廿

杪◇高齋坐林杪。三

紹◇風流吾賢紹。廿

矯◇仰羨鸖鶴矯。廿

表◇高視收人表。十五　◇特進羣公表。一　◇氣衝星象表。二

◇許公人倫表。廿　◇徑欲依劉表。三

渼◇半旬獲浩渼。廿

悄◇戢思憂悄悄。二　◇行邁日悄悄。七　◇轉蓬憂悄悄。廿

◇僻路殊悄悄。廿

三十一　巧（獨用。）

（工部贈李白「二年客東都」一篇，「巧」、「皓」合用。）

巧◇所歷厭機巧。一　◇篙工密逞巧。十九　◇虞羅自各虛施巧。十八

飽◇侏儒應共飽。六　◇蔬食常不飽。一　◇誰云滑易飽。十七

撓◇書史全傾撓。十八

爪◇破甘霜落爪。十七

鮑◇不復見顏鮑。十五

三十二　皓

浩◇雲雨白浩浩。二
昊◇如何正穹昊。三　◇亂插繁花向晴昊。三
鎬◇露菊班豐鎬。十五
抱◇百壺且試開懷抱。三　◇盡醉攄懷抱。三　◇令我惡懷抱。三
◇仍看小童抱。十六
老◇汝曹催我老。十六　◇生理祗憑黃閣老。十一　◇淹留問耆老。一
◇青絲絡頭爲君老。一　◇令節成吾老。十六　◇歎惜高生老。二
◇江上形容吾獨老。十八　◇報主身已老。廿　◇歌辭自作風格老。三
◇采藥吾將老。六　◇喧鬧畏衰老。三　◇名聲國中老。三
◇動詢黃閣老。廿　◇曬藥安垂老。十七　◇抱疾漂萍老。十七
◇永念病渴老。廿　◇垂翅徒衰老。廿　◇形容吾較老。廿
◇吾慕漢初老。十九　◇共少及溪老。十六　◇莫看江總老。十七
◇我甘多病老。十九　◇贊公釋門老。六　◇數篇吟可老。六
◇加餐可扶老。十七　◇今日江南老。十七　◇君不見西漢杜陵老。十九
◇江漢終吾老。十七
潦◇所思礙行潦。二
討◇楚漢休征討。十六　◇脫身事幽討。一

◇此生任春草。一　◇鴇原荒宿草。一　◇生男埋沒隨百草。一
◇大軍載草草。十五　◇取別何草草。三　◇碧知湖外草。十六
◇愛惜如芝草。十六　◇種此何草草。十六　◇野鶻翻窺草。十七
早◇瓜熟亦不早。十六　◇衆壑生寒早。十七　◇端復得之名譽早。三
◇無食起我早。三　◇嚴程到須早。（本作蚤。）三　◇停驂雙闕早。廿
◇白髮寐常早。十六　◇衡霍生春早。十六
棗◇呼兒具梨棗。三
藻◇江山故宅空文藻。十三
造◇風俗方再造。三
杲◇風吹客衣日杲杲。二
好◇滿眼顏色好。十六　◇銀鞍被來好。三　◇縣郭南畿好。十八
◇久旱雨亦好。三　◇汝與山東李白好。三　◇晚來橫吹好。一
◇使我顏色好。一　◇反是生女好。一　◇鳳穴雛皆好。二
◇祗應與朋好。二　◇落日放船好。二　◇綴席茱萸好。二
◇應爲西陂好。二　◇身過花間沾溼好。十六　◇中巴不得消息好。十六
◇不知明月爲誰好。十六　◇花門小箭好。十七　◇明月生長好。十七
◇新詩句句好。四
寶◇舊隨漢使千堆寶。十八　◇塞上得國寶。十八
堡◇飄飖按城堡。三

保◇糧粒或自保。三　◇萬事終傷不自保。三

槁◇看我形容已枯槁。三　◇朝野色枯槁。三　◇開懷慰枯槁。十六

三十三　哿（「果」同用。）

舸◇洪河怒濤過輕舸。十八

柁◇南浮早鼓瀟湘柁。十八

我◇青兒黃羆啼向我。十八

娜◇金節羽衣飄婀娜。十八

可◇餘亦師粲可。二　◇倏忽東西無不可。十八

軻◇嗟予竟轗軻。十九

左◇至今夢想仍猶左。十八

三十四　果

果◇晚歲何功使願果。十八　◇山禽引子哺行果。十七　◇掛壁移筐果。十六

◇秋庭風落果。十七

裹◇姹女縈新裹。十五

鎖◇盧老獨啓青銅鎖。十八

瑣◇通籍逾青瑣。二

墮◇仙賞心違淚交墮。十八

坐◇三步回頭五步坐。十八

麼◇艮岑青輝慘幺麼。十八

火◇願戒兵猶火。十七　◇九鑽巴噀火。十九　◇不是無膏火。十七

◇階除灰死燒丹火。十八　◇西征問烽火。六　◇獵人吹戍火。十五

◇東郊尚烽火。三

頗◇上天無偏頗。十六

禍◇比聞同罹禍。三

三十五　馬（獨用。）

馬◇騄驥皆良馬。十五　◇萬國尚戎馬。十七　◇故園暗戎馬。十六

◇東帶還騎馬。十六　◇休傳鹿是馬。廿　◇自下所騎馬。廿

◇天末厭戎馬。十七　◇不謂生戎馬。三　◇一戎纔汗馬。十六

◇雁兒爭水馬。十八　◇雪山斥候無兵馬。十一　◇晚涼看洗馬。一

◇盍簪喧櫪馬。一　◇射人先射馬。二　◇禦史新驄馬。二

◇碾窩深沒馬。二　◇高生跨鞍馬。二　◇願騰六尺馬。二

◇應圖求駿馬。二　◇當時四十萬匹馬。二　◇今日翔麟馬。十七

◇豈意盡煩回紇馬。十三　◇殊錫曾爲大司馬。十三　◇主人念老馬。三

◇吾孫騎曹不騎（一作「記」。）馬。十七　◇京師皆騎汗血馬。五

◇南使宜天馬。六　◇將軍猶汗馬。十七　◇國初已來畫鞍馬。十一

◇今之新圖有二馬。十一　◇聞道荆南馬。十七　◇玉食亞王者。廿

者◇青袍朝士最困者。四　◇垂之示來者。十四　◇相看多使者。十六

◇江山少使者。十四　◇自春生成者。十三　◇豺狼在邑龍在野。三

野◇賢非夢傅野。十九　◇明朝在沃野。三　◇水闊蒼梧野。廿

◇遇我蒼梧野。廿　◇望中疑在野。　◇迴身視綠野。四

◇我行洞庭野。廿　◇寺門高開洞庭野。十九

雅◇別裁僞體親風雅。九

下（胡雅切，賤也，去也，後也，底也，降也。）　◇已公茅屋下。一

◇羣木水光下。二　◇張公歎其才盡下。二　◇舟在半天下。十四

廈◇公宫造廣廈。十八

社◇今年大作社。九　◇肅宗復宗社。十四

把◇山風猶滿把。十六　◇棹輕垂猿把。十九　◇清晨蒙菜把。十六

寡◇卓氏近新寡。十七　◇斟酌姮娥寡。十七

瓦◇對門藤蓋瓦。六

三十六　養（「蕩」同用。）

養◇江總外家養。廿　◇愁思雕籠養。十四

癢◇薈撮何伎癢。十四

象◇爾家最近魁三象。廿　◇彩筆昔曾干氣象。十三

橡◇饑食楢溪橡。十四

獎◇平昔濫推獎。十四

槳◇不有小舟能蕩槳。二　◇汎汎浙江槳。十四

兩◇體變鐘兼兩。十四

魎◇秋色餘魍魎。十四　◇翠虛捎魍魎。十五

鞅◇野稅林下鞅。十四

仰◇四方尤所仰。十四

愴◇不須聞此意悽愴。二　◇衣冠心慘愴。六

想◇知謀垂睿想。二　◇時物集遐想。十四

掌◇秦川對酒平如掌。二　◇兵流指諸掌。十四　◇五十年間似反掌。十八

爽◇舊挹金波爽。十七　◇致身福地何蕭爽。一　◇樂遊古園崒森爽。二

◇況乃精氣爽。十四

響◇不識鐘鼓響。十四

饗◇寡鶴誤一饗。十四

享◇豈徒卹備享。三

敞◇御氣雲樓敞。廿

丈◇吳檣楚柁牽百丈。十六　◇不見杏壇丈。十四

杖◇交柯低幾杖。十六　◇秋風吹幾杖。十七　◇石苔淩幾杖。十八

◇卜羨君平杖。十五　◇家人憂幾杖。一　◇親近唯幾杖。十四

仗◇白日雷霆夾城仗。二　◇寂寞雲臺仗。十四　◇無復雲臺仗。六

◇侍臣諳入仗。六

壤◇彈琴視天壤。十四

賞◇更調鞍馬狂歡賞。二　◇早聞名公賞。十四

長◇今夏草木長。三　◇芝草琅玕日應長。一　◇煙綿碧草萋萋長。二

◇送徒既有長。二　◇禮同諸父長。二　◇陳留阮籍。（一作「瑀」。）

◇誰爭長。三　◇黃石愧師長。十四

網◇出處同世網。十四　◇書籤藥裹封蛛網。十一　◇漁人漾舟沉大網。九

◇汩（一作「洎」。）吾隘世網。十九　◇白魚困密網。十九

◇下愍百鳥在羅網。廿

放◇牢落吾安放。十四

枉◇方朔諧太枉。十四

往◇豪華看古往。十三　◇知君此計成長往。一　◇老夫不知其所往。十八

◇新詩亦俱往。十四　◇登高欲有往。十六　◇鹿門自此往。廿

◇龐公竟獨往。十六　◇弟妹蕭條各何往。十七　◇野人時獨往。十七

◇田園須暫往。四　◇天地身何往。十八

上（時掌切，又音尚，登也，升也。）◇雙雙瞻客上。廿　◇學立游夏上。十四

◇春歌叢臺上。十五　◇相閱征途上。一　◇致君堯舜上。一

◇每於百僚上。一　◇緣雲清切歌聲上。二

三十七　蕩

蕩（徒朗切，大也。）◇緣情慰漂蕩。十五　◇鄙夫亦放蕩。廿

◇五湖復浩蕩。廿　◇白鷗沒浩蕩。一　◇閶闔晴開詄蕩蕩。二

◇白石素沙亦相蕩。二　◇含棲述飄蕩。十四　◇金甲相排蕩。廿

◇我生苦漂蕩。六

盪◇點染無滌盪。十四

廣◇茲理庶可廣。十九　◇討胡愁李廣。六　◇短衣匹馬隨李廣。二

◇蟲篆丹青廣。十四

榜◇曲江翠幙排銀牓。二　◇大字猶在牓。十四

曩◇班白徒懷曩。十四

莽◇長歌激越捎林莽。二（曲江三章叶「古」字。）　◇胡塵昏坱莽。十四

◇食恩慙鹵莽。廿

朗◇葉墮清渭朗。十四

幌◇何時倚虛幌。三　◇突兀倚書幌。十四

三十八　梗（「耿」、「靜」同用。）

梗◇吾衰同泛梗。一　◇何心記榛梗。十四

邴◇外物慕張邴。二

警◇未闕隻字警。十四
景◇翠柏深留景。一　◇彌年逐清景。二　◇深山催短景。十六
◇層城臨暇景。九　◇正是江南好風景。廿
境◇更宿招提境。一　◇君已富土境。二　◇鬢變負人境。十四
◇用才文章境。十四　◇近接西南境。六　◇遠遊臨絕境。十五
◇古來無人境。三　◇幽獨移佳境。十七
影◇月林散清影。一　◇顛倒白閣影。二　◇名係朱鳥影。十四
◇年多物化空形影。二　◇倒懸瑤池影。三　◇太史候鳧影。三
◇秋日新霽影。十七　◇喬木澄稀影。十七　◇舟鷁排風影。廿
◇郤過清渭影。廿　◇誰憐一片影。十七　◇半扉開燭影。十七
省（所景切，省署。）　◇諸公袞袞登臺省。二　◇今人發深省。一
◇倚君金華省。十四
永◇但求椿壽永。十五　◇天水相與永。二　◇復與雲路永。十四
◇東望西江永。十六
猛◇鷹隼亦屈猛。二
黽（蛙屬。）　◇吾甘雜鼃黽。二　◇天地日鼃黽。十四
礦（古猛切，金璞也。）　◇金璞無留礦。十四
打（德冷切。）　◇棗熟從人打。十七
冷◇郴州頗涼冷。廿　◇雲臥衣裳冷。一　◇廣文先生官獨冷。二

◇六月風日冷。二　◇荆玉簪頭冷。六　◇魚龍寂寞秋江冷。十三

◇蕭蕭古塞冷。六　◇松悲天水冷。三　◇暮秋霑物冷。十七

◇忽驚屋裏琴書冷。十六　◇洞房環佩冷。十七　◇秋風楚竹冷。十七

◇開州入夏知涼冷。十二

三十九　耿

幸◇右地惡多幸。十四　◇驪山絕望幸。十七　◇舊都俄望幸。六

四十　靜

靜◇爽合風襟靜。十六　◇論兵遠壑淨。三　◇千崖無人萬壑靜。十八

◇老來苦便靜。二　◇黃霸鎮每靜。十四　◇方行郴岸靜。廿

◇胸襟日沈靜。十四　◇水花晚色靜。二　◇會待妖氛靜。六

◇抱葉寒蟬靜。六　◇所居秋草淨。六　◇始爲江山靜。十六

◇虛白高人靜。十六

靖◇葛洪及許靖。十九

整◇獨立霜毛整。十四　◇三月師逾整。三　◇繁憂不自整。十七

騁◇箋誄任昉騁。十四　◇嗚呼健步無由騁。二

屏◇諷詠在務屏。十四

頸◇戀闕悄延頸。十四

領◇素髮乾垂領。廿　◇接要心已領。二　◇荊州謝所領。十四

◇番禺親賢領。廿

嶺◇蕪絕大庾嶺。十四　◇雲山兼五嶺。十九　◇選曹分五嶺。廿

穎◇未遑等箕穎。十四

頃◇乘陵惜俄頃。二

井◇塞俗人無井。十六　◇鷊鴂窺淺井。六　◇痛迫蘇丹井。十四

◇畏人千里井。廿

請◇制作難上請。十四

省（息井切，察也，審也。）　◇令人發深省。一　◇篇終語清省。十四

◇陰何尚清省。十五

四十一　迥（獨用。）

（工部「迥」字、「並」字、「艇」字通梗韻。）

迥◇庶結茅茨迥。二　◇氣得神仙迥。二　◇悄然村墟迥。七

炯◇朱甍半光炯。七

頂◇綺樓高樹頂。廿　◇暮升艮岑頂。五　◇會當凌絕頂。一

鼎◇數見銘鐘鼎。十九　◇淑氣含公鼎。十四　◇懇諫留匡鼎。十五

打（都挺切。）　◇露翻兼雨打。二

艇◇空濛辨魚艇。二　◇猶思理煙艇。十四

涬◇精微穿溟涬。二

並◇久存膠漆應難並。廿　◇取適事莫並。二　◇倚薄巫廬並。十四
◇連枝不日並。十九

四十三　等（「拯」同用。）

等◇致君堯舜付公等。廿　◇至今阮籍等。三　◇侯伯如何等。二
◇濟世宜公等。三

四十四　有（與「厚」、「黝」同用。）

有◇寸心亦何有。三　◇十間萬事無不有。十八　◇行路難何有。十五
◇何事獨罕有。十九　◇執熱煩何有。三　◇憤惋復何有。一
◇頭上何所有。二　◇安邊敵何有。三　◇黑鷹不省人間有。十五
◇經綸亦俱有。廿　◇胡童結束還難有。十九　◇賈傅才未有。十九
◇騄驥人得有。廿　◇法自儒家有。十五　◇紅鮮終日有。十七
◇青袍白馬更何有。五　◇畜眼未見有。九

友◇少逢舊親友。十九　◇自失論文友。二　◇豐城客子王季友。十八
◇且復戀良友。三　◇房杜俱交友。廿　◇徐庶高交友。廿
◇異縣逢舊友。六

柳◇經過凋碧柳。十三　◇飄飆委池柳。三　◇手自移蒲柳。二

◇纜侵堤岸柳。二
◇河東女兒身姓柳。十八
◇風颯長沙柳。廿
肘
◇欲起時被肘。九
朽
◇戰骨當速朽。二
◇其人骨已朽。三
◇盛事垂不朽。廿
久
◇長卿多病久。二
◇阿翁懶惰久。一
◇牛羊下來久。十七
◇長番歲時久。九
◇引爲賓客敬頗久。十八
◇南征爲客久。十九
◇烱烱更持久。廿
九
◇虬髯十八九。廿
首
◇馬鞍懸將首。十四
◇風後力牧長回首。十八
◇富貴空迴首。十六
◇焉得不皓首。十九

◇暮齒依蒲柳。十九
◇江閣嫌津柳。十五
◇岸容有待將舒柳。十八
◇衣袖露兩肘。三
◇聖者骨亦朽。十九
◇地冷骨未朽。三
◇醞藉爲郎久。一
◇心緒亂已久。二
◇甲兵年數久。十七
◇胡命其能久。四
◇爾賢埋炤久。廿
◇嗚呼戰伐久。十六
◇會合苦不久。廿
◇鬱結回我首。三
◇蒸魚聞匕首。十四
◇浦鷗防碎首。六
◇水花笑白首。廿

◇清秋凋碧柳。十六
◇村村自花柳。九
◇堯舜致君焉肯朽。十八
◇經綸功不朽。十九
◇吁嗟爲之久。廿
◇鞭撻日月久。十九
◇筒桶相沿久。十七
◇邊秋陰易久。六
◇妻子隔絕久。三
◇從公伏事久。廿
◇緘之篋笥久。廿
◇人人傷白首。十九
◇暫別終迴首。三
◇須知風化首。九
◇自我登隴首。十六

◇爲郎從白首。十七　◇遠山迴白首。十七　◇吟詩坐迴首。十七

◇知音爲迴首。廿　◇天地空搔首。廿

手◇安得思如陶謝手。八　◇刈葵莫放手。一　◇水赤刃傷手。二

◇各借脫穎手。十　◇渠是弓弩手。九　◇朔方健兒好身手。三

◇慣捷瓶在手。三　◇恩榮同拜手。六　◇孝經一通看在手。十八

◇乃知蓋代手。十七　◇皆因此人手。廿　◇操割紛應手。廿

◇楊枝晨在手。六

守◇借問懸車守。十七　◇正爲羣虎守。十九　◇子雲清自守。三

◇官曹貞獨守。廿

醜◇人生反復看亦醜。十八　◇親故傷老醜。三　◇得辭兒女醜。廿

◇未覺村野醜。九　◇聖朝已知賤士醜。一　◇舉動見老醜。十九

婦◇曬藥能無婦。六　◇歸爲尚書婦。廿

負◇文章日自負。十四

否◇拾遺能住否。九　◇蕭條猶在否。十九　◇更得清新否。六

◇二人得置君側否。十八　◇不知家在否。三　◇渭水秦山得見否。十六

舅◇行李淹吾舅。十六

臼◇沈綿疲井臼。十六

酉◇自卯將及酉。九

誘◇故人知善誘。十九

牖◇霿霧搴高牖。三　◇朝光入戶牖。三　◇誰復依戶牖。三

◇眞氣驚戶牖。廿

受◇脫身無所受。（一作愛。）十五　◇回斡明受授。（「授」在去聲，此當做「授受」。）十九

壽◇能畫毛延壽。十七　◇上殿稱萬壽。廿　◇惟南將獻壽。一

帚◇埽除似無帚。三　◇客位但箕帚。廿

酒◇撥棄潭州百斛酒。廿　◇生平老耽酒。三　◇好事就之爲攜酒。十八

◇性豪業嗜酒。十五　◇平生滿樽酒。十四　◇座對賢人酒。一

◇市鬻充杯酒。廿　◇宴引春壺酒。十五　◇坐開桑落酒。三

◇氣若酣杯酒。十九　◇豈無成都酒。十四　◇舞階銜壽酒。廿

◇夜醉長沙酒。十九　◇甕餘不盡酒。十九　◇數杯巫峽酒。十六

◇重陽獨酌杯中酒。十七　◇舊日重陽酒。十七　◇明日重陽酒。十七

◇離筵罷多酒。十七　◇定醉山翁酒。十七　◇邀我嘗春酒。九

◇對月那無酒。十七

四十五　厚

厚◇流離主恩厚。三　◇用平水土地爲厚。十八　◇履險顏益厚。十九

◇宜與英俊厚。廿　◇甚媿丈人厚。一

後◇從容退朝後。十四　◇前朝翰林後。廿　◇青冥曾巓後。十六

◇賈生痛哭後。十二　◇隱遁佳期後。三　◇文園多病後。十六

◇李也疑丞曠前後。十八　◇今已十月後。三　◇寂寥人散後。廿
◇宗枝神堯後。廿　◇貧居喪亂後。十七　◇他時一笑後。十七
◇身病戎馬後。十九　◇及夫哭廟後。十四　◇巋然大賢後。十四
◇泊船悲喜後。十六　◇中郎石經後。十九
后◇法則化妃后。廿
母◇爾之高祖母。廿　◇落日留王母。十七　◇艱難隨老母。六
◇西望瑤池降王母。十三　◇邦人思之比父母。十八
畝◇燕南吹畎畝。一　◇深畊種數畝。十六
部（署也。）　◇沈范早知何水部。十七
斗◇仍嗔問升斗。九　◇憶昔范增碎玉斗。十七　◇秀氣衝牛斗。十七
◇玉京羣帝集北斗。十七　◇於今向南斗。十九　◇秦城迴北斗。三
◇紫氣鬱鬱猶衝斗。十八　◇尚書踐台斗。廿　◇故園當北斗。十六
◇南極一星朝北斗。十六　◇步簷倚仗看牛斗。十三
狗◇斯須變後如蒼狗。十八　◇狋狋國多狗。三　◇殺戮到雞狗。三
◇或似喪家狗。廿
笱◇兒去看魚笱。十五
垢◇吞聲混瑕垢。十九　◇君臣忍瑕垢。廿
偶◇盡室豈相偶。三　◇秉鈞孰爲偶。廿
叟◇如何拒鄰叟。九　◇恐作窮獨叟。三　◇委身希北叟。廿

藪◇逆行雜林藪。十九
吼◇熊掛玄蛇吼。十九　◇龍虎一吟吼。廿
塿◇高山之外皆培塿。十八
走◇宮闕限奔走。廿　◇似聞胡騎走。九　◇時來憩奔走。三
◇常如中風走。十九　◇老夫怕趨走。三　◇脫身得西走。三
◇誓不舉家走。九
口◇童稚日糊口。十九　◇小心恐懼閉其口。十八　◇文傳天下口。十四
◇兩京三十口。三　◇那能總箝口。三　◇焉能學衆口。三
◇未忍卽開口。三　◇荒年自糊口。廿　◇耕巖非谷口。六
◇說尹不去口。九　◇迴首過津口。十九　◇皆已傳衆口。廿
◇林熱鳥開口。十六
取◇盆中爲我取。九　◇偶然擢秀非難取。二　◇讒毀竟自取。十九
◇冗長吾敢取。廿

四十七　寢（獨用。）

寢◇先帝嚴靈寢。十五
枕◇畫省香爐違伏枕。十三　◇衰年肺病唯高枕。十四　◇職當憂戚伏衾枕。十五
◇消中日伏枕。十六
甚◇伊昔貧皆甚。六　◇湯年旱頗甚。三　◇我雖消渴甚。十二

錦◇鬭雞初賜錦。十七

飲◇甘從投轄飲。廿　◇笑接郎中評事飲。十六　◇惜哉瑤池飲。一

◇衢尊不重飲。廿

四十八　感（「敢」同用。）

陪（烏感切。）　◇衆香深黯黯。（從平「音」，亦可在此，而作「乙減切」在豏韻。）

糝◇吾安藜不糝。廿

四十九　敢

敢◇國家成敗吾豈敢。十七

膽◇上貴見肝膽。廿　◇卽事須嘗膽。十五　◇努力輸肝膽。十九

五十　琰（與「忝」、「儼」同用。）

斂◇恐乖均賦斂。十五

險◇路失羊腸險。四　◇楚設關城險。十六　◇前路山村險。一

◇公孫仍恃險。廿　◇西蜀地形天下險。十三　◇卽事壯重險。三

◇鹿角眞趨險。十八　◇牛羊歸遲險。十七

冉◇雲闕松冉冉。三

染◇已悲素質隨時染。二　◇宮臣仍點染。六

漸◇寵渥徵黄漸。十九

五十一　忝

忝◇通籍微官忝。三　◇遲暮宫臣忝。十九　◇尊榮眞不忝。廿

◇年事推兄忝。廿

簟◇酒醒思臥簟。二

五十三　豏（「檻」、「范」同用。）

斬◇此流須主斬。廿

黯（乙減切。）　◇衆香深黯黯。十五

卷一百五十　杜詩韻字歸部（四）

去聲卷

二　宋（「用」同用。）

宋◇大夫出盧宋。廿　◇先生有才過屈宋。二　◇羈旅交屈宋。十二

統◇帝力收三統。六

三　用

用◇名垂萬古知何用。二　◇銀甲彈箏用。二　◇才傑俱登用。二

◇盡添軍旅用。十六　◇古來材大難爲用。十二　◇勢藉兵須用。十六

◇淨洗甲兵不復用。五

頌◇向來吟橘頌。一　◇詞人解撰清河頌。五

誦◇伶官詩必誦。二　◇羣書萬卷常暗誦。十八

從◇之推避賞從。十五　◇安邊仍扈從。三

種◇布穀處處催春種。五

重◇衛幕銜恩重。十八　◇登俎黃柑重。十七　◇連成爲寶重。廿

◇邦人不足重。十　◇將期一諾重。二　◇青女霜楓重。十七
◇公來雪山重。十四　◇萬牛回首丘山重。十二　◇玆辰南園重。十七

四　絳（獨用。）

降◇伊呂終難降。十八
巷◇驊騮入窮巷。十九　◇杖藜尋晚巷。十七

五　寘（「至」、「志」同用。）

（「戺」在上聲，杜廿卷叶作去聲。衡州文宣廟詩。）
避◇鵬礙九天須卻避。十八
被◇歷下辭姜被。六　◇顧惭恩私被。四　◇醉眠秋共被。一
累◇笑爲妻子累。六　◇何當擺俗累。三
寄◇去憑遊客寄。三
臂◇角鷹翻倒壯士臂。十八
騎◇隔河見胡騎。二　◇恆山猶突騎。十五　◇春濃停野騎。十六
刺◇隱忍枳棘刺。廿
易◇明月無瑕豈容易。十八　◇吳牛力容易。十六
議◇病隔君臣議。十五　◇否臧太常議。十四　◇劉裴首建議。廿
義◇於公負名義。六　◇白刃仇不義。十五　◇終始任安義。廿

◇首唱恢大義。廿　◇辭第輸高義。九
戲◇時時用抵戲。十七　◇江浦寒鷗戲。十七
翅◇青冥卻垂翅。一
睡◇燈影熠無睡。三　◇憶渠愁只睡。三　◇忽忽峽中睡。十七
瑞◇所重王者瑞。七

六　至

至◇西江使船至。十六　◇畦丁負籠至。十六　◇若舞風雩至。廿
◇永嘉多北至。廿　◇小子幽園至。十六　◇道州手札適復至。廿
◇諸將亦自軍中至。廿　◇赤雀翻然至。十九　◇時危異人至。三
◇早晚更望官軍至。三　◇公時徒步至。十四　◇清風左右至。二
◇尺書前日至。一　◇飄飄遠自流沙至。一　◇招要恩屢至。一
◇咫尺但愁雷雨至。二　◇崔師乞已至。廿　◇桃紅容若至。十六
◇如今九日至。十七　◇是以數子至。十九　◇此輩感恩至。四
◇胡爲傾國至。四
位◇左轄頻虛位。一　◇竊聞天子已傳位。三　◇肅宗登寶位。十四
◇病渴污官位。十九
遂◇茲遊恐不遂。二　◇男兒功名遂。二　◇鹿門攜不遂。三
◇反正計始遂。三　◇顏色少稱遂。十九

燧◇連山暗烽燧。三

醉◇此身醒復醉。十　◇蘆酒多還醉。三　◇晚著華堂醉。六

◇桃花氣暖眼自醉。十　◇此時同一醉。十六　◇南翁巴曲醉。十七

◇浩蕩長安醉。十九

邃◇墻隅亦深邃。廿

祟◇蛟鼉好爲祟。十九

類◇人情見非類。十六　◇蓋知應觸類。十九

淚◇封書兩行淚。十八　◇君臣俱下淚。三　◇感時花濺淚。三

◇叢菊兩開他日淚。十三　◇聽猿實下三聲淚。十三　◇十年朝夕淚。十六

◇悵望千秋一灑淚。十三　◇千秋一拭淚。十七　◇湘川新涕淚。廿

◇寂寂繫舟雙下淚。十九　◇老來多涕淚。廿　◇揮手灑衰淚。廿

祕（俗作「秘」。）◇存想青龍祕。六　◇鴻寶寧全祕。一

◇宮中行樂祕。十七　◇鉤深法更秘。十九

闕◇根源舊宮闕。廿　◇配極玄都闕。一　◇仙遊終一闕。十七

轡◇快馬金纏轡。三　◇必脱黃金轡。十九

媿◇蕭條益堪媿。十五

備◇鶴駕通宵鳳輦備。五

帥◇借卿佐元帥。三

利◇蕭瑟外聲利。十九　◇猛氣猶思戰場利。一　◇爲畫長久利。三

◇故人俱不利。六　◇市喧宜近利。十七

膩◇火雲滋垢膩。十九

致◇俊傑思自致。十九　◇夾輔待所致。三　◇功成惠養隨所致。一

◇時俗造次那得致。二

躓◇適越空顛躓。二　◇時危話顛躓。十九

輊◇青海天軒輊。三

棄◇箐工初一棄。十六　◇每惜河湟棄。二　◇衆魚常才盡卻棄。九

◇秒取筌蹄棄。十五　◇孔門未應棄。廿　◇白首不相棄。十九

稚◇生還對童稚。四

寐◇他鄉饒夢寐。六　◇天寒不成寐。十七　◇巴童渾不寐。十七

穊◇豐苗亦已穊。十六

驥◇鹽車雖絆驥。一　◇放蹄知赤驥。十五　◇天路牽騏驥。二

◇不合用騏驥。三

塈◇大屋加塗塈。廿

翠◇錯磨終南翠。二　◇稀疎小紅翠。十七　◇楚岫千峰翠。廿

◇秋晚岳增翠。廿　◇密幹疊蒼翠。廿　◇草敵虛嵐翠。十七

二◇恩澤各不二。十九

次◇揄揚非造次。十九　◇客居遷遠次。十五　◇時清非造次。廿

四（杜詩目有蔡十四。）

泗◇相見橫涕泗。十九

肆◇欻得文翁肆。廿

恣◇勸勉無縱恣。十九

器◇焉得鑄甲作農器。廿　◇胡雛逼神器。十九　◇銷兵鑄農器。十六

◇凶兵鑄農器。十五　◇足以正神器。三　◇相如逸才親滌器。二

◇鄭公瑚璉器。十四　◇誰是青雲器。十九

鼻◇出郊載酸鼻。十九

坒◇滄洲動玉陛。十四（下不列「陛」字，「陛」在上聲，今通作去聲讀矣。）

悴◇平原獨憔悴。十六　◇青衿一憔悴。廿　◇八分蓋憔悴。十九

地◇林中纔有地。十六　◇霑灑不濡地。三　◇前驅入寶地。十

◇低顏下色地。十九　◇徒然潛隙地。六　◇交合丹青地。二

◇坡陀因厚地。三　◇重來休沐地。二　◇蕭史幽棲地。二

◇豫章深出地。二　◇昨日玉魚蒙葬地。十三　◇迴首可憐歌舞地。十三

◇議論有餘地。廿　◇四登會府地。十四　◇炎風朔雪天王地。十三

◇目如愁胡視天地。十八　◇曳裾置醴地。十五　◇落落盤踞雖得地。十二

◇筆力破餘地。十九　◇五嶺炎蒸地。六　◇霧交纔瀝地。十九

◇義均骨肉地。廿　◇磊落衣冠地。廿　◇欲雪違胡地。廿

◇往別郇瑕地。廿　◇變通迫脅地。廿　◇社稷經綸地。十五

◇別離經死地。三　◇墻東有隙地。十三　◇不必伊周地。十九

◇家聲肯墜地。廿 ◇丈人藉才地。廿 ◇儒服弊於地。廿
◇古苔生窄地。十六 ◇舍舟策馬論兵地。十六 ◇爽攜卑溼地。十九
◇卻爲姻婭過逢地。廿 ◇干戈知滿地。四 ◇古來聚散地。六
◇青山萬重靜散地。十七 ◇蕭索論兵地。六
屓◇韓蔡同贔屓。十九
墜◇老兄眞不墜。十五 ◇凡百愼失墜。廿 ◇二鷹猛腦絛徐墜。十八
◇遲暮敢失墜。十九 ◇林疎黃葉墜。十七

七　志

志◇未負幽棲志。六 ◇子負憂世志。十九 ◇學者淪素志。廿
◇巢許山林志。廿 ◇非無江海志。三 ◇丈夫四方志。二
◇庶以勤苦志。十四 ◇慘澹苦士志。三
寺◇此都好遊湘西寺。廿 ◇聞汝依山寺。十六 ◇喜近天皇寺。十八
◇身許雙峰寺。十五 ◇放梵時出寺。三 ◇雲薄翠微寺。二
◇秦州山北寺。六 ◇船舷暝戛雲際寺。二 ◇山頭南郭寺。六
◇雲門寺。三 ◇文翰飛省寺。十九
笥◇爾腹爲篋笥。三
思◇衰顏減愁思。廿 ◇長笛誰能亂愁思。廿 ◇牛女漫愁思。三
◇兩公壯藻思。十 ◇天子初愁思。十七 ◇鸕鷀漫愁思。十七

◇名高前後事。十九　◇窮老眞無事。十六　◇張老存家事。廿
◇無復俎豆事。廿　◇舊俗還多事。十七　◇問俗營寒事。十七
◇卽防遠客雖多事。十七　◇文章千古事。十五　◇歷歷開元事。十七
◇數論封內事。十六

忌◇俗態猶猜忌。六

熾◇盛夏薄炎熾。三

意◇眼前今古意。十五　◇窮途衰謝意。九　◇誤失將帥意。十八
◇奮舌動天意。三　◇如澠之酒常快意。三　◇錯揮鐵如意。廿
◇新歸且慰意。六　◇今日看天意。四　◇從來多古意。一
◇杖藜復恣意。三　◇看君用幽意。二　◇平生飛動意。十五
◇蒼茫不曉神靈意。二　◇去留俱失意。廿　◇渙然立新意。廿
◇順從衆多意。十九

記◇答云一書記。二　◇賤子何人記。九　◇小魚脫漏不可記。九
◇載筆尚可記。廿

八　未（獨用。）

味◇清淡見滋味。十七　◇西河共風味。廿　◇敕廚唯一味。十五
◇玉觴淡無味。二　◇溫溫昔風味。十四　◇病身虛俊味。十六
◇飯糲添香味。十七　◇遠傳冬筍味。十八

貴◇似爾官仍貴。六　◇尚覺王孫貴。一　◇夫子飈通貴。二
◇刺史諸侯貴。十五　◇虛思黄金貴。廿　◇此輩少爲貴。四
◇甲卒身雖貴。十八　◇聖主他年貴。廿　◇叔父朱門貴。十七
渭◇沙苑臨清渭。五　◇多少材官守涇渭。十三　◇北轅就涇渭。三
◇旅泊窮清渭。六
沸◇擺闔盤渦沸。十八
費◇官免供給費。十四　◇舉隅見煩費。十五
髴◇殺伐災髣髴。廿
尉◇不作河西尉。三　◇昔罷河西尉。十五
慰◇未暇申安慰。二
畏◇劇孟七國畏。廿
諱◇鵬鳥長沙諱。廿
氣◇巫峽陰岑朔漠氣。十八　◇御裌侵寒氣。十七　◇始壓戎馬氣。廿
◇山東殘逆氣。十九　◇干戈盛陰氣。十六　◇北風隨爽氣。十九
◇春復加肺氣。十七　◇北極轉愁龍虎氣。十八　◇興王會靜妖氛氣。十六
◇拂雲霾楚氣。十六　◇將軍玉帳軒勇氣。十八（「勇氣」一作「翠氣」。）
◇不貪夜識金銀氣。一　◇俯視但一氣。一　◇豈知異物同精氣。二
◇戎狄乘妖氣。廿　◇花萼夾城通御氣。十三　◇石亂上雲氣。十六
◇有時五峰氣。十九　◇夜看豐城氣。十九

九　御（獨用。）

御◇驌驦一骨獨當御。二　◇龍文虎脊皆君馭。九　◇天馬長鳴待駕馭。十九

馭◇揚鑣隨日馭。十九　◇促觴激萬慮。廿

慮◇有求常百慮。十九

據◇重鎭如割據。廿

去◇黃鶯過水翻回去。十六　◇妻兒待我且歸去。十九　◇宿鳥行猶去。十九

◇扁舟空老去。十九　◇洩雲高不去。十七　◇鶻鶚乘時去。三

◇柴門雖得去。三　◇每欲孤飛去。十五　◇芒碭雲一去。十五

◇生死向前去。二　◇欲浮江海去。二　◇蒹葭離披去。二

◇哀挽青門去。二　◇漂沙圻岸去。三　◇憶子初尉永嘉去。廿

◇枝間喜不去。十六　◇下食遭泥去。十六　◇春宅棄汝去。廿

◇暫語船檣還起去。廿　◇龐公隱時盡室去。十七　◇復作歸田去。十七

◇幽燕唯鳥去。十八　◇中宵驅車去。七

署◇下詔遷郎署。十六

曙◇雲石熒熒高葉曙。十七　◇宮女晚知曙。三　◇寒空巫峽曙。十七

恕◇聖哲體仁恕。十五

筯◇碧鮮俱炤筯。十六

預◇朝廷衮職雖多預。十三

澒◇高軒當灩澒。十七

蘋◇充腸多藷蘋。七

礜◇豈邀仁里礜。十六

處◇散騎未知雲閣處。十七　◇卜居期靜處。十六　◇詩憶傷心處。廿

◇不見定王城舊處。十九　◇高齋非一處。十七　◇沈思歡會處。三

◇此身未知歸定處。十六　◇竹深留客處。二　◇乘興杳然迷出處。一

◇更想幽期處。一　◇此身飲罷無歸處。二　◇孤嶼亭何處。二

◇皇華吾善處。二　◇祇疑淳樸處。二　◇昔別是何處。二

◇蘭若山高處。十七

十　遇（「暮」同用。）

遇◇蘊眞愜所遇。一　◇歲寒仍顧遇。一　◇尚子終罕遇。十六

◇程侯晚相遇。三　◇反樸時難遇。廿　◇邂逅一相遇。十八

◇好手不可遇。三

寓◇瓜時猶旅寓。十五　◇朋知限流寓。十九　◇疇能忍漂寓。十八

樹◇伏枕思瓊樹。十五　◇日月低秦樹。二　◇釣竿欲拂珊瑚樹。一

◇更識將軍樹。十五　◇白屋留孤樹。一　◇崩石欹山樹。一

◇渭北春天樹。一　◇堂上不合生楓樹。三　◇枯柤卷拔樹。三

◇影著啼猿樹。十六　◇迴風吹獨樹。三　◇鳥驚出死樹。三

◇會將白髮倚庭樹。十六　◇黃落驚山樹。十七　◇千里浸江樹。十九
◇魍魎移深樹。十六　◇木雜古今樹。十九　◇風亂平沙樹。十六
◇暮棲何鄉樹。十八　◇霜凋碧樹作錦樹。十八　◇花嬌迎雜樹。十七
◇巫山猶錦樹。十七　◇圃開連石樹。十六　◇岑寂雙柑樹。十六
◇昨者間瓊樹。廿

住◇巢父掉頭不肯住。一　◇焉得所歷住。十九　◇出門流水注。二
◇田園須暫住。四（「住」又作「往」。）

柱◇猶臥天一柱。十八　◇拙計泥銅柱。十九（「柱」在上聲，杜與「慕」押。）

鮒◇眞成窮轍鮒。廿

注◇溪行水奔注。十八　◇野圃泉自注。十九

鑄◇往日用錢捉私鑄。十九　◇願聞鋒鏑鑄。十九

屨◇臥久塵及屨。十九　◇勉強親杖屨。十九

句◇李侯有佳句。一　◇題詩得秀句。三　◇爲人性僻躭佳句。八
◇不敢要佳句。十　◇開卷得佳菊（句）。十六

戍◇那堪往來戍。六　◇夕得花石戍。十九　◇勞心練征戍。十八

孺◇糠粃對童孺。十六

務◇青春具所務。十六　◇瑣細隘俗務。十九

霧◇胡爲入雲霧。十八　◇江雲薄爲霧。十六　◇絕島容煙霧。十八
◇靄靄生雲霧。一　◇主家陰洞細煙霧。一　◇東將入海尋煙霧。一

十一　暮

慕◇南翁尚思慕。十八　◇聖遠益愁慕。十九　◇桃源人家易制度。十九

度◇鬱鬱流年度。十六　◇吳楚守王度。十九　◇寒峽不可度。七

◇時節空復度。十九　◇崇大王法度。十八　◇向晚尋征路。五

路◇避世常此路。十九　◇孟冬方首路。十八　◇倚風遺鶻路。二

◇指點虛無是征路。一　◇驊騮開道路。二　◇悄悄素滻路。二

◇不識南塘路。二　◇蕭蕭白楊路。十四　◇小人塞道路。十六

◇咫尺雪山路。三　◇杖策古樵路。十九　◇常恐死道路。七

◇莫辨望鄉路。十六　◇辛苦在道路。十八　◇楚塞難爲路。十六

◇松柏邙山路。十　◇起草鳴先路。廿

◇巫峽蟠江路。十七

露◇晨朝降白露。一　◇富貴何如草頭露。一　◇酒闌插劍肝膽露。二

◇昊天積霜露。四　◇月明垂葉露。六　◇隱見巖姿露。十六

◇幾迴霑葉露。十六　◇衣裳判白露。十六　◇藜杖侵寒露。十七

輅◇聰明過管輅。二

鷺◇寒空見鴛鷺。十七

兔◇不眠瞻白兔。十七　◇此時瞻白兔。十七　◇摟身思狡兔。一

顧◇走鹿無反顧。十九　◇悲鳴駟馬顧。廿　◇旣蒙主人顧。十七

◇誰能久不顧。三　◇蛇虺反相顧。十六　◇先帝常特顧。十八

故◇世人那得知其故。一　◇觸目非論故。十六　◇新知漸成故。十六

◇既親亦有故。十八

固◇農器尚牢固。十九　◇永與奥區固。三　◇湯池雖險固。十九

誤◇疎嬾爲名誤。六　◇成字讀亦誤。十八

迕◇俄頃恐違迕。十六

護◇吾爲子起歌都護。二

互◇氣候何迴互。十九

訴◇飄泊欲誰訴。十六　◇天意難告訴。十九

素◇欣然淡情素。十八　◇天寒瀟湘素。十六　◇拳拳異平素。十九

◇知君重豪素。三　◇耒陽馳尺素。廿

泝◇川廣不可泝。十四

怒◇絶域遥懷怒。三　◇坐久風頗怒。三　◇潛龍無聲老蛟怒。九

◇來如雷霆收震怒。十八　◇稽留篙工怒。十九　◇今晨非盛怒。十九

錯◇不得同朝（晁）錯。二

步◇大名詩獨步。廿　◇爭奪至徒步。廿　◇洞門盡徐步。三

◇高岑殊緩步。六　◇蹉跎翻學步。廿　◇玄朝迴天步。十六

◇羅浮展哀步。十九　◇幽人有高步。十六　◇艱險如跬步。十八

十二　霽（「祭」同用。）

（八哀詩「聚落多藏穢」與霽韻叶用。）

霽◇排蕩秋旻霽。十四

濟◇路難思共濟。十九　◇感激懷未濟。十四　◇此行非不濟。十六

帝◇獻書謁皇帝。十二　◇魂斷蒼梧帝。十四　◇遠山朝白帝。十五

◇買薪猶白帝。十六　◇牽裾驚魏帝。廿　◇後漢更列帝。三

◇臨潁美人在白帝。十八

柢◇詞林有根柢。十四

蔕◇飛櫓本無蔕。十九　◇舟楫無根蔕。十九

嚌◇易力何深嚌。十四

替◇高才日陵替。十四　◇拳拳期勿替。十九

第◇忤下考功第。十五　◇屢食將軍第。十

遰◇鯤鯨噴迢遰。十四

遞◇遊子方迢遞。三

砌◇朝陰改軒砌。十四

細◇衆力亦不細。十九　◇含風翠壁孤雲細。十　◇山果多瑣細。四

詣◇紫燕自超詣。二

計◇太后當朝多巧計。十七（杜與「禮」叶。）　◇諸侯舊上計。十六

◇三顧頻煩天下計。七　◇故吏去思計。十四　◇汝懦歸無計。三

◇實借長久計。三　◇郭欽上書見大計。廿　◇分明囊賢計。十九

薊◇將帥接燕薊。十四

繼◇前輩復誰繼。十四　◇中使日夜繼。三

繫◇舟楫敢弗繫。十九（「繫」音「計」。）

系◇漢朝丞相系。一　◇聖哲垂彖系。十九

契◇酒酣託末契。十四

翳◇曠懷埽昏翳。十四　◇青燈死分翳。十九

閉◇山門萬里閉。三（「里」一作「重」。）　◇不勞朱戶閉。九

◇到扉開復閉。三　◇關鍵欻不閉。十四

嬖◇引用多寵嬖。十四

惠◇仗爾布嘉惠。三　◇洞徹寶珠惠。十四　◇和虜猶懷惠。三

◇亂世少恩惠。十九

桂◇斫卻月中桂。三　◇咨嗟玉山桂。十四　◇賞月延秋桂。十五

嘒◇日沒衆星嘒。十九

睥◇華表雲鳥埤。廿（「睥」字通作「埤」。）

麗◇忍待江山麗。十七（「待」又作「對」。）　◇未甘特進麗。十四

◇燕趙休矜出佳麗。十　◇仲春江山麗。十九

唳◇風聽九皋唳。十四

泥◇跋涉曾不泥。十四　◇致遠宜恐泥。十九　◇路遠思恐泥。十六

十三　祭

際◇語及君臣際。十六　◇養拙干戈際。十六　◇老於干戈際。十六

◇武德開元際。十七　◇挺身艱難際。三　◇君行立談際。三

◇支離東北風塵際。十三　◇學貫天人際。十四　◇奔騰榮馬際。十九

◇氣交亭幽際。十七

歲◇禍轉亡胡歲。四　◇義取無虛歲。十四　◇自爾無寧歲。三

◇草草頻卒歲。十九

衞◇思明割懷衞。三　◇浩劫浮雲衞。十四　◇亂麻屍積衞。六

毳◇見輕吹鳥毳。二

脆（小耎易斷也，俗作「脃」。）◇白蔣風飆脆。十七　◇相厄一危脆。十四

銳◇雷霆走精銳。三　◇擁兵相學干戈銳。十六　◇部曲仍精銳。三

◇追琢山岳銳。十四

綴◇宮闕深旒綴。十四　◇王綱尚旒綴。三

稅◇緬通淮湖稅。三　◇生常免租稅。三　◇星駕無安稅。十四

斃◇事近小臣斃。十四

敝◇長驅振凋敝。三　◇黑貂寧免敝。十五　◇季子黑貂敝。廿

篲◇夙擁文侯篲。十四

蔽（必袂切。）◇憂來豁蒙蔽。十四（此不列「蔽」字，又在後「必袂切」下，

不解。）

袂◇竟掩宣尼袂。十四　◇白日炤執袂。三　◇市北肩輿每聯袂。廿

◇未解依依袂。廿

制◇四極我得制。三

製◇灑落富清製。十四

逝◇聊欲從此逝。三　◇指盡流水逝。十四

噬◇豺狼沸相噬。三

裔◇碑版照四裔。十四　◇卻跨沙漠裔。三

瘞◇蕪沒汶陽瘞。十四

滯◇全命甘留滯。十八　◇拙被林泉滯。十五　◇舊客舟凝滯。十四

例◇後賢兼舊例。十五　◇朝廷無此例。三　◇森然起凡例。十四

◇春秋褒貶例。廿

礪◇如何久磨礪。十六

癘◇開襟驅瘴癘。十四　◇北風吹瘴癘。十八

厲◇低頭困炎厲。十四　◇恩波延揭厲。十四

愒◇柱史晨征愒。三

世◇直詞才不世。九　◇局促老一世。三　◇道林才不世。三

◇俯仰悲身世。六　◇豈獨勸後世。十四

勢◇高賢迫形勢。十九　◇手畫三軍勢。三　◇面折二張勢。十四

◇問罪富形勢。廿

罽◇騏驎織成罽。十四

薊◇將帥接燕薊。一（「薊」字與霽韻通用。此不列「薊」字。「薊」字在前「計」字下，不知「古詣切」與「居例切」何處分別。）

十四　泰（獨用。）

蓋◇晴雲滿戶團傾蓋。十七　◇滿堂賓客盡傾蓋。十六　◇風帆倚翠蓋。廿（「蓋」一作「巘」。）　◇斜日當軒蓋。三　◇東藩駐皁蓋。一

◇翰林逼華蓋。一　◇著葉滿枝翠羽蓋。一　◇眼冷看征蓋。廿

柰◇宿陰繁素柰。廿　◇牢落乾坤大。一　◇仙李盤根大。一

大◇含弘知四大。（李邕附。）

◇匪唯帝老大。十四　◇納納乾坤大。十九　◇哀箏傷老大。十五

◇衡岳江湖大。十九　◇乾坤雖寬大。十六　◇聲名從此大。六

帶◇崇岡相枕帶。三　◇碧蘿長似帶。十五　◇高秋卻束帶。十七

沛◇汾晉爲豐沛。廿

狽◇相看受狼狽。六

會◇徵起適遇風雲會。五　◇大府才能會。廿　◇滏口師仍會。十九

◇清秋多宴會。二　◇先朝常宴會。廿　◇羈旅惜宴會。十

◇君臣已與時際會。十二　◇中宵愜良會。十八　◇龍以瞿唐會。十七

◇一時今夕會。十七　◇旃尾蛟龍會。九　◇那知根無鬼神會。十一

鱠◇鮮鯽銀絲鱠。二　◇暫憶江東鱠。十七　◇負米力葵外。十六

外◇牢落西江外。十七　◇巫峽西江外。十七　◇重憶羅江外。廿

◇白帝城門水雲外。十六　◇南客瀟湘外。廿　◇放神八極外。十八

◇養拙江湖外。廿　◇甽畝孤城外。十六　◇寇盜狂歌外。十

◇昏渾衣裳外。十六　◇賞妍又分外。十六　◇思飄雲物外。二

◇用意崎嶇外。一　◇碧瓦初寒外。一　◇彭門劍閣外。六

◇方丈三韓外。二　◇橫行沙漠外。三

◇諸天合在藤蘿外。十

旆◇欲整還鄉旆。二

賴◇羯胡事主終無賴。十三　◇牧豎樵童亦無賴。十七

籟◇幽壑生靈籟。一　◇鼓角淩天籟。六

瀨◇重船依淺瀨。九　◇終然滅灘瀨。十七

十五　卦（「怪」、「夬」同用。）

隘◇胡來不覺潼關隘。十三

賣◇盡拈書籍賣。二

畫◇堂上指圖畫。十四　◇天陰對圖畫。三　◇雲臺終日畫。十五

◇身許麒麟畫。十七

派◇分源豕韋派。廿

曬◇烏麻蒸續曬。六

十六　怪

怪◇幽靈斯可怪。三　◇儒衣山鳥怪。三　◇園吏未足怪。十六

◇巫山冬可怪。十七　◇異俗吁可怪。十七

拜◇尉陀雖北拜。十六

十七　夬

邁◇吾衰怯行邁。十三

敗◇燃臍郿塢敗。三

蠆◇塵沙傍蜂蠆。十五　◇乘威滅蜂蠆。十五

十八　隊（「代」、「廢」同用。）

佩◇羣公蒼玉佩。十六

妹◇近聞韋氏妹。三　◇團圓思弟妹。十六

昧◇精禱既不昧。三　◇吾家碑不昧。十九

晦◇早泊雲物晦。十九

碓◇柴門臨野碓。十七

碎◇秦山忽破碎。一

內◇大哉乾坤內。七　◇苞茅重入歸關內。十六　◇緬思桃源內。四

◇驅馳四海內。十九　◇晨趨閶闔內。十四　◇箭出飛鞚內。十四

◇織籠曹其內。十三　◇小雨晨光內。十六　◇一經器物內。十六

◇顧於韓蔡內。十七

背◇令兒快搔背。十六

輩◇顧惟螻蟻輩。三　◇空忝許詢輩。一　◇乃知苦苣輩。十六

◇畫手看前輩。一　◇詞華傾後輩。一　◇憶與高李輩。十五

◇中間屈賈輩。十九　◇脫略小時輩。十　◇往與惠荀輩。廿

◇子建休前輩。六

十九　代

代◇此生遭聖代。十八

逮◇亦知行不逮。十七　◇誰云行不逮。十五

岱◇浮雲連海岱。一　◇已喜皇威清海岱。五

黛◇客來洗粉黛。十七

載◇將軍得名三十載。十　◇騎驢三十載。一　◇追隨二十載。十九

◇結交三十載。十四

再◇西郊牛酒再。十四　◇長卿消渴再。十八

塞◇歡娛看絕塞。十七　◇旅鴈上雲歸紫塞。十九　◇胡爲客關塞。五
◇無風雲出塞。六　◇鞍馬下秦塞。十二　◇正翮摶風超紫塞。十八
◇悠悠炤邊塞。十七　◇秋風動關塞。六

貸◇共指西日不相貸。十六（「貸」不見效韻。）　◇愛日恩光能借貸。十七

態◇窮途見交態。三　◇經過倦俗態。十六　◇虛徐五株態。十六
◇舊識能爲態。十七（「態」一作「難」。）

慨◇嗚呼壯士多慷慨。廿

概◇萬方聲一概。六

閡◇衣食相拘閡。十九

愛◇諸葛蜀人愛。十四　◇脫身無所愛。十五（「愛」一作「受」。）

菜◇春日春盤細生菜。十六

在◇披拂雲寧在。十五　◇舊物森猶在。十五　◇明眸皓齒今何在。三
◇國破山河在。三　◇揮涕戀行在。四　◇孤嶂秦碑在。一
◇白頭無藉在。二　◇謬稱三賦在。二　◇先鋒百勝在。二
◇山雨樽仍在。二　◇白頭遺恨在。十五　◇蕭條阮咸在。十四
◇門闌蘇生在。廿　◇炯炯一心在。十四　◇離別人雖在。十六
◇反氣凌行在。十六　◇執熱沉沉在。十九　◇高義終焉在。十六
◇亂後嗟吾在。十六　◇身覺省郎在。十七　◇報效如神在。十七

二十　廢

廢◇藥裹關心詩總廢。十九

肺◇且知寬病肺。十九　◇戀闕勞肝肺。廿

穢◇擺落多藏穢。十四（八哀李北海通篇「霽」中押一「穢」字。）

二十一　震（「稕」同用。）

震◇直北關山金鼓震。十三　◇舟泊常依震。廿

信◇哀傷同庾信。廿　◇近有平陰信。三　◇西憶岐陽信。三

鬢◇身世雙蓬鬢。十六　◇艱難苦恨繁霜鬢。十七　◇聽歌驚白鬢。十七

陣◇共說總戎雲鳥陣。十一

晉◇安石名高晉。十五　◇畫角吹秦晉。六

進◇喜弟文章進。十六

鎮◇郎伯殊方鎮。三

印◇通籍蟠螭印。十六

二十二　稕

峻◇竹批雙耳峻。一　◇監牧攻駒閱清峻。二　◇候火雲峰峻。六

◇空靈霞石峻。十九

俊◇處士禰衡俊。六　◇如公盡雄俊。六　◇時危可仗眞豪俊。十八

駿◇不暇陪八駿。十四　◇可憐九馬爭神駿。十　◇霜蹄千里駿。一

◇別養驥子憐神俊。二

舜◇回首叫虞舜。一

潤◇圃畦新雨潤。十七　◇王劉美竹潤。三

順◇萬方思助順。六　◇伊昔太僕張景順。二　◇銛鋒行愜順。三

◇其王願助順。四　◇寇盜方歸順。十六　◇六宮師柔順。廿

二十三　問（獨用。）

問◇長者雖有問。一　◇擧鞭如有問。十八　◇主人長跪問。十六

◇佳人拾翠春相問。十三　◇詩律羣公問。二　◇巫咸不可問。二

◇筋力妻孥問。十五　◇幕府籌頻問。十六　◇虛名但蒙寒溫問。廿

◇意答兒童問。十六　◇始謀誰其問。廿　◇何必走馬來爲問。十六

◇爲歷雲山問。十七

聞◇家聲同令聞。十六

訓◇義方兼有訓。十八

分◇昔承推奬分。十九　◇君臣各有分。廿　◇竹葉於人既無分。十七

郡◇鼓角緣邊郡。六　◇寡妻從爲郡。廿　◇宛彼漢中郡。十四

◇須從武威郡。三　◇巫峽將之郡。廿

二十四　焮（獨用。）

近（附也。）◇睿想丹墀近。五　◇安得闕親近。十二
◇荆州鄭薛寄詩近。十六　◇氣色皇居近。一　◇武侯祠屋常隣近。十三
◇燈光散遠近。九　◇暮年且喜經行近。十九　◇鶴下雲汀近。十六
◇天上秋期近。四

二十五　願（「慁」、「恨」同用。）

願◇良覿違夙願。五　◇以茲報主願。十四　◇辜負滄洲願。廿
◇君莫笑，劉毅從來布衣願。一　◇報茲劬勞願。十四（武功篇中叶上聲。）
勸◇杜酒偏勞勸。一
綣◇無論再繾綣。廿
蔓◇可憐先不異枝蔓。十七
萬◇家無儋石輸百萬。一　◇此皆戰騎一敵萬。十一
飯◇多病久加飯。十七　◇滑憶彫胡飯。廿
獻◇炎方每續朱櫻獻。十七
憲◇弟子貧原憲。六
健◇高秋馬肥健。五　◇草肥蕃馬健。三　◇多病沈年苦無健。一（杜詩王
倚歌中押與「羡」、「見」同用。）

二十六　慁

遯◇記室得何遯。十四

困◇盜賊浮生困。十三　◇蒼生今日困。十六

悶◇興盡纔無悶。廿

寸◇心折此時無一寸。十八

論（盧困切，又虜昆切，議也。）

◇鄭李光時論。十五　◇漫作潛夫論。十五　◇故人持雅論。十六

◇畊鑿安時論。十六

二十七　恨

恨◇自古多悲恨。六　◇向者留遺恨。十九　◇衰年不敢恨。十六

◇豪髮無遺恨。一　◇役夫敢伸恨。一　◇忠貞負冤恨。十四

◇劉表雖遺恨。六　◇春草封歸恨。廿　◇貫穿無遺恨。十四

◇到今有遺恨。十五　◇於菟侵客恨。十七　◇峽中爲客恨。十八

二十八　翰（「換」同用。）

翰◇服事哥舒翰。十四　◇朝廷忽用哥舒翰。十八

汗◇驂驔飄赤汗。十八　◇納流迷浩汗。廿

悍◇啟行促精悍。廿

炭◇人頻墜塗炭。三
◇沒齒埋冰炭。廿

歎◇休爲貧士歎。十九
◇皇天炤嗟歎。廿

按◇封内權得按。廿

案◇百頃平如案。廿

旦◇形骸改昏旦。廿

憚◇凶徒略無憚。廿

幹◇請公放筆爲直幹。七
◇神器資強幹。廿

岸◇雲門轉絕岸。七
◇泊舟滄江岸。十六
◇胡然泊湘岸。廿
◇亂波紛披已打岸。十六
◇決渠當斷岸。十六
◇水花寒落岸。十七
◇猛虎臥在岸。十八
◇迴策匪新岸。十
◇陣圖沙北岸。十五
◇片帆掛郴岸。廿

看◇關山雪邊看。十六

漢◇蘇武先還漢。六
◇驚風翻河漢。十八
◇韋賢初相漢。二
◇飛旐出江漢。十四
◇朝儀限霄漢。三
◇舊官寧改漢。六
◇剡剡生銀漢。十六
◇落日悲江漢。十六
◇消渴遊江漢。十六
◇北拱戴霄漢。廿

難◇王室仍多難。十九
◇反當帳下難。廿

粲◇哀世非王粲。十三

燦◇精鑿傳白燦。十六

散◇潼關初潰散。十四　◇百靈未敢散。廿　◇玄甲聚不散。十二
◇淡交隨聚散。十　◇使者紛星散。三　◇亂離又聚散。廿
◇紅鮮任霞散。十六　◇西成聚必散。十六　◇不叱白刃散。廿
◇別離同雨散。十六

二十九　換

換◇別離驚節換。三
惋◇回首增憤惋。廿
貫◇鹵莽同一貫。廿
館◇宋公舊地館。一　◇稍逼長沙館。廿
灌◇引溜加溉灌。十六　◇垢膩可溉灌。廿
觀◇孤城一柱觀。十六　◇作苦期壯觀。十六　◇窮秋立日觀。十六
◇獻納開東觀。一　◇長策何壯觀。廿
竄◇脫身亦奔竄。廿
段◇重之不滅錦繡段。七
亂◇樹蜜早蜂亂。十九　◇上雲天下亂。廿　◇已令拂拭光淩亂。七
◇時雖屬喪亂。十八　◇千畦碧泉亂。十六　◇不可久留豺虎亂。十六
◇赤眉猶世亂。十六　◇卽今螢已亂。十六　◇入肆銀花亂。十七
◇語多雖雜亂。九　◇看此戎馬亂。廿　◇欲棲羣鳥亂。十七

鍛◇中散山陽鍛。一　◇天機自明斷。廿

斷（決斷。）

煥◇守職甚昭煥。廿

筭◇謀畫焉得筭。廿

幔◇娟娟戲蝶過間幔。廿　◇簷雨亂淋幔。六

漫◇錦里風光春爛熳。廿（「漫」字有从火者。）　◇主人情爛漫。二

◇我倉戒滋漫。十　◇歸期豈爛漫。四

半◇冬菁飯之半。十六　◇百年秋已半。二　◇麝香山一半。十六

◇縣實諸侯半。廿

絆◇既未免羈絆。三

叛◇咸願同伐叛。廿

畔◇分明見溪畔。十六（「明」一作「朋」。）

愞◇夫何激衰愞。廿

三十　諫（與「襇」同用。）

諫◇篋書積諷諫。廿

澗◇老夫自汲澗。十七

雁◇萬里衡陽雁。廿　◇君看隨陽雁。一　◇涼風初過雁。三

◇詔王來射雁。十四　◇洞庭無過雁。廿　◇雖無南過雁。廿

◇相憶無南雁。廿

晏◇倚賴窮歲晏。十三

患◇自古以爲患。五　◇綠林寧小患。十五

慣◇久爲謝客尋幽慣。十九

三十一　襇

間（厠也，瘳也，代也，送也，迭也，隔也。）◇貢喜音容間。廿

綻◇憑久烏皮綻。十五（「綻」又作「拆」。）

三十二　霰（「線」同用。）

霰◇嗚呼淚如霰。廿

倩◇披顏爭倩倩。廿

縣◇老妻寄異縣。三　◇今日潘懷縣。三　◇回首鳳翔縣。四

◇胡虜潛京縣。五

殿◇白日來深殿。六　◇萬里露寒殿。十六　◇箭入昭陽殿。三

◇六龍瞻漢殿。十六　◇詔書引上殿。三　◇賦詩拾翠殿。一

◇凄涼大同殿。四　◇憶昨趨行殿。六　◇二毛趨帳殿。三

◇焚香淑景殿。六

甸◇南遊炎海甸。廿　◇壞歌惟海甸。十六

練◇金城土酥靜如練。二

鍊◇顧深塹鍛鍊。二

見◇岐王宅裏常相見。廿　◇羈棲愁裏見。十六　◇鼂蒙不可見。十六

◇若人可數見。三　◇之子時相見。一　◇煎膏續弦奇自見。二

◇只願無事常相見。二　◇詩好幾時見。六　◇背後何所見。二

◇古人不可見。十四　◇夙昔傳聞思一見。二　◇物情尤可見。六

◇神魚今不見。六　◇韋侯韋侯數相見。七　◇漂泊哀相見。十六

◇燭斜初近見。廿　◇意氣今誰見。廿　◇衆中每一見。四

◇望盡似猶見。十七　◇騷人嗟不見。十五　◇猿捷長難見。十七

宴◇花月窮遊宴。　◇密沾斗酒諧終宴。二　◇物色歲時宴。十七

燕◇簾戶每宜通乳燕。九　◇時哉高飛燕。四　◇帟幕疑風燕。廿

◇焉能作堂上燕。三　◇倜促看秋燕。十五　◇震雷翻幕燕。一

薦◇才美膺推薦。廿

眄◇爐峰生轉眄。十五

三十三　線

綫◇刺繡五紋添弱線。十八　◇肉黃皮皺命如綫。二　◇子孫存如綫。十四

戰◇王者今無戰。三　◇況複秦兵耐苦戰。一　◇寒熱百日交相戰。二

◇瘡痍親接戰。三　◇烽舉新酣戰。三　◇八州刺史思一戰。八

◇肺萎屬久戰。十六　◇中夜傷於戰。廿　◇野哭初聞戰。十七

膳◇爲我力致美餚膳。一　◇赤羽千夫膳。三

彥◇李侯金閨彥。一

絹◇我有一匹好東絹。七

院◇天黑閉春院。三

面◇長成忽會面。十八　◇生理何顏面。三　◇李邕求識面。一

◇劃見公子面。二　◇畫圖省識春風面。十三　◇步壑風吹面。十七

◇薄俗防人面。十七　◇幾年一會面。廿

釧◇家家賣釵釧。四　◇囊虛把釵釧。十五

掾◇今日西京掾。二　◇老蒙臺州掾。十四

箭◇青海無傳箭。二　◇靈虬傳夕箭。二　◇羣胡歸來血洗箭。三

◇輦前才人帶弓箭。三　◇但促銅壺箭。廿　◇空鞍貫霜箭。廿

◇憶爾腰下鐵絲箭。十七

扇◇地蒸餘破扇。十五　◇雲移雉尾開宮扇。十三　◇魚吹細浪搖歌扇。二

◇平生白羽扇。十四　◇高秋收畫扇。十七　◇月生初學扇。十七

眷◇聖情常有眷。一　◇當時得意況深眷。一　◇獻納紆皇眷。二

◇鄙人奉末眷。廿

倦◇徐榻不知倦。十六

戀◇北闕心常戀。十七

變◇雖悲髮鬢變。五　◇餘髮喜卻變。廿　◇星霜玄鳥變。十九
◇浮生看物變。十六
汴◇擁兵鎮河汴。十四
旋◇令我手腳輕欲旋。一
饌◇喚婦出房親自饌。一
傳◇昔觀文苑傳。十四　◇北驅漢陽傳。廿　◇更尋嘉樹傳。一
賤◇不道含香賤。十三　◇素知賤子甘貧賤。一　◇同學少年多不賤。十三
◇爲問淮南米貴賤。十七　◇爲郎未爲賤。十六
羨◇在於甫也何由羨。二　◇吹噓人所羨。二
便◇何階子方便。二
徧◇答云伏枕艱難徧。二　◇子雲窺未徧。十四

三十四　嘯（「笑」同用。）

嘯◇終焉托長嘯。十九　◇欲爲蘇門嘯。十六
眺◇落落展清眺。十六
釣◇一雙白魚不受釣。十七　◇新添水檻供垂釣。八　◇時觀錦水釣。十四
◇賴以天涯釣。一　◇脫略磻溪釣。二
叫◇冥冥子規叫。七　◇檻束哀猿叫。二　◇三步六號叫。十六
◇天寒青兕叫。十七

徼◇流轉依邊徼。六　◇兵戈滿邊徼。十九

調◇論交何必先同調。四

料◇凋刻初誰料。十五　◇齒髮已自料。十九

三十五　笑

笑◇每蒙天一笑。十七　◇語盡還成開口笑。十六　◇精理通談笑。一

◇至尊顧之笑。三　◇少年努力縱談笑。三　◇意遺樂還笑。十八

◇洪濤隱語笑。廿（一作「笑語」。）　◇迴首追談笑。十五

炤◇白日已偏炤。十九　◇前軒頹反炤。三　◇杜陵斜晚炤。十六

詔◇墓待龍驤詔。廿

燿◇但驚飛熠燿。十九

耀◇漢儀甚炤耀。廿　◇子孫不振耀。廿

要◇佳處領其要。十九　◇莫道新知要。十九

召◇天子廢食召。十五

誚◇恥爲達人誚。十九

妙◇靜者心多妙。六　◇滿堂動色嗟神妙。七　◇神女峰娟妙。十八

◇得盡所歷妙。十九

峭◇楓栝隱奔峭。十九

廟◇世祖修高廟。六　◇尚有西郊諸葛廟。十七　◇爲入蒼梧廟。廿

少◇人生交契無老少。　◇畢宏已老韋偃少。七
驃◇須公櫪上追風驃。四

三十六　效（獨用。）

教◇秘訣隱文須内教。十八　◇晚聞多妙教。十五
孝◇可憐忠與孝。十八
撓◇書史全傾撓。十八（杜白帝放船中「撓」字作仄讀，从扌从堯，本平聲，在豪韻，讀如蒿，義則擾也。又奴巧切，在巧韻。）

三十七　号（獨用。）

盜◇佳晨對羣盜。十七　◇遙拱北辰纏寇盜。廿
到◇漢使徒空到。二　◇大兒聰明到。三　◇三川不可到。四
帽◇爲客裁烏帽。十七　◇朱紱猶紗帽。十三　◇浪足浮紗帽。十九
報◇死去憑誰報。三　◇船人近相報。六　◇警急烽常報。六
奥◇文章開窔奥。六　◇圭臬星經奥。十四
噪◇數驚聞雀噪。十七
竈◇竹齋燒藥竈。六

三十八　箇（與「過」同用。）

箇◇卻繞井欄添箇箇。十六

佐◇霖雨思賢佐。二　◇拔爲天軍佐。十八

三十九　過

過◇河廣傳聞一葦過。五　◇俊鶻無聲過。十七　◇三伏適已過。十六

◇身輕一鳥過。三　◇四十明朝過。一　◇稀間可突過。十三

◇驟看浮峽過。十六　◇呀吭瞥眼過。十九　◇卻碾空山過。十七

和◇竟日鶯相和。十六

座◇迴首中丞座。十八　◇一見能傾座。一　◇叨陪錦帳坐。廿

坐◇春水船如天上坐。廿　◇秦王時在坐。廿

◇丈人但安坐。十七　◇細草稱偏坐。二　◇哀猿更起坐。十五

◇衰顏動覓藜牀坐。十七

破◇剩水滄江破。二　◇在野只教心力破。十八　◇去年潼關破。三

◇喪亂丹心破。十六　◇白團爲我破。廿　◇悠悠邊月破。十六

臥◇短景難高臥。十七

四十　禡（獨用。）

罷（「罷」字在支韻。）
◇新亭結構罷。一　◇撥杯要忽罷。廿　◇欲告清宴罷。三
罵◇頗遭官長罵。二
駕◇歸來覲命駕。十九　◇竊扳屈宋宜方駕。九　◇倒衣還命駕。二
◇先帝昔晏駕。三　◇飛兔不近駕。十四　◇舊丘復稅駕。廿
價◇未覺千金滿高價。二　◇風流俱善價。十五
亞◇天廐眞龍此其亞。二　◇名今陳留亞。十五
謝◇鄙夫行衰謝。三
下◇北風黃葉下。十七　◇石出倒聽楓葉下。十六　◇石榞遍天下。十六
◇頓兵岐梁下。三　◇杳冥藤上下。十八　◇聲吹鬼神下。三
◇杖藜長松下。三　◇拜辭詣闕下。四　◇羣水從西下。三
◇悄然坐我天姥下。三　◇朝來少試華軒下。二　◇提封漢天下。十七
◇犀筋厭飫久未下。二　◇計拙百寮下。廿　◇無計迴船下。二
◇繫馬堂階下。二　◇無邊木葉蕭蕭下。十七　◇老吟秋月下。六
暇◇榮枯走不暇。十四
夏◇永願坐長夏。十　◇城府深朱夏。廿
夜◇說詩能累夜。廿　◇醉歸應犯夜。二　◇夕趨可劃幽幷夜。二

◇我師嵇叔夜。廿　◇嚴警當寒夜。三　◇水落魚龍夜。六
◇峽雲常炤夜。十七　◇秋月仍圓夜。十七　◇風月自清夜。十七
◇醉舞梁園夜。六
射（僕射。）◇正憶往時嚴僕射。十三
舍◇卜隣慙近舍。十六　◇廣文到官舍。二　◇峽内歸田客。十七
◇曠絕含香舍。廿
帊（不列「帕」字。）◇銀鞍卻覆香羅帕。二
化◇禹功翊造化。十六　◇矯矯龍性合變化。二　◇側聞魯恭化。三
◇廷爭酬造化。十八　◇荊門留美化。十九

四十一　漾（「宕」同用。）

颺◇鷗鳥牽絲颺。十八
恙◇熊兒幸無恙。三
讓◇干戈未揖讓。十九　◇但使閭閻還揖讓。十一
向◇途遠欲何向。二　◇籬弱門何向。十七
帳◇降虜兼千帳。六　◇誰矜坐錦帳。十七
漲◇掛席釣川漲。二　◇及觀泉源漲。三
悵◇羸老反惆悵。十九　◇碧色忽惆悵。十七
嶂◇有時驚疊嶂。十五

瘴◇鬱鬱冬炎瘴。廿　◇地僻昏煙瘴。六　◇春生南國瘴。十九

◇江間雖煙瘴。十六　◇楚老長嗟憶煙瘴。十八

上（君也。）　◇相閲征途上。一　◇情人來石上。十六

◇勳業青冥上。二　◇百頃風潭上。二　◇落日平臺上。二

◇雨來霑席上。二　◇或看翡翠蘭苕上。十七　◇胡笳在樓上。十七

◇清思漢水上。十九　◇幾羣滄海上。十七　◇身在度鳥上。十九

◇偏裨表三上。廿

狀（此不列「狀」字。）　◇秀色固異狀。十九

壯◇初聞龍用壯。三　◇七齡思即壯。十五　◇子建文筆壯。十八

◇聞子心甚壯。十七　◇榮華貴少壯。十七　◇坡陀風濤壯。十九

◇南紀風濤壯。廿　◇舍西崖嶠壯。十六

◇潛鮮恨水壯。十六

怏◇焉能心怏怏。一

唱◇谷口樵歸唱。十七

將◇濟時瞻上將。十八　◇蓬萊殿前諸主將。十八　◇朝廷任猛將。十六

◇詔發西山將。三　◇請公問主將。二　◇故老思飛將。六

◇函關猶出將。十八

妄◇問法看詩妄。十七

望◇斗斜人更望。十七　◇倚門固有望。四　◇故國悲寒望。廿

◇煙塵獨長望。六　◇熊羆載呂望。十五　◇分符先令望。廿
◇故國延歸望。廿
王（于放切，又于方切，霸王，又盛也。）　◇業成陳始王。十五
放◇江村意自放。十六　◇當歌欲一放。三　◇干戈雖横放。三
◇嗜酒益疎放。十四　◇吾得終疎放。十九　◇客禮容疎放。四
相◇開口取將相。十四　◇勢愜宗蕭相。十九　◇關中既留蕭丞相。五

四十二　宕

浪（來宕切，又魯當切，波浪。）　◇鼉吼風奔浪。一　◇清晨望高浪。三
◇風期終破浪。十五　◇潛鱗輸駭浪。十七　◇滌除貪破浪。十九
◇沄沄逆素浪。十九　◇黄牛平駕浪。廿
行（次第。）　◇王孫長人行。十九
笐（下浪切，衣架。）　◇翡翠鳴衣桁。二（與「笐」同。）
葬◇冥冥九疑葬。十九
當◇危沙折花當。十九
謗◇禍階初負謗。十四
蕩（凡「蕩」字皆出上聲下矣。）
喪◇筋力交凋喪。十五　◇觀者如山色沮喪。十八　◇白髮甘凋喪。十九
◇時危覺凋喪。十七

四十三　映（「諍」、「勁」同用。）

映◇雜花分戶映。一　◇落日初霞閃餘映。十八　◇日出黃霧映。十九
敬◇坐深鄉黨敬。十五
鏡◇司徒清鑒懸明鏡。五　◇滿目飛明鏡。十七　◇暮顏覷青鏡。十九
◇塵匣元開鏡。十七　◇鑒徹勞懸鏡。十九
竟◇畢娶何時竟。十三
兢◇冉冉自趨競。十八
命◇白小羣分命。十七　◇勸其死王命。十六　◇紫衣使者辭復命。十八
◇幾人全性命。三　◇百鳥各相命。十三　◇有客雖安命。一
◇使者分王命。十五　◇宿昔試安命。十九　◇今則奚奔命。十九
◇他日憐才命。十六　◇自古聖賢多薄命。十八
病◇不達長卿病。廿　◇吾老甘貧病。十七　◇湯休起我病。三
◇迴首黎元病。十八　◇種藥扶衰病。九　◇草黃騏驥病。十六
◇自從相遇感多病。十八　◇峽中一臥病。十七　◇牽纏加老病。十七
◇斯文亦吾病。十九　◇吾人淹老病。十七　◇衰老自成病。十六
◇通籍恨多病。十六　◇老人因酒病。十七
孟◇荊州遇薛孟。十六
橫◇蛟螭深作橫。十九

柄◇結舌防讒柄。十九　◇疑誤此二柄。十九

詠◇詩罷聞吳詠。一

四十四　諍

諍◇九重思諫諍。十六　◇先朝納諫諍。十八　◇刺規多諫諍。廿

四十五　勁

政◇頃來嘉樹政。廿　◇破膽遭前政。二　◇孝理敦國政。三

◇再拜故人謝佳政。十八

正◇席掛帆不正。十九　◇太宗社稷一朝正。十七　◇開闢乾坤正。六

◇始是乾坤王室正。十六

鄭◇早歲與蘇鄭。十七　◇勞生媿嚴鄭。二

聖◇羈旅推賢聖。六　◇唐堯眞自聖。六

性◇練骨調情性。十五　◇吏隱識情性。三　◇醍醐長發性。三

◇萬物附本性。十六　◇青芻適馬性。十六　◇盤渦鷺浴底心性。十六

◇蜜蜂胡蝶生情性。廿　◇鐘鼎山林各天性。十九　◇干請傷直性。十九

◇應接非本性。七

姓◇問知人客姓。三

聘◇粟馬資歷聘。十九

併◇窮老驅馳併。十九

淨◇蕭蕭理體淨。十六　◇幸喜囊中淨。十九　◇水花晚色淨。二（「淨」一作「靜」，不如「淨」字好。）　◇天宇清霜淨。三　◇管寧紗帽淨。十六

◇嬋娟碧鮮淨。七

盛◇大江秋易盛。十七　◇後來況接才華盛。十八　◇仰慚林花盛。十九

◇地蒸南風盛。十九　◇漢道中興盛。廿　◇中原戎馬盛。廿

◇十年殺氣盛。廿　◇又如馬齒盛。十六　◇胡虜何曾盛。十七

四十六　徑（獨用。）

徑◇暗水流花徑。一　◇瓢飲唯三徑。一

逕◇悶能過小逕。十一　◇五馬舊曾諳小逕。十一　◇年深荒草逕。十七

濘◇相邀愧泥濘。一

醒（酒醒。）◇頹倚睡未醒。十九

定◇寒水光難定。十七　◇百年賦命定。三　◇羣兇逆未定。十五

◇蕭車安不定。十　◇洶洶人寰猶未定。十六　◇歸翼飛棲定。十七

◇是非何處定。十七　◇亂後居難定。十六　◇戰伐何由定。十八

◇丈夫蓋棺事始定。十六　◇風扉掩不定。十六

罄◇金錯囊從罄。廿

磬◇林昏罷幽磬。五　◇清聞樹杪磬。十

聽◇丈人試靜聽。一
瑩◇江清心可瑩。廿
令◇濁酒尋陶令。一

四十七　證（「嶝」同用。）

賸◇舊采黄花賸。十七
應◇夢蘭他日應。廿
興◇掾曹乘逸興。一　◇雲山已發興。一　◇不阻蓬蓽興。一
◇平生爲幽興。二　◇始兼逸邁興。廿　◇青雲動高興。四
◇老去詩篇渾漫興。八　◇阮籍行多興。六　◇詩盡人間興。十三
◇稼穡分詩興。十五

四十八　嶝

亙◇岡巒相經亙。七
蹬◇魯門鶢鶋亦蹭蹬。廿
稜◇塹抵公畦稜。十六

四十九　宥（與「候」、「幼」同用。）

右◇往時中補右。十六

救◇稼穡不可救。二　◇亂離難自救。廿

宙◇羣兇彌宇宙。六　◇北宸當宇宙。十六　◇諸葛大名垂宇宙。十三

◇高歌激宇宙。廿

酎◇性亦嗜醇酎。二

狩◇文物陪巡狩。十九

獸◇曠野號禽獸。二　◇忽思格猛獸。廿

晝◇飲食錯昏晝。二　◇高枕虛眠晝。十五

臭◇朱門酒肉臭。三

岫◇晨光映遠岫。十六

袖◇何由滿衣袖。二　◇霜雪迴光動錦袖。十八

舊◇跡藉臺觀舊。一　◇杜曲晚耆舊。十五　◇雨腳但如舊。二

◇戰血流依舊。廿　◇爲報鵷行舊。六　◇郡依封土舊。十八

瘦◇思君令人瘦。二　◇荒歲兒女瘦。三　◇所親驚老瘦。三

◇衰年病衹瘦。廿

毿◇翠瓜碧李沈玉毿。十七

富◇於時國用富。十六　◇學業醇儒富。一

溜◇恐與川浸溜。二

秀◇吾憐滎陽秀。十八　◇造化鍾神秀。一　◇吾宗圓神秀。（李邕附。）

◇紛披爲誰秀。二　◇春深秦山秀。十四

繡◇絕壁過雲開錦繡。十六

驟◇小人困馳驟。二

就◇扁舟吾已就。二　◇難爲一相就。二

狖◇哀哀失木狖。六　◇泉源泠泠雜猿狖。十七　◇窄轉深啼狖。十八

柚◇茅齋依橘柚。十七

授◇回斡明受授。十九（杜詩押上聲。）

五十　候

寇◇蘆關扼兩寇。三　◇將恐曾防寇。六　◇長吁翻北寇。十五

◇側聞夜來寇。十九　◇師老資殘寇。六

茂◇令侄才俊茂。三　◇碧藻非不茂。十九

豆◇國馬竭粟豆。十五

竇◇竹竿接嵌竇。十六

鬬◇天下兵常鬬。十七　◇龍蛇尚格鬬。十七　◇巢多衆鳥鬬。二（「鬬」一作「喧」。）　◇哀鳴思戰鬬。六　◇中原正格鬬。三

◇安得務農息戰鬬。十六　◇不息豺狼鬬。十六　◇未息豺狼鬬。十六

奏◇城上胡笳奏。六

構◇黃鸝度結構。三　◇講堂非曩構。廿

漏◇疇能補天漏。二　◇神農或闕漏。十四

五十一　幼

幼◇見知眞自幼。一　◇應宜各長幼。十三

五十二　沁（獨用。）

祲◇昏昏闐闔閉氛祲。十七
任◇旌麾非其任。廿　◇歷職匪父任。十四
禁◇驅趁制不禁。十三

五十三　勘（「闞」同用。）

暗◇久雨巫山暗。十六　◇巫峽千山暗。十六　◇眼復幾時暗。十七
◇已低魚復暗。十六　◇氣沉全浦暗。十七
闇◇沙上草閣柳新闇。十六

五十四　闞

纜◇火旗還錦纜。十七
淡◇寒城朝煙淡。六

五十五　豔（「㮇」、「釅」同用。）

豔◇羅韈紅蕖豔。廿

驗◇肘後符應驗。六

五十六　㮇

念◇朝夕高堂念。十七

五十九　鑑

鑑◇持衡留藻鑑。二　◇明白山濤鑒。廿

六十　梵

汎◇四瀆樓船汎。十五　◇信宿漁人還汎汎。十三

泛◇採花香泛泛。十七

劍◇誰重斬郅劍。十六　◇疊壁排霜劍。十八　◇防身一長劍。二

◇青熒芙蓉劍。十　◇憂來杖匣劍。十六　◇壯年學書劍。十六

◇經過辨酆劍。廿　◇匣裏雌雄劍。廿　◇鬱鬱星辰劍。十五

◇正枕當星劍。十七　◇獨坐親雄劍。十七

卷一百五十一　杜詩韻字歸部（五）

入聲卷

一　屋（獨用。）

（杜三川觀水漲篇「屋」、「沃」韻中，有「礧塊共充塞」，「塞」字本在德韻，叶此。）

屋◇天雨蕭蕭帶茅屋。十七　◇來往皆茅屋。十七　◇處貴如白屋。十六
◇畦蔬遶茅屋。十六　◇山中漏茅屋。三　◇獨在陰崖結茅屋。一
◇牀上書連屋。二　◇經年至茅屋。四　◇旗亭壯邑屋。廿
◇水鄉霾白屋。廿　◇惡鳥飛飛啄金屋。十八　◇何時一茅屋。六
◇又向人家啄大屋。三

獨◇空山無以慰幽獨。十七　◇曾是順幽獨。十八　◇衰年怯幽獨。十六

讀◇紙長要自三過讀。廿

黷◇陰氣不黲黷。三　◇中原何慘黷。三

瀆◇何以尊四瀆。三

斛◇人給酒一斛。十六

哭◇征戍誅求寡妻哭。十八　◇途窮那免哭。廿　◇素車猶慟哭。廿

◇隣家遞歌哭。十八　◇舌存恥作窮途哭。廿　◇蒼茫步兵哭。十九
◇君見窮途哭。一　◇牽衣頓足攔道哭。一　◇新鬼煩冤舊鬼哭。一
◇豈惟干戈哭。十六　◇如聽萬室哭。三　◇少陵野老吞聲哭。十七
◇殊方落日玄猿哭。十七

禿◇漱壑松柏禿。三

速◇政簡移風速。九　◇總角草書又神速。二　◇勢閲人代速。三
◇煮井爲鹽速。十　◇紫燕綠耳行甚速。廿

祿◇事主非無祿。十七　◇何日霑微祿。十七　◇躭酒須微祿。十七

鹿◇登危聚麋鹿。三　◇荆扉對麋鹿。十七　◇射殺林中雪色鹿。十七
◇號山無定鹿。十七

麓◇誤疑茅屋過江麓。一　◇亭午下山麓。十六

族◇細微霑水族。十七　◇所來爲宗族。一　◇賢良歸盛族。廿

鏃◇金絲鏤箭鏃。十七

僕◇客居課奴僕。十六　◇牛羊識僮僕。十七　◇清朝遣婢僕。十六
◇我始爲奴僕。二　◇此身仗兒僕。十八　◇杖藜强起依僮僕。十六

木◇時聽嚴風折喬木。十七　◇十里斬陰木。十六　◇形骸實土木。十四
◇塞門風落木。六　◇扳援懸根木。十八　◇寒風疎草木。七

福◇隱吏逢梅福。二

腹◇清晨飯其腹。十六　◇未脫衆魚腹。三　◇留匙兼煖腹。廿

伏◇萬里魚龍伏。十九
復◇必見公侯服（復）。廿　◇惟生哀我未平復。二　◇運移漢祚終難復。十三
◇必見公侯復。廿
服◇多病休儒服。二　◇朝士兼戎服。十八
鵩◇地溼愁飛鵩。廿
匐◇忽謂陰崖踣。三（「踣」音匐。）
縮◇欲濟願水縮。三
陸◇不復見平陸。十　◇蕭條向水陸。廿
戮◇青蒲甘受戮。六　◇近時主將戮。廿　◇君不見嵇康養生被殺戮。十六
軸◇下衡割坤軸。十六　◇森羅移地軸。二　◇迴斡裂地軸。三
◇崆峒地無軸。三
菊◇是節東籬菊。二　◇燕沒湘岸千株菊。廿　◇季月當泛菊。十六
◇故里樊川菊。十七　◇徵君已去獨松菊。十七
熟◇豆子雨已熟。六（杜與邊韻叶。）　◇自今幽興熟。二　◇崆峒小麥熟。二
◇入鼎資過熟。十六　◇種幸房州熟。十七
育◇遂令大奴守天育。二
肉◇陳平亦分肉。十七　◇紅顏白面花映肉。廿　◇甲第紛紛厭粱肉。二
◇乳獸待人肉。十六　◇飢鷹未飽肉。二　◇偏裨限酒肉。廿
◇高馬達官厭酒肉。十九

穆◇垂旒資穆穆。十九

二 沃（「燭」同用。）

毒◇清涼破炎毒。十六 ◇蜂蠆不敢毒。十六 ◇未辭煙瘴毒。十九

鵠◇公主歌黃鵠。五 ◇珠簾繡柱圍黃鶴。十三 ◇驚風吹鴻鵠。二

◇安得騎鴻鵠。三 ◇泥濘漠漠饑鴻鵠。十七

三 燭

燭◇地下無朝燭。十七 ◇素節相炤燭。十六 ◇琴書散明燭。十六

◇轡齊兼秉燭。六 ◇新歡繼明燭。廿 ◇大歷三年調玉燭。十八

◇使我夜坐費燈燭。廿 ◇三歲如轉燭。十八 ◇仰思調玉燭。六

玉◇朱汗驂驒猶噴玉。十六 ◇煖老須燕玉。十七 ◇侍臣雙宋玉。十九

◇清文動哀玉。十七 ◇下流匪珠玉。廿 ◇盤出高門行白玉。十六

◇入懷本倚崑山玉。廿 ◇泥塗豈珠玉。廿 ◇沉浮亂水玉。十六

獄◇終悲洛陽獄。十四 ◇掘劍知埋獄。六

旭◇城府開清旭。廿

跼◇艱險路更跼。三

蜀◇地平江動蜀。九 ◇一紀出西蜀。十九 ◇比來相國兼安蜀。十六

◇人非西喻蜀。廿 ◇風煙渺吳蜀。十六 ◇瘴癘浮三蜀。十七

足◇廣文先生飯不足。二　◇安得輟雨足。十六　◇況茲菱芡足。二
◇石壁滑側足。三　◇東渚雨今足。十六　◇無富貧亦足。十八
◇安知決臆追風足。十六　◇功課日各足。十六　◇承顏胼手足。十六
◇令我心中苦不足。十七　◇古人已用三冬足。十七　◇蕭蕭千里足。十七
◇稻粱求未足。六　◇君子慎止足。七
促◇良會苦短促。十八　◇走平亂世相催促。十七　◇況乃遲暮加煩促。十六
◇喬口橘洲風浪促。十九　◇爲我忍煩促。十六　◇高興泊煩促。一（李邕附。）
續◇尊蟻添相續。十七　◇塞雲多斷續。六
俗◇何處異風俗。十八　◇悠悠委薄俗。廿　◇迴首驅流俗。二
◇春農親異俗。十七　◇牲璧忍衰俗。十九　◇散才嬰薄俗。十九
◇隄防舊風俗。十六　◇理生難免俗。十七
粟◇日給還脫粟。十八　◇濁醪與脫粟。十六　◇瘦地翻宜粟。六
◇任轉江淮粟。十　◇香稻啄殘鸚鵡粟。十三（「粟」又作「粒」。）
◇監河受貸粟。廿　◇飛書白帝營斗粟。十八

四　覺（獨用。）

角◇萬國城頭盡吹角。十九　◇紫微臨大角。十九　◇山路晴吹角。四
嶽◇高狀視吳嶽。七（杜與「藥」合。）
岳◇瘞夭追潘岳。廿　◇翠華擁吳岳。十五

樂◇仙人張内樂。廿

朔◇尚想東方朔。十七

數（頻數。）　◇會期吟諷數。十五　◇音徽一柱數。十五

◇時危賦斂數。十六

齗◇車輪徒已齗。十五

卓◇小儒輕董卓。六

啄◇孤雁不飲啄。十七

邈◇聖賢名古邈。廿（風廣律中。）

樸◇傍舍頗淳樸。二　◇大庭終反樸。十五　◇其俗則淳樸。十八

濁◇嘉蔬沒溷濁。二　◇沙汰江河濁。二

渥◇文綵承殊渥。六

幄◇參卿休坐幄。廿

學◇君不見東吳顧文學。十九

五　質（「術」、「櫛」同用。）

質◇乃聞風土質。十八　◇會是排風有毛質。二　◇煙霧蒙玉質。三

日◇把臂有多日。三　◇朝野少暇日。四　◇有時浴赤日。三

◇萍泛無虛日。二　◇秋來未曾見白日。二　◇昔在童子日。十四

◇嗚呼子逝日。十四　◇東郡趨庭日。一　◇痛飲狂歌空度日。一

◇甫昔少年日。一
◇羲和鞭白日。一
◇嘔泄臥數日。四
◇不知臨老日。三
◇宓子彈琴邑宰日。十六
◇萬里寒空祇一日。十八
◇且將棋度日。六
◇女樂餘姿映寒日。十八
◇苟活到今日。廿
◇扈聖崆峒日。十五
◇風塵淹別日。十六
◇眼穿當落日。三
◇此邦承平日。三
◇煙霜棲野日。十七
◇斫畬應費日。十七
◇素琴將暇日。十七
◇著處繁華務是日。廿
◇鳳紀編生日。廿
◇孤舟似昨日。十九
◇青蟲懸就日。十七
◇逆行少吉日。十九
◇向晚霾殘日。十九
◇崔嵬扶桑日。廿
◇盧綰須征日。廿
◇野流行地日。廿
◇志士惜白日。十六
◇燕辭楓樹日。十八
◇田翁逼社日。九
◇楚筵辭醴日。六
◇二子聲同日。六
◇君王指白日。五
◇萬歲蓬萊日。十七
◇未有開籠日。十七
◇高峰寒上日。十七
◇收珠南海千餘日。十八
◇法駕初還日。六
◇寡妻羣盜非今日。九

實

◇營營爲私實。十八
◇小人利口實。二
◇我獨覺子神充實。十六
◇甘酸齊結實。四
◇春夏各有實。三
◇望帝傳應實。十九
◇條流數翠實。十六
◇高秋總餽貧人實。十
◇心以當竹實。十六

膝

◇爭道朱蹄驕齧膝。廿
◇補綴才過膝。四
◇明月炤我膝。十八

一

◇射策君門期第一。二
◇魴魚肥美知第一。九
◇軍州體不一。廿
◇羽騎動若一。十四
◇神翰顧不一。十四
◇嘉蔬既不一。十六

◇公孫劍器初第一。十八　◇自平宮中呂太一。十八
七◇只今年纔十六七。二
漆◇陷此膠與漆。十八　◇汝伯何由髮如漆。二　◇或黑如點漆。四
◇田父嗟膠漆。十五
匹◇苑中騋牝三千匹。二　◇驅馬一萬匹。四　◇飛動自儔匹。十八
◇騰驤磊落三萬匹。十
吉◇閏八月初吉。四
逸◇劇談憐野逸。六　◇永憶江左逸。十五　◇青囊仍隱逸。一
◇相如才調逸。十七
栗◇高聲索果栗。九　◇羅生雜橡栗。四
慄◇仁者宜戰慄。三　◇救汝寒凜慄。四
疾◇留滯嗟衰疾。十七　◇雲裏相呼疾。廿　◇白首多年疾。廿
◇歲暮日月疾。十八　◇足繭荒山轉愁疾。十八　◇破敵過箭疾。四
◇尚纏漳水疾。十四　◇三年猶瘧疾。六　◇及見秘書失心疾。十六
失◇不見秘書心若失。十六　◇與汝鄰居未相失。十七　◇恐君有遺失。四
◇暫蹶霜蹄未爲失。二　◇儻歸免相失。三　◇咫尺波濤永相失。九
室◇雜種抵京室。五　◇風塵澒洞昏王室。五　◇耿賈扶王室。十五
◇弟子誰依白茅室。十八　◇蒼茫問家室。四　◇盡在衞霍室。三
◇尸鄉餘土室。一　◇身退卑周室。一　◇時時開暗室。十六

◇興殘虛白室。廿　◇可憐處處巢君室。廿　◇蒸裏如千室。十七
◇徙倚瞻王室。十六
畢◇滿腹志願畢。十八　◇參佐哭辭畢。廿　◇憂虞何時畢。四
◇天王拜跪畢。十四
蓽◇詔許歸蓬蓽。四
蹕◇秦山當警蹕。五　◇兩官各警蹕。十五
率◇長生木瓢示眞率。二　◇藻翰惟牽率。廿
蟀◇流年疲蟋蟀。廿　◇莫度清秋吟蟋蟀。十六
密◇早通交契密。六　◇小雨夜復密。十六　◇宮禁經綸密。十五
◇轉使飛蛾密。十　◇復恐征戍干戈密。十八
筆◇聲華當健筆。十四　◇塵生彤管筆。十六　◇石欄斜點筆。二
◇雕章五色筆。十　◇垂淚方投筆。三　◇波濤良史筆。十四
◇厲階董狐筆。十八　◇來簪御府筆。廿

六　術

術◇爛熳通經術。廿　◇得匪合仙術。十八　◇本無丹竈術。十
述◇惆悵難再述。三
潏◇涇水中蕩潏。四
橘◇此邦千樹橘。四　◇香橙壓金橘。三　◇應訝躭湖橘。十九

七　櫛

蝨（俗作「虱」。）◇世亂如蟣虱。十八

八 物（獨用。）

物◇清動杯中物。十七 ◇亂世輕全物。十七 ◇勞生繫一物。十九
◇陶冶性靈存底物。十七 ◇殘害爲異物。四 ◇君豈棄此物。三
◇故山多藥物。二 ◇豈是池中物。二 ◇王每中一物。十四
◇隱忍用此物。五

勿◇經緯固密勿。四

紱◇聞君已朱紱。二

紼◇長路更執紼。廿

鬱◇孤舟增鬱鬱。廿

十 月（「沒」同用。）

月◇挾矢射漢月。五 ◇三年笛裏關山月。五 ◇秦地應新月。十七
◇暗度南棲月。廿 ◇若無青嶂月。十六 ◇四更山吐月。十七
◇烽火連三月。三 ◇今夜鄜州月。三 ◇勢成擒胡月。四
◇大明韜日月。二 ◇君來必十月。三 ◇蕭灑送日月。三
◇請看石上籐蘿月。十三 ◇織女機絲虛夜月。十三 ◇三峽樓臺淹日月。十三
◇江城帶素月。十八

伐◇詩人厭薄伐。五　◇名不隸征伐。三　◇策行遺戰伐。二
◇國須行戰伐。十五
拔◇友于皆挺拔。二
越◇南瞻安百越。廿　◇奮飛既胡越。二　◇往往坡陀縱超越。二
◇川廣不可越。三　◇衣冠迷適越。十五
鉞◇幾時回節鉞。三
蕨◇今日南湖采薇蕨。十七
闕◇出入暗金闕。五　◇霜天到宮闕。十八　◇鴛鷺迴金闕。十七
◇清笳去宮闕。十七　◇法駕還雙闕。六　◇軒冕羅天闕。二
◇聚斂貢城闕。三　◇佳氣向金闕。四
髮◇朱崖著毫髮。十六　◇飄蕭將素髮。十八　◇服禮求毫髮。一
◇及歸盡華髮。四　◇莫話清溪髮。十六　◇傾壺簫管黑白髮。廿
◇兔應疑鶴髮。十七
發◇重對秦簫發。三　◇秋聽殷地發。六　◇蓄銳可俱發。四
◇霽潭鱣發發。一　◇入門高興發。一　◇冕旒俱秀發。一
◇鳧鷖散亂棹歌發。二　◇客子中夜發。三　◇烈火中夜發。廿
◇砧響家家發。十七　◇貪趨相府今晨發。十六　◇浦帆晨初發。十七
◇嘹唳吟笳發。十七
韈◇垢膩腳不韈。四

謁◇心雖在朝謁。十二　◇獨恥事干謁。三　◇借問頻朝謁。十五
◇願子少干謁。十八　◇臺星入朝謁。十六
歇◇幾年春草歇。一　◇春草何曾歇。十五　◇試待盤渦歇。廿
◇力稀經樹歇。十七　◇江上今朝寒雨歇。十七　◇有瘴非全歇。十七
碣◇旋瞻略恆碣。四

十一　沒

沒◇洛陽初陷沒。十七　◇應沈數州沒。三　◇忍爲塵埃沒。三
◇世儒多汩沒。一　◇百年見存沒。十四　◇生涯相汩沒。廿
◇巖谷互出沒。四　◇浮雲連陣沒。六　◇衾枕成蕪沒。十五
◇西京復陷沒。十九　◇水生春纜沒。十九　◇柴扉雖蕪沒。十九
◇入河蟾不沒。四
骨◇尚思未朽骨。十二　◇青是烽煙白人骨。三　◇自是君身有仙骨。二
◇三年奔走空皮骨。十一　◇衆中見毛骨。廿　◇路有凍死骨。三
◇寒月炤白骨。四　◇五月寒風冷佛骨。十九　◇萬古一骸骨。十八
◇正訴徵求貧到骨。十七
鶻（古忽切。）◇莫作翻雲鶻。三
汩◇浮生有蕩汩。三
渤◇輒擬偃溟渤。三

孛◇胡星一彗孛。十五　◇往者胡星孛。十九

突◇纍纍塠阜藏奔突。二　◇其俗善馳突。四　◇數騎彎弓敢馳突。三

忽◇知歸俗可忽。二　◇伏枕因超忽。十九

笏◇不願論簪笏。一

惚◇道途猶恍惚。四

兀◇夜深殿突兀。三　◇極目高崒兀。三　◇生涯臨臬兀。十八

窟◇吹角向月窟。三　◇天寒飲馬太白窟。三　◇仰穿龍蛇窟。一

◇浮深簸蕩黿鼉窟。二　◇屢得飲馬窟。四

窣◇枝撐聲窸窣。三

卒（倉沒切。急也，遽也。）　◇南過逢倉卒。廿　◇忍待明年莫倉卒。三

◇貧窶有倉卒。三　◇往者散何卒。四

崒◇雄姿逸態何崷崒。二　◇高嶽前崷崒。三　◇煙氛靄崷崒。三

搰◇功夫勤搰搰。十六　◇汲水歲搰搰。七

鶻（戶骨切。）　◇慘淡隨回鶻。四（「鶻」一作「紇」。）

卒（臧沒切，說文：「隸人給事者衣爲卒。」）

◇應念遠戍卒。三　◇未散河陽卒。十四　◇未休關西卒。一　◇幼子飢已卒。三

◇幾日休練卒。四　◇對敭抗（一作「坑」。）士卒。十六

十二　曷（「末」同用。）

褐◇江湖漂短褐。一　◇諸生舊短褐。三　◇與宴非短褐。三

◇顛倒在短褐。四

喝◇誰能卽稱喝。四

怛◇別離憂怛怛。十五

妲◇中自誅褒妲。四

闥◇曉漏追趨青瑣闥。二　◇寂寞白獸闥。四

達◇諫官非不達。一　◇師資謙未達。六　◇此行旣特達。二

◇樹立甚宏達。四　◇對敭期特達。廿

渴◇長卿久病渴。廿　◇庶往共飢渴。三　◇似欲忘飢渴。四

葛◇淒其望呂葛。十六　◇十暑岷山葛。廿　◇樂動殷膠葛。三

十三　末

末◇香稻三秋末。十七　◇司徒天保末。十四　◇我僕猶木末。四

◇欹岸側島秋豪末。三　◇絕筆長風起纖末。八　◇隋朝大業末。廿

抹◇曉妝隨手抹。四

沫◇泥沙捲涎沫。十七

聒◇苦遭此物聒。二　◇甘受雜物聒。四

闊◇野樹浸江闊。十九　◇紫氣關臨天地闊。十五　◇玄圃滄洲莽空闊。十八
◇滄浪水深青冥闊。三　◇狼藉畫眉闊。四　◇白首甘契闊。三
◇封侯意疎闊。三　◇書信中原闊。廿　◇詞場竟疎闊。十四
◇若人才思闊。三　◇所向無空闊。一　◇漂蕩雲天闊。一
◇春去春來洞庭闊。十九　◇青冥猶契闊。二　◇建標天地闊。二
◇碧溪搖艇闊。十六　◇正是炎天闊。廿　◇大雅何寥闊。六
◇文章曹植波瀾闊。廿　◇關山隨地闊。十七

活◇所向泥活活。二　◇實欲邦國活。三　◇於今國猶活。四
◇至今斑竹臨江活。三　◇罪戾寬猶活。十九

奪◇朱門任傾奪。十五　◇時議氣欲奪。四　◇物性固莫奪。三

豁◇此志常覬豁。三　◇坐覺妖氛豁。四　◇開襟野堂豁。十六
◇古堂本買藉疎豁。十七　◇高樓憶疏豁。十七

掇◇澒洞不可掇。三

拔◇友于皆挺拔。二（又見前日韻，與此義不同。）　◇西京不足拔。四

十四　黠（「鍣」同用。）

札◇鄰舍煩書札。十六　◇會面思來札。廿

滑◇蹴踏崖谷滑。三　◇强飯蓴添滑。十九

戛◇羽林相摩戛。三

殺◇正氣有肅殺。四

十六　屑（「薛」同用。）

屑◇平人固騷屑。三　◇臨岐意頗切。四　◇臣甫憤所切。四

切◇汲黯匡君切。九

◇哀痛絲綸切。十五

竊◇李杜齊名眞忝竊。廿

結◇指直不得結。三　◇妻子衣百結。四

潔◇泉香草豐潔。五

節◇前軍蘇武節。四　◇黎民困逆節。十六　◇方丈涉海費時節。十九

◇自罷千秋節。廿　◇主恩前後三持節。十三　◇歸朝送使節。九

◇未能易其節。三　◇朝廷壯其節。三

血（呼決切。）　◇開視化爲血。廿　◇河洛化爲血。十九

◇馬來皆汗血。十五　◇呻吟更流血。四　◇坡陀青州血。十四

◇一步再流血。十六　◇萬里方看汗流血。一　◇驊騮作駒已汗血。二

◇竟流帳下血。廿　◇鋒先衣染血。四

決◇飽肉氣勇決。五　◇壯夫思敢決。三　◇四方服勇決。四

◇不有平川決。十八（又作「快」。）

訣◇家事丹砂訣。廿　◇不忍便永訣。三

駃◇晨溪向虚駃。五（「駃」一作「駛」。）◇林居看蟻穴。十五◇但自求其穴。三
穴◇静因連虎穴。十七◇萬古仇池穴。六◇藏書閶禹穴。六
◇野鼠拱亂穴。四
◇日暮蛟龍改窟穴。九
鐵◇腕促蹄高如踣鐵。一◇壁色立積鐵。七
纈◇内蕊繁於纈。六
茶◇山林托疲茶。十八
嵲◇御榻在嵽嵲。三
咽◇里巷亦嗚咽。三◇悲泉共幽咽。四◇哀笳曙幽咽。五

十七　薛

褻◇反爲後輩褻。十四
卨（字林云：蟲名也。又殷祖也，或作「偰」，又作「契」。）◇竊比稷與契。三
列◇作者皆殊列。十五◇潛身傍行列。二◇衮裯稍羅列。四
◇顧愷丹青列。十六◇馬官廝養森成列。十一
烈◇千騎常撇烈。（一作「撇捩」。）五◇仗鉞奮忠烈。四
◇浩歌彌激烈。三◇時議歸前烈。一◇好學尚貞烈。十四
裂◇交河幾蹴曾冰裂。一◇得非玄圃裂。三◇子規夜啼山竹裂。一
◇疾風高岡裂。三◇蒼崖吼時裂。四◇古邑沙土裂。三

◇石與厚地裂。七

哲◇骨驚畏曩哲。十四　◇宣光果明哲。四

傑◇有美生人傑。一　◇開府當朝傑。二　◇逸羣絶足信殊傑。二

◇愛客滿堂盡豪傑。三

熱◇迴首肝肺熱。七　◇爾曹輕執熱。十六　◇入舟雖苦熱。廿

◇喞泥赴炎熱。三　◇歎息腸內熱。三

折（拗折。）　◇顏回竟短折。十四　◇恐觸天柱折。三

◇無食致夭折。三　◇同惡隨蕩折。四　◇舊繡移曲折。四

◇羈絆心常折。十五　◇我馬骨正折。七

舌◇卻假蘇張舌。廿　◇北斗司喉舌。二

折（斷而猶連也。）　◇麥倒桑枝折。五

滅◇盜賊殊未滅。七　◇況乃胡未滅。三　◇爾曹身與名俱滅。九

◇旌旗晚明滅。四　◇舊遊易磨滅。十四　◇意待犬戎滅。十四

◇昨夜燈火滅。廿　◇死爲星辰終不滅。十八　◇最是楚宮俱寂滅。十三

絶◇尊榮瞻地絶。一　◇哀哉兩決絶。二　◇舞劍過人絶。二

◇放歌頗愁絶。三　◇皇綱未宜絶。四　◇小臣議論絶。十五

◇野人矜險絶。六　◇玉繩迴斷絶。三　◇楚貢何年絶。十五

◇東陵跡蕪絶。十六　◇羈縻固不絶。五　◇其餘七匹亦殊絶。十一

◇縹緲乘險絶。七

◇漸衰那此別。三　◇亂離生有別。十六　◇氣春江上別。廿
◇去遠留詩別。四
設◇崇岡擁象設。三
掣◇一飽則飛掣。三

十八　藥（「鐸」同用。）

藥◇悵望金匕藥。五　◇客病留因藥。十七
躍◇紫鱗衝岸躍。一　◇濤翻黑蛟躍。十九
略◇貧賤人事略。二　◇無由覩雄略。三　◇感君鬱鬱匡時略。廿
腳◇受詞太白腳。三　◇偏袒右肩露雙腳。七　◇深求洞宮腳。五（又作「綠袍崑玉腳」。）
酌◇清夜沉沉動春酌。二
弱◇未憂筋力弱。五　◇俯恐坤軸弱。七
卻◇巾几猶未卻。五
削◇天窄壁面削。七
雀◇屏開金孔雀。一
鵲◇音書恨烏鵲。十五　◇待爾嗔烏鵲。十六　◇南飛有烏鵲。十六
縛◇苦被微官縛。四　◇烏幾重重縛。六
著◇龐眉皓首無住著。七　◇公私各地著。十六

謔◇親賓縱談謔。三

十九　鐸

幕◇擇材征南幕。廿　◇煙火軍中幕。六　◇昔在嚴公幕。廿

寞◇文園終寂寞。十五　◇故人還寂寞。二　◇故人何寂寞。六（贈高式顏「故人還寂寞，削跡共艱虞」、寄高彭州岑虢州「故人何寂寞，今我獨淒涼」兩句，只「還」、「何」二字不同。）　◇滎陽復冥寞。十四　◇白日亦寂寞。五

◇松根胡僧憩寂寞。七　◇絳唇珠袖兩寂寞。十八　◇先帝貴妃俱寂寞。十七

◇聖賢兩寂寞。十九　◇瑤墀侍臣已冥寞。廿　◇玉杯久寂寞。十六

◇遠遊雖寂寞。十七　◇索居尤寂寞。六　◇西伯今寂寞。七

◇及茲嘆冥寞。七

漠◇一去紫台連朔漠。十三　◇兵戈塵漠漠。十五　◇黃塵翳沙漠。二

◇花門騰絕漠。五　◇歡娛兩冥漠。十七　◇霜霰浩漠漠。七

落◇葉裏松子僧前落。七　◇馬驕朱汗落。六　◇楓林纖月落。一

◇居然成濩落。三　◇簷前細雨燈花落。二　◇青松寒不落。十五

◇入來淚俱落。五　◇巫山小搖落。十三　◇居人莽牢落。三

◇送遠秋風落。三　◇爠如羿射九日落。十八　◇生涯已寥落。十五

◇拜舞銀鉤落。十六　◇罘罳朝共落。三　◇壯心久零落。十七

◇不夜楚帆落。十九　◇年年小搖落。十七　◇神女花鈿落。十七

◇瘴癘猿鳥落。十六　◇野花乾更落。十六　◇不違銀漢落。十六
◇不意清詩久零落。廿　◇江城秋日落。十六　◇異獸如飛星宿落。十七
◇鎖石藤稍原自落。十七　◇暗樹依巖落。十七　◇窮秋正搖落。六
◇草木未黃落。七　◇貧病轉零落。七　◇奮怒向我落。七

樂◇諸生頗盡新知樂。三　◇人生半哀樂。三　◇軍中異苦樂。二
◇尚憶同志樂。五　◇入舟翻不樂。十八　◇漫看年少樂。十七
◇亦知故鄉樂。六　◇滿堂慘不樂。十　◇吾徒胡爲縱此樂。九
◇芙蓉旌旗煙霧樂。（「樂」一作「落」。）十七　◇憑幾看魚樂。十
◇水深魚極樂。十七

洛◇胡馬纏伊洛。十四

駱◇舉天悲富駱。六

絡◇繫舟蠻井絡。十七

託◇吾衰將焉託。十五　◇老身須付託。十六

作◇每愁悔吝作。四　◇慷慨嗣眞作。十四　◇近有風流作。十五
◇載聞誦新作。廿　◇向來披述作。十九　◇自蒙蜀州人日作。廿

鑿◇治生且畊鑿。十七

錯◇雲水氣參錯。七

閣◇獨慚投漢閣。五　◇扈聖登黃閣。四　◇故山迷白閣。十五
◇志在麒麟閣。十七　◇明霞爛複閣。三　◇今代麒麟閣。二

◇子雲識字終投閣。二　◇晚就芸香閣。十　◇竟夜伏石閣。五
◇鴛鷺叨雲閣。十六　◇揚子淹投閣。十九
鶚◇鄠杜秋天失鵰鶚。廿
蓴◇自多親棣蓴。一
惡◇南行道彌惡。七　◇信知生男惡。二　◇王生怪我顏色惡。二
◇老夫情懷惡。四
泊◇所親問淹泊。廿　◇多病加淹泊。六（「加」一作「成」。）
◇遭亂實飄泊。廿
薄◇道意久衰薄。五　◇隣好艱難薄。廿　◇春酒杯濃琥珀薄。一
◇遠林暑氣薄。二　◇匡衡抗疏功名薄。十三　◇客子庖廚薄。廿
◇世路知交薄。十七　◇縠虛雲氣薄。十　◇巫峽寒都薄。十七
◇北知崆峒薄。七
壑◇炯如一段清冰出萬壑。八　◇焉知餓死填溝壑。二　◇杖藜雪後臨丹壑。十八
◇發軔在遠壑。五　◇秋風動哀壑。十五
索（蘇各切。）　◇婕妤傳詔才人索。十（杜與白韻叶。）
◇於今獨蕭索。五　◇車馬何蕭索。六
鶴◇歸羨遼東鶴。十六　◇飛來兩白鶴。十六　◇出羣皆野鶴。十八
◇軒墀曾寵鶴。二　◇微月映皓鶴。五　◇東走窮歸鶴。十五
◇古廟杉松巢水鶴。十三　◇飛來雙白鶴。十九　◇晴飛半嶺鶴。十六

昨◇歸逕行已昨。五　◇迸淚幽吟事如昨。廿

諾◇丹砂負前諾。五

霍◇豈惟高衛霍。十九　◇有興入廬霍。五

藿◇試問甘藥藿。十六

郭◇螺蚌滿近郭。一　◇時下萊蕪郭。十四

廓◇已謂殷寥廓。七　◇含悽向寥廓。五　◇合沓高名動寥廓。廿

二十　陌（「麥」、「昔」同用。）

陌◇日色傍阡陌。六　◇垂鞭嚲鞚淩紫陌。十六　◇熊虎亙阡陌。十四

◇靡靡踰阡陌。四　◇拘留蓋阡陌。十三

貊◇從事何蠻貊。廿

白◇月出寒通雪山白。十二　◇憑陵大叫呼五百。一　◇南尋禹穴見李白。一

◇繰絲須長不須白。二　◇昭代將垂白。二　◇飯抄雲子白。二

◇石門霜露白。三　◇越女天下白。十五　◇我嘆黑頭白。十七

◇日轉東方白。十七　◇鴻飛冥冥日月白。十七　◇遠岸秋沙白。十七

◇酒酣耳熱忘頭白。十九　◇曾貌先帝炤夜白。十　◇綵雲陰復白。十六

◇相見各頭白。廿　◇落杵光輝白。十七　◇稻米炊能白。十七

◇別來頭並白。六　◇所以分黑白。六　◇惆悵頭更白。六

◇鹵中草木白。七　◇事與雲水白。十四　◇隴草蕭蕭白。六

◇半頂梳頭白。十六

帛◇窮穀無粟帛。十二　◇彤庭所分帛。三　◇至今分粟帛。廿

◇奈無囊中帛。四

伯◇暫遊阻翁伯。一　◇諸翁乃仙伯。三　◇每趨吳太伯。十五

◇許與必詞伯。十五　◇羣公餞南伯。廿　◇清峻流輩伯。四

柏◇孔明廟前有老柏。十二　◇初聞伐松柏。十八

百◇自公斗三百。七

迫◇難拒幽明迫。三　◇塞望勢敦迫。十四　◇艱難世事迫。三

◇灩澦險相迫。十八　◇旅次展崩迫。十三　◇竟以屢空迫。十八

劇◇晚節慵轉劇。四

屐◇貧窮老叟家賣屐。十八　◇楚岸通秋屐。十七　◇謝氏尋山屐。六

戟◇五年起家列霜戟。二　◇士卒終倒戟。十四　◇空梁簇畫戟。三

◇森疎見矛戟。十八　◇罷酒酣歌拓金戟。十六　◇要路何日罷長戟。十六

◇東郊暗長戟。六

窄◇如覺天地窄。四　◇悵望王土窄。十四　◇縛柴門窄窄。十五

隙◇博涉供務隙。十八　◇接歡隨過隙。廿

逆◇往者胡作逆。廿　◇天地有順逆。三　◇中原氣甚逆。十四

客◇主稱壽尊客。一　◇我亦東蒙客。一　◇淮王門有客。一

◇未爲珠履客。二　◇野老來看客。二　◇無錢從滯客。十七

◇萬里悲秋常作客。十七　◇十載江湖客。十七　◇藻鏡留連客。十七
◇捲簾還炤客。十七　◇一爲歌行歌主客。十九　◇十八足賓客。四
◇傳語桃源客。十六　◇空餘老賓客。十四　◇休怪兒童延俗客。十一
◇年年至日長爲客。十八　◇中軍待上客。十　◇臥疾淹爲客。十八
◇乞米煩佳客。十六　◇城擁朝來客。十　◇不知有主客。十八
◇恥非齊說客。三　◇自古江湖客。十九　◇一飯未曾留俗客。十七
◇南爲祝融客。十九　◇峽內淹留客。十六　◇岸花飛送客。十九
◇艱危作遠客。十九　◇久嗟三峽客。十八　◇迴首江南客。十八
◇欹枕江湖客。十六　◇故人湖外客。廿　◇早作諸侯客。廿
◇愧爲湖外客。廿　◇甫也諸侯老賓客。十六　◇醉里從爲客。四
◇張公一生江海客。五　◇幾年長沙客。六　◇獨臥嵩陽客。六
◇昔年有狂客。六　◇刺船思郢客。二　◇犬迎曾宿客。二
◇遲暮嗟爲客。十五　◇尚爲諸侯客。廿　◇悲甚田橫客。十四

坼◇聞道洪河坼。一　◇欻翻盤渦坼。三　◇東西兩岸坼。十六
◇殿瓦鴛鴦坼。十九　◇壞舟百版坼。十六　◇河梁幸未坼。三

拆◇憑久烏皮拆。十五（「拆」一作「綻」。）

魄◇使我潛動魄。四　◇張弓擬殘魄。十七

赫◇況當朱炎赫。三　◇二十聲輝赫。四

格◇元帥見手格。十四　◇早年見標格。廿

宅◇茲焉其窟宅。三　◇橘井舊地宅。廿　◇豈異神仙宅。六

◇喧呼山腰宅。十三　◇欲歸瀼西宅。十六　◇宋玉歸州宅。十六

◇曾聞宋玉宅。十六　◇荒林庾信宅。十六　◇萬姓始安宅。四

◇高歌卿相宅。十九　◇吹汝江上宅。六

澤◇天子多恩澤。廿　◇是日霜風凍七澤。十九　◇慘澹如荒澤。四

◇每恨陶彭澤。十七

擇◇使臣精所擇。十九

二十一　麥

麥◇哀號待枯麥。四　◇青熒陵陂麥。三　◇野多青青麥。十四

脈◇殷殷尋地脈。三　◇風雷纏地脈。十八

畫（計策切，分也。）　◇愼爾參籌畫。三

薜◇絺衣掛蘿薜。二

責◇至死難塞責。六　◇請罪將厚責。十四

幘◇終日憎赤幘。十三

策◇疲苶苟懷策。十九　◇艱難須上策。三　◇羸老思散策。十八

◇三分割據紆籌策。十三　◇奉辭還杖策。三　◇廟謀蓄長策。三

◇射君東堂策。十四（一作「射策君東堂」。）　◇兒扶猶杖策。十二

◇欲陳濟世策。十六　◇贈爾秦人策。十六　◇經濟慙長策。十五

冊◇閶道傳玉冊。十四

柵◇可以樹高柵。十三

翮◇矯矯避弓翮。六　◇絢練新羽翮。四　◇隨母向百翮。十三

◇念君惜羽翮。三　◇童稚刷勁翮。十四　◇翻然紫塞翮。十四

◇鞲上鋒棱十二翮。十八

隔◇莫怪恩波隔。六　◇向時禮數隔。十四　◇一望幽燕隔。六

◇脫穎物不隔。十四　◇回首如不隔。三　◇驥子春猶隔。三

◇塞蹊使之隔。十三

戹（同「厄」。）◇彼免狐貉戹。十三　◇庶脫蹉跌戹。十八

搤◇詔鎮雄所搤。十四

二十二　昔

昔◇未敢思宿昔。六　◇衰疾悲宿昔。四　◇書此豁平昔。十六

◇圓荷想自昔。一　◇且遇王生慰疇昔。一　◇何由似平昔。三

◇落帆追宿昔。十六　◇禮亦如古昔。十八

舃◇歲滿歸鳧舃。十九

惜◇周南留滯古所惜。十七　◇王子自愛惜。十八　◇曲留明怨惜。十八

◇樹木猶爲人愛惜。十二　◇養生終自惜。十六　◇杉雞竹兔不自惜。十五

◇報與惠連書不惜。十八　◇悲歌時自惜。十六　◇感君意氣無所惜。十九

積◇冠蓋日雲積。四　◇築場看斂積。十七　◇鐵馬雲霧積。三
◇蒼皮成委積。十六
跡◇形制開古跡。一（李邕附。）　◇裁縫滅盡針線跡。二　◇此輩常接跡。六
◇閬風入轍跡。三　◇徒然咨嗟撫遺跡。十八　◇貴戚權門得筆跡。十
◇隴外翻投跡。六　◇問兒所爲跡。十三　◇襄王薄行跡。十七
◇昔遭衰世皆晦跡。十九　◇泥留虎鬭跡。十七
脊◇尤異是龍脊。四
益◇辛勤養無益。十六　◇至尊狩梁益。十四　◇近身見損益。十三
◇駕馭何所益。十八　◇殘花爛熳開何益。二　◇詞賦工無益。二
◇向子識損益。六
驛◇孤峰石戴驛。三　◇江畔長沙驛。廿
懌◇令我心悅懌。十八
易◇萬乘猶辟易。十四　◇四座皆辟易。二　◇駭虎野羊俱辟易。十八
譯◇能事聞重譯。二
釋◇撥煩去冰釋。十三　◇帶甲且未釋。三　◇讜議果冰釋。十四
螫◇誰云遺毒螫。四
尺◇丹陛實咫尺。六　◇低身直下八千尺。十六　◇秉鈞方咫尺。六
◇黛色參天二千尺。十二　◇曠野迴咫尺。三　◇寒衣處處催刀尺。十三
◇小松恨不高千尺。十一　◇一匱功盈尺。一

◇越羅蜀錦金粟尺。二　◇出入由咫尺。十四
斥◇犬戎大充斥。十四　◇邊塞西羌最充斥。廿　◇失意見遷斥。六
赤◇汗溝血不赤。十八　◇內分金帶赤。一　◇巉絕華岳赤。三
◇生子毛盡赤。四　◇山谷落葉赤。六
石◇柯如青銅根如石。十二　◇刻銘天山石。十四　◇秋枯洞庭石。廿
◇徑危抱寒石。二　◇風流散金石。十四　◇下有欲落石。三
◇乳竇號攀石。十五　◇嶕峷清湘石。十九　◇扶顛待柱石。廿
◇其氣心匪石。十三　◇登頓入天石。十八　◇逕隱千重石。十七
◇散蹄迸落瞿塘石。十六　◇漢水饒巨石。四　◇子能渠細石。十七
◇湅泉依細石。十七　◇磎西五里石。七
炙◇殘杯與冷炙。一
適◇浩蕩無與適。三　◇羸骸將何適。十九　◇愚意會所適。三
◇狂走終奚適。廿　◇肅肅自有適。十四　◇顧慚昧所適。三
◇冒暑初有適。十八　◇飄然斑白身奚適。十九　◇灌園曾取適。十九
◇告我欲遠適。四　◇出門無與適。六
擲◇諸侯非棄擲。六　◇令入不得擲。十三
磧◇官場羅鎮磧。六　◇意無流沙磧。十四
席◇淚下流衽席。三　◇罷琴惆悵月照席。一　◇歸當再前席。三
◇天子正前席。四　◇觜爪還汙席。十三　◇終當掛帆席。十九

◇隱幾看帆席。廿

夕◇披霧初歡夕。一　◇羣鳥自朝夕。十四　◇愁思胡笳夕。三

◇寧聞倚門夕。六

穸◇嗚呼就窀穸。十四

籍◇共通金閨籍。六　◇謬通金閨籍。四　◇途中非阮籍。十五

◇釣瀨疎墳籍。十五　◇山居精典籍。十七　◇嘆彼幽棲載典籍。十七

◇名在飛騎籍。九

藉◇藥餌虛狼藉。十五　◇杯盤頗狼藉。十八　◇列郡宜競借。十八

闢◇又重田疇闢。十八　◇帳殿涇渭闢。十四

役◇斂衽就行役。四　◇丈夫死百役。十九　◇貴賤俱物役。一

◇復領太原役。十四　◇不肯妄行役。十八

辟◇幕府初交辟。十五

甓◇能吏逢聯甓。一

僻◇弔影夔州僻。十五　◇作尉窮穀僻。三　◇枕簟入林僻。一

◇氣合無險僻。十八　◇山險風煙僻。十七　◇渚柳原幽僻。廿

◇人生行處僻。十七（一作「人煙生處僻」。）　◇人見幽居僻。十七

癖◇蔡子勇成癖。三　◇飽聞春秋癖。十四

射◇裂下鳴機色相射。二　◇有似懼彈射。三　◇自擬紅顏能騎射。十六

碧◇萬草千花動凝碧。二　◇晚來山更碧。三　◇叢篁低地碧。六

◇鳳池日澄碧。十　◇寵光蕙葉與多碧。十六　◇樝梨且綴碧。十六
◇滿歲如松碧。十六　◇已見楚山碧。四

二十三　錫（獨用。）

錫（此韻字工部與陌韻押。）◇上公猶寵錫。三
析◇君必慎剖析。六　◇一一當剖析。十三
晳◇不必須白晳。十三
淅◇朔風鳴淅淅。十七
激◇忠臣詞憤激。六　◇別意終感激。四　◇高興潛有激。十八
◇動靜隨所激。三　◇君能微感激。一　◇義聲紛感激。二
◇風騷共推激。二
擊◇懷新目似擊。二　◇鷙鳥恣遠擊。十四　◇包蒙欣有擊。二
◇盛夏鷹隼擊。三
靂◇飛動摧霹靂。二　◇龍池十日飛霹靂。十一
櫪◇馬嘶思故櫪。六
歷（或作「曆」。）◇諸家憶所歷。三　◇晝地求所歷。十八
曆◇坐知七曜曆。三
瀝◇曾冰生淅瀝。三　◇爽氣春淅瀝。十四
的◇前途猶準的。十八

覓◇得錢卽相覓。二

冪◇嶠穿蘿蔦冪。十八

壁◇返炤入江翻石壁。十六　◇强飯取崖壁。十八　◇層軒俯江壁。十三

◇傲睨俯峭壁。三　◇業白出石壁。二　◇宋公放逐曾題壁。十九

◇其王轉深壁。十四　◇東郡時題壁。十五　◇東得平岡出天壁。十六

◇烏蠻落照銜尺壁。十九　◇梟梟啼虛壁。十七　◇石泉流暗壁。十七

闃◇人間夜寥闃。二　◇信宿遊衍闃。三

戚◇堂上會親戚。四　◇裴鄭非遠戚。十八　◇宅相榮姻戚。一

◇魍魎森慘戚。三

慼◇亂離減憂慼。十三　◇城郭洗憂慼。十八

二十四　職（「德」同用。）

職◇中丞連帥職。廿

織◇貝錦無停織。六

直◇不過輸鯁直。十五　◇兩行秦樹直。二　◇達士如弦直。十八

◇三人並入直。十　◇清秋便寓直。二　◇相許寧論兩相直。二

◇朗鑒存愚直。廿　◇金錯旌竿滿雲直。十八

力◇難假黿鼉力。一　◇不謂矜餘力。一　◇方知象教力。一

◇扶持自是神明力。十二　◇邊城有餘力。二　◇羣公分戮力。十九

◇自驚衰謝力。十九　◇三尺角弓兩斛力。十八　◇生男墮地腰膂力。十八

◇汝等豈知蒙帝力。五　◇出處各努力。六

食◇終然忝旅食。十六　◇去年米貴闕軍食。十九　◇應過數粒食。廿

◇無家對寒食。三　◇臨餐吐更食。十五　◇至尊方旰食。三

◇遲暮少寢食。十六　◇汝曹又宜列土食。十七　◇虛霑周擧爲寒食。十九

◇盤飧老夫食。十七　◇日斜魚更食。十七　◇幾年逢熟食。十六

◇飛鳥數求食。十九　◇舟子廢寢食。十九　◇宗臣則廟食。廿

◇鱗介腥膻素不食。廿　◇胡爲困衣食。十九

息◇黎元愁痛會蘇息。廿　◇今日知消息。三　◇勞心依憩息。十八

◇去住彼此無消息。三　◇鳳林戈未息。六　◇因君問消息。三

◇黃鵠去不息。一　◇農夫田婦無消息。二　◇細人尚姑息。十二

◇越裳翡翠無消息。十三　◇時危無消息。十六　◇軍旅應都息。十六

◇干戈浩未息。十六　◇鼎魚猶假息。四　◇天高無消息。廿

◇征夫不遑息。廿　◇戎馬日衰息。十六　◇無家問消息。十七

◇故國三年一消息。十八　◇閉口休歎息。六　◇客去亦不息。六

植◇已忝歸曹植。一

殖◇客居暫封殖。十六

識◇得喪初難識。十九　◇麟角鳳嘴世莫識。二　◇佳士欣相識。廿

◇谷口舊相識。二

飾◇終然備外飾。十八

拭◇菱葉荷花淨如拭。二

極◇清渭無情極。六　◇飲酣視八極。十五　◇何大龍鍾極。六

◇向來幽興極。二　◇被堅執銳略西極。二　◇愛其謹潔極。十四

◇感激動四極。十四　◇江水江花豈終極。三　◇流涕灑丹極。十二

◇華聲夾宸極。十五　◇勇猛爲心極。十五　◇喜心翻倒極。三

◇臨老羈孤極。三　◇北風破南極。十九　◇何時有終極。六

◇犬戎鎖甲聞丹極。十八

測◇沈竿續蔓深莫測。二　◇廟筭高難測。十五

憶◇徐州禿尾不足憶。九　◇彫蟲蒙記憶。十五

億◇至尊内外馬盈億。二

臆◇初欣寫胸臆。六　◇人生有情淚沾臆。三　◇遠客中宵淚沾臆。十八

色◇崔侯初筵色。三　◇肯借荒亭春草色。十一　◇門闌多春色。一

◇香汗清塵汙顏色。二　◇棘樹寒雲色。二　◇浮雲不負青春色。十六

◇蹉跎暮容色。二　◇天地黤慘忽異色。二　◇苑中萬物生顏色。三

◇映階碧草自春色。七　◇秘書茂松色。十四　◇京兆空柳色。十四

◇登臨多物色。十五　◇惡灘寧變色。十八　◇竹風連野色。九

◇江上亦秋色。十七　◇王生早曾拜顏色。十八　◇京華應見無顏色。十七

◇牛馬行無色。十八　◇迴塘淡暮色。十九　◇青青嘉蔬色。十六

◇國帶煙塵色。十六　◇去棹依顔色。十六　◇蕭颯灑秋色。十六
◇暫起柴荆色。十六　◇一命須屈色。十六　◇肉食哂菜色。十六
◇天地慘慘無顔色。十八　◇戈鋌開雪色。五　◇頗帶憔悴色。六

濇◇霧雨銀章濇。十五

棘◇已經百日竄荆棘。三　◇宿昔長荆棘。六

翼◇歸鳥盡斂翼。六　◇一箭正墜雙飛翼。三　◇鵬圖仍矯翼。廿
◇十年猶塌翼。十六

翊◇吾客左馮翊。廿

稷◇今朝漢社稷。三　◇力難及黍稷。三　◇獨使至尊憂社稷。十三

逼◇歲暮飢凍逼。六　◇山鬼幽憂雪霜逼。十八　◇天闕象緯逼。一
◇雲霄今已逼。二　◇見愁汗馬西戎逼。十三

域◇心在水晶域。三　◇猛將收西域。十五　◇異花開絶域。二
◇古來於異域。三　◇八荒開壽域。二　◇漢庭和異域。十九

洫（況逼切。「況逼切」難爲聲。）◇秋水通溝洫。一

仄◇劍池石壁仄。十五

側◇遠歸兒侍側。廿　◇迴輦隨君侍君側。三　◇掉頭紗帽側。十七
◇虎牙銅柱皆傾側。十八　◇仰看日車側。七

二十五　德

德◇文王日儉德。十七
得◇繡羽銜花他自得。十九　◇寶鏡羣臣得。廿　◇去去才難得。六
◇血污遊魂歸不得。三　◇老樹空庭得。六　◇數莖白髮那拋得。二
◇衆人貴苟得。二　◇刻泥爲之最易得。十九　◇老樹空虛得。一
◇官是先鋒得。三　◇長葛書難得。十五　◇烈士惡苟得。十九
◇少長樂難得。廿　◇神仙中人不易得。十九　◇乞降那再得。五
◇人生會面難再得。十七（叶音獨。）　◇富貴必從勤苦得。十七
◇天下風塵兒亦得。十八　◇祇殘鄴城不日得。五
則◇危邦壞法則。十九　◇自我一家則。十四　◇政用疎通合典則。八
◇深哀（一作「衷」。）見士則。廿
勒◇白馬嚼嚙黃金勒。三
貸◇愛日恩光能借貸。十七（又見隊韻。）
刻◇微生霑忌刻。二　◇隨肩趨漏刻。三
特◇吾非丈夫特。廿　◇吾丈特英特。廿
黑◇熱雲集曛黑。廿　◇天涯稍曛黑。十七　◇紫崖奔出黑。十七
◇片雲頭上黑。二　◇出號江城黑。十　◇崆峒殺氣黑。十五
◇士苦形骸黑。六　◇楚星南天黑。十六　◇下歸無極終南黑。二

◇禾頭生耳黍穗黑。二
◇子何面黧黑。十六
◇香漂菰米沉雲黑。十三

◇峰巒窈窕溪谷黑。十八
◇欲別向曛黑。六

墨◇縱使盧王操翰墨。九
◇計疎疑翰墨。二

賊(昨則切。)
◇主憂急盜賊。廿
◇朝廷防盜賊。十六

◇衣冠兼盜賊。十七
◇聖朝兼盜賊。十
◇八荒十年防盜賊。十八

塞(蘇則切。)
◇婕妤傳詔才人索。十一(杜叶所革切。)

◇物微限通塞。十九
◇磊塊共充塞。三(三川水漲叶與「谷」、「陸」同韻。)

北◇白狗斜臨北。十七
◇胡人愁逐北。二
◇幾度寄書白鹽北。十八

◇朝廷燒棧北。十
◇嵯峨閶門北。十五
◇薊門誰自北。六

◇欲往江南忘江北。三
◇絕塞烏蠻北。十五
◇桂江流向北。廿

◇東屯大江北。十六
◇雲障寬江北。十八
◇皇輿三極北。廿

◇雨來銅柱北。廿
◇所思注東北。十六
◇無勞問河北。十七

◇萬里黃山北。十七
◇白鹽危嶠北。十七
◇安可限南北。六

◇陰散陳倉北。六

踣◇忽謂陰崖踣。三(杜與屋韻叶。)

國◇放逐來上國。六
◇秋風欻吸吹南國。十八
◇瘴餘夔子國。十七

◇久遊巴子國。十七
◇柏公鎮夔國。十六
◇西戎外甥國。六

◇丈夫誓許國。二
◇是非張相國。十四
◇稍喜臨邊王相國。十三

◇道國洎舒國。十八
◇戰連脣齒國。十六
◇十年戎馬暗南國。七

◇殘年傍水國。十九　◇春水滿南國。十九　◇一生富貴傾邦國。十八

劾◇臺中領舉劾。六

二十六　緝（獨用。）

十◇蒼茫城七十。六　◇記一不識十。三

拾◇省郎京尹必俯拾。八

襲◇百憂復相襲。三

集◇抱病昏妄集。三　◇正宜且聚集。十八　◇且隨諸彥集。二

◇事殊興極憂思集。二　◇滄江漁子清晨集。九　◇塞雁與時集。廿

入◇頗覺聰明入。三　◇昔去唯憂亂兵入。十一　◇過客逕須愁出入。十一

◇乃是蒲城鬼神入。三　◇官軍請深入。四　◇枉道祇從入。一

◇短褐風霜入。一　◇醒酒微風入。二　◇日斜鵩鳥入。十四

◇洑流何處入。二　◇琉璃汗漫泛舟入。二　◇竟能盡說諸侯入。十五

◇撐挨波濤挺叉入。九　◇補闕暮徵入。三　◇聞道和親入。十九

◇時徵俊乂入。十七　◇前輩飛騰入。十五　◇青春復隨冠冕入。五

◇胡虜三年入。十八

濕◇越女紅裙溼。二　◇碧山晴又溼。三　◇元氣淋漓障猶溼。三

◇香霧雲鬟溼。三　◇泱莽后土溼。三　◇秋畊屬地溼。十六

◇礎潤休全溼。十七

及◇末契有所及。三　◇美名人不及。二　◇故人憂見及。十二
◇惡風白浪何嗟及。二　◇前林騰每及。十七　◇頻繁命屢及。廿
蟄◇義動修蛇蟄。三　◇龍蛇不成蟄。十七
立◇本朝再樹立。十九　◇屈强泥沙有時立。九　◇與語才傑立。三
◇繡衣春當霄漢立。八　◇功名不早立。十三　◇漁翁瞑踏孤舟立。三
◇筆飛鸞聳立。一　◇居然赤縣立。三　◇恐汝後時難獨立。二
◇細雨荷鋤立。十六
粒◇碧酒隨玉粒。三　◇香稻啄餘鸚鵡粒。（「粒」一作「粟」。）三
◇萬事紛糾猶絕粒。十二
急◇宣命前程急。三　◇皂鵰寒始急。一　◇峽口風常急。十六
◇涼風蕭蕭吹汝急。二　◇反思前夜風雨急。三　◇泉聲聞復急。三
◇喚起搔頭急。十五　◇聞呼向禽急。三　◇時危人事急。十六
◇天清小城擣練急。十六　◇哭廟悲風急。六　◇攝網提綱萬魚急。九
◇峽險江驚急。十七　◇羽書還似急。六
給◇家貧無供給。廿　◇萬里煩供給。十五　◇庶修以賙給。三
級◇奮飛超等級。二
泣◇慰我垂白泣。三　◇臨風三嗅馨香泣。二　◇路人紛雨泣。二
◇眞宰上訴天應泣。三　◇内人紅袖泣。三
澁◇霧雨銀章澀。十五　◇世梗悲路澁。三

戢◇既飽更思戢。三　◇半死半生猶戢戢。三

邑◇舍弟卑棲邑。一　◇近聞下詔喧都邑。二　◇悽愴郇瑕邑。廿

◇衡山雖小邑。廿

二十七　合（「盍」同用。）

合◇華夷相混合。六　◇山險風煙合。十七（「合」一作「僻」。）

◇家聲蓋六合。廿　◇兩情顧眄合。廿　◇下云風雲合。廿

◇萬姓瘡痍合。廿　◇塤篪鳴自合。廿

颯◇歸路翻蕭颯。二

沓◇權門多噂沓。一

雜◇清關塵不雜。一　◇竟與蛟螭雜。二

帀（匝）　◇馬頭金匼匝。三

二十八　盍

闔◇使者求顏闔。二　◇煙塵繞閶闔。十七

榻◇還將徐孺榻。十九

塌（不列「塌」字，何也？）　◇忽憶雨時秋井塌。三

二十九 葉（「帖」同用。）

葉◇青青高槐葉。十六 ◇隨風且間葉。廿 ◇清霜洞庭葉。廿

◇丈人嗣三葉。十八 ◇本自依迦葉。十五 ◇念茲空長大枝葉。二

◇醉把青荷葉。一 ◇風雨秋一葉。十四 ◇甘子陰涼葉。十五

接◇尪羸愁應接。十六 ◇珍重分明不來接。廿 ◇愴惻槐里接。十四

楫◇時聞繫舟楫。十六 ◇南紀阻歸楫。十四 ◇由來具飛檝。十五

◇吹花困嬾傍舟楫。廿 ◇和風引桂楫。十九 ◇山雉迎舟楫。廿

涉（徒行渡水也。「涉」字又見後，當從此義。） ◇碧海眞難涉。二

獵◇幾時陪羽獵。二 ◇火焚乾坤獵。十四

捷◇書記赴三捷。二 ◇側驚猿猱捷。廿 ◇公又大獻捷。十四

妾◇思明僞臣妾。十四

三十 帖

貼◇千里初妥帖。十四

蝶◇花羅封蛺蝶。九 ◇花妥鶯捎蝶。二

頰◇色好梨勝頰。十五

愜◇幽意忽不愜。二 ◇流寓理豈愜。三 ◇愁寂意不愜。十四

◇旅懷殊不愜。六

篋◇將來洗箱篋。十四

堞◇長城埽遺堞。十四

諜◇兵家忌間諜。六

疊◇烈士痛稠疊。十四

涉（血流皃。）　◇碧海眞難涉。二　◇采詩倦跋涉。廿

◇未濟失利涉。十四　◇我行匪利涉。十九

三十一　洽（「狎」同用。）

峽◇稍下巫山峽。十七　◇日見巴東峽。十七　◇天寒出巫峽。十六

◇劍門來巫峽。十六　◇積水駕三峽。十二　◇灑涕巴東峽。十四

◇蜀主窺吳幸三峽。十三　◇聽說松門峽。十七　◇煙雨封巫峽。十九

◇終年常起峽。十七　◇鄙夫到巫峽。十八　◇萬里瞿塘峽。十六

◇返炤開巫峽。十六　◇有客歸三峽。十八

三十二　狎

匣◇零落蛟龍匣。十四　◇雄劍鳴開匣。十五

壓◇九廟起頹壓。十四

甲◇上請減兵甲。廿　◇背峭奔赤甲。十六　◇未聞細柳散金甲。十七

◇丈夫則帶甲。三　◇北收晉陽甲。十四　◇五雲高太甲。十八

◇雨拋金鎖甲。二　◇貔虎間金甲。六

三十三　業（「乏」同用。）

業◇再光中興業。七　◇沖融標世業。廿　◇盛名富事業。廿
◇道國繼德業。十八　◇黎首見帝業。十四　◇九農成德業。十七
◇賴有蘇司業。二　◇煌煌太宗業。四　◇榮華敵勳業。十五
◇南宮載勳業。十五　◇舊與蘇司業。十七

脅◇薊北斷右脅。十

怯◇小敵信所怯。十四　◇遲廻度隴怯。六　◇虛疑皓首銜泥怯。十六
◇水光風力俱相怯。廿（杜與「葉」叶。）

刧◇巴蜀倦剽刧。十六

三十四　乏

法◇未試囊中餐玉法。三　◇已用當時法。六

卷一百五十二　山海經物類編略〔一〕

傅山曰：山海經不但物類奇瑰，卽文字之古峻，皆後世文人不能擬肖。或曰：「荒唐之言也。」余曰：平實之言，無足駴。少所見，多亦怪，見橐駞，言馬踵背。如此輩人，舉世皆是也。故山海經之義息矣。以山海經爲不可信者，爾雅亦不可信也。歷代史載方國出產，以爲眞耶，安耶？故通儒奇士，而後可讀山海經。讀山海經已難其人矣，而況讀莊子者乎？以實爲誕矣，能以誕爲誕乎？

菴主曰：冬夏有雪之山三：西申首之山，北姑灌之山、空桑之山。貧道寒骨所宜，冰魂欲往。

穰之物三

西次三經，泰器之山，觀水出焉，西流注於流沙。是多文鰩魚，狀如鯉魚，魚身而鳥翼，蒼文而白首，赤喙，常行西海，遊于東海，以夜飛。其音如鸞，其味酸甘，見則天下大穰。

玉山，有獸焉，狀如犬而豹文，其角如牛，其名曰狡，其音如吠犬，見則其國大穰。

東次四經，欽山，有獸焉，其狀如豚而有牙，名曰當康，見則天下大穰。

〔一〕此篇據中國科學院圖書館藏手稿膠卷整理，由柯愈春先生釋文。

不飢之物四

南次三經，侖者之山，有木焉，狀如穀而赤理，其汁如漆，其味如飴，食者不飢，名曰白䓘。又可釋勞，又可血玉。

西次三經，峚山，其上多丹木，員葉而赤莖，黄華而赤實，〔一〕其味如飴，食之不飢。

北次三經，馬成之山，有鳥焉，狀如烏，首白而身青、足黄，名曰鶌鶋。其鳴自詨，食之不飢。

南首經，招搖之山，有草焉，狀如韭而青花，其名曰祝餘，食之不飢。此條原在前，誤落後。祝餘，或作桂茶。璪注曰：「韭，音九。」爾雅云：「霍山亦多之。」傅山曰：爾雅釋草：「霍山韭。」郭注共注其四物，曰：「今山中多有此菜。」無「霍山亦多之」文。以「藿」作「霍」，以「藿爲山之韭」作「霍山之韭」，可笑。

青羊菴主曰：白䓘、丹木、祝餘，皆草木可食。鶌鶋則血肉矣。殺食血肉之物，以求不飢，貧道不如喫猪羊肉。

已憂之物三

北首經，帶山，彭水出焉。中多儵魚，其狀如鷄而赤毛，三尾、六足、四首，其音如鵲，食之可以已憂。儵，音由。

中首經，牛首之山，有草焉，名曰鬼草，其葉如葵而赤莖，其秀如禾。服之不憂。又已勞。

霍山，有獸焉，狀如貍而白尾，有鬣，名曰朏朏，養之可以已憂。

〔一〕「實」，原稿作「食」，據山海經校注上海古籍出版社一九八〇年七月版改。

菴主曰：夒端，如終南、湞洞不可掇，儵魚、鬼草、朏朏，可已未？

釋已勞之物四

南次三經，侖者之山，有木焉，狀如穀而赤理，其汗如漆，其味如飴，食者可以釋勞，其名曰白䓘。又不飢。

西次三經，不周之山，爰有嘉果，其實如桃，其葉如棗，黄華而赤柎，食之不勞。

西次三經，崑崙之丘，是實惟帝之下都，有草焉，名曰蕡草，其狀如葵，其味如葱，食之已勞。

中首經，牛首之山，有草焉，名曰鬼草，其葉如葵而赤莖。

菴主曰：蕡草味如葱，可嚙。人告貧道，諼草根子可作果食。遂掘得，削之如冰玉，亦脆嫩可嚙，但味餘帶蒜臭，則廢不復采。若少加鹽醯爲俎，當雋于蒜耳。諼草，原名鹿葱。

已狂之物二

西次三經，泰器之山，觀水出焉。是多文鰩魚，狀如鯉魚，魚身而鳥翼，蒼文而白首，赤喙，常行西海，游于東海，以夜飛。其音如鸞鷄，其味酸甘，食之已狂。又見穰。

北首經，北嶽之山，諸懷之水出焉，其中多鮨魚，魚身而犬首，其音如嬰兒，食之已狂。

北次三經，陽山，有獸焉，狀如牛而赤尾，其頸腎，其狀如勾瞿，其名曰領胡。其鳴自詨，食之已狂。頸上有腎。勾瞿，斗也。

宜子孫之物三

南首經，杻陽之山，有獸焉，狀如馬而白首，其文如虎而赤尾，其音如謡，其名曰鹿蜀，佩之宜子孫。佩帶其皮毛。

西次三經，崇吾之山，有木焉。員葉而白柎，赤葉而黑理，其實如枳，食之宜子孫。今江東人呼草木子房爲柎，音府。一曰花下蕚，音夫。

中次三經，青要之山，有鳥焉，名曰鴢，狀如鳧，青身而朱目，赤尾，食之宜子。朱，淺赤色。

旱之物十有三　蝗之物一

南次三經，雞山，黑水出焉。其中有鱄魚，其狀如鮒而彘毛，其音如豚，見則天下大旱。鱄，音團。

又東四百里曰令丘之山，有鳥焉，其狀如梟，人面四目而有耳，其名曰顒，其鳴自號也，見則天下大旱。

西經，大華之山，削成而四方，其高五千仞，廣十里，鳥獸莫居。有蛇焉，名曰肥螘，六足四翼，見則天下大旱。

西次三經，鍾山，其子曰鼓，其狀如人面而龍身，是與欽䲹殺葆江于崑崙之陽，帝乃戮之鍾山之東，鼓化爲鵕鳥，其狀如鴟，赤足而直喙，黄文而白首，其音如鵠，見則其邑大旱。

西次四經，崦嵫之山，有獸焉，狀馬身而鳥翼，人面蛇尾，是好舉人，名曰孰湖。有鳥焉，其狀如鴞而人面，蜼身犬尾，見則其邑大旱。

北山經，渾夕之山，有蛇，一首兩身，名曰肥遺，見則其國大旱。

北次三經，錞于毋逢之山，是有大蛇，赤首白身，其音如牛，見則其邑大旱。

東山經，栒狀之山，有鳥焉，其狀如鷄而鼠毛，〔一〕其名曰蚩鼠，見則其邑大旱。蚩，音咨。

獨山，末塗之水出焉，其中多條蛹，其狀如黄蛇，魚翼，出入有光，見則其邑大旱。條蛹，條容。

東次二經，姑逢之山，有獸焉，其狀如狐而有翼，其音如鴻雁，其名曰獙獙，見則天下大旱。

東次四經，女烝之山，膏水出焉，其中多薄魚，其狀如鱣魚而一目，其音如歐，見則天下大旱。

子桐之山，子桐之水出焉，其中多鰨魚，其狀如魚而鳥翼，出入有光，其音如鴛鴦，見則天下大旱。鰨，音滑。

中次二經，鮮山，鮮水出焉，中多鳴蛇，其狀如蛇而四翼，其音如磬，見則其邑大旱。

東次二經，餘峩之山，有獸，狀如菟而鳥喙，鴟目，蛇尾，見人則眠，名曰犰狳，其鳴自訆，見則螽蝗爲敗。犰狳、仇餘二音。

水之物九

南次二經，長右之山，無草木，多水。有獸焉，其狀如禺而四耳，其名長右，其音如吟，見則其郡縣大水。

西次三經，首崇吾之山，有鳥焉，其狀如鳧而一翼一目，相得乃飛，名曰蠻蠻，見則天下大水。

〔一〕「鼠」，原稿作「赤」，據山海經改。

西次三經，玉山，有鳥焉，其狀如翟而赤，名曰勝遇，是食魚，其音如錄，見則其國大水。勝，音姓。錄，義未詳。

西次四經，邽山，濛水出焉，中多黃貝，蠃魚，魚身而鳥翼，音如鴛鴦，見則其邑大水。

東山首經，犲山，其上無草木，其下多水，有獸焉，狀如夸父而彘毛，其音如呼，見則天下大水。

東次二經，空桑之山，有獸焉，狀如牛而虎文，其音如欽，其名曰軨軨，其鳴自叫，見則天下大水。

東次四經，剡山，有獸焉，狀如彘而人面，黃身而赤尾，名曰合窳，其音如嬰兒。是獸也，食人，亦食蟲蛇，見則天下大水。

中次二經，陽山，陽水出焉，中多化蛇，狀如人面而豺身，鳥翼而蛇行，其音如叱呼，見則其邑大水。

中次三經，敖岸之山，有獸焉，狀如白鹿而四角，名曰夫諸，見則其邑大水。

兵之物九　禦兵之物五

西次二經，鹿臺之山，有鳥焉，狀如雄鷄而人面，名曰鳧徯，其鳴自叫也，見則有兵。

小次之山，有獸焉，狀如猿而白首，赤足，名曰朱厭，見則大兵。

西次三經，鍾山，其子曰鼓，其狀如人面而龍身，是與欽䲹殺葆江于崑崙之陽，帝乃戮之鍾山之東，曰嶢崖，欽䲹化爲大鶚，其狀如鵰而黑文白首，赤喙而虎爪，其音如晨鵠，見則有大兵。鼓，見旱類。

槐江之山，有天神焉，狀如牛而八足，二首，馬尾，其音如勃皇，見則其邑有兵。勃皇，未詳。

西次四經，鳥鼠同穴之山，渭水出焉，中多鰠魚，狀如鱣魚，動則其邑有大兵。

中次九經，蛇山，有獸焉，狀如狐而白尾，長耳，名㹮狼，見則國内有兵。一作有亂。

熊山，有穴焉，熊之穴，恆出神人，夏啟而冬閉。是穴也，冬啟乃必有兵。今鄭西北有鼓山，下有石鼓象，縣著山旁，鳴則有軍事。與此穴殊象同應。

中次十一經，倚帝之山，有獸焉，狀如鼣鼠，白耳白喙，名曰狙如，見則其國有大兵。鼣，音吠。

歷石之山，有獸焉，狀如貍而白首虎爪，名曰梁渠，見則其國有大兵。歷，或作磨。

西次四經，中曲之山，有獸焉，狀如馬而白身黑尾，一角，虎牙爪，音如鼓音，其鳴曰駮，是食虎豹，可以禦兵。養之辟兵兵刃也。爾雅說駮不道有角及虎爪，駮在猬狩畫中。

北首經，虢山，其鳥多寓，狀如鼠而鳥翼，其音如羊，可以禦兵。

中次三經，騩山，正回之水出焉，其中多飛魚，狀如豚而赤文，服之可以禦兵。又不畏雷。

中次七經，大菩之山，有草焉，其狀葉如榆，方莖而蒼傷，其名曰牛傷，其根蒼文，服者可以禦兵。又不厥。厥，逆氣病。

少室之山，休水出焉，其中多鯑魚，狀如盩蜼而長距，足白而對，食者可以禦兵。盩蜼對，未詳。盩，音侜。又無蠱疾。

火之物二　禦火之物八

西次三經，章莪之山，有鳥焉，其狀如鶴，一足，赤文，青質而白喙，名曰畢方，其鳴自呼，見則其邑有譌火。譌，亦妖訛字。

中次十一經，鮮山，有獸焉，其狀如膜犬，赤喙，赤目，白尾，見則邑有火，名曰狢即。狢，音移。

西首經，小華之山，鳥多赤鷩，可以禦火。即少華山。赤鷩，山鷄之屬，胸腹洞，赤冠，金背，黄頭，緑尾，中有赤毛，彩鮮明。音作蔽，亦作鼈。

翠山，鳥多鸓，狀如鵲，赤黑而兩首四足，可以禦火。

西次四經，崦嵫之山，其上多丹木，其葉如穀，其實大如瓜，赤符而黑理，可以禦火。又食之已癉。

北首經，帶山，有獸焉，其狀如馬，一角有錯，其名曰䑏疏，可以辟火。言角有甲錯也，或作歷。音歡。

涿光之山，囂水出焉，而西流注于河。其中多鰼鰼之魚，其狀如鵲而十翼，鱗皆在羽端，其音如鵲，可以禦火。鰼，音袴褶之褶。又食之不癉。

中次九經，崌山，有鳥焉。狀如鴞而赤身白首，其名曰竊脂，可以禦火。今呼小青雀曲嘴肉食者爲竊脂，疑此非也。

中次十一經，丑陽之山，有鳥焉。其狀如烏而赤足，名曰駅餘，可以禦火。駅，音如枳柑之枳。

中經十二，即公之山，有獸焉，狀如龜而白身，赤首，名曰蛫，是可以禦火。蛫，音詭。

疫之物四　已癘疫之物六

東次二經，碅山，有鳥焉，其狀如鳧而鼠尾，善登木，其名曰絜鉤，見則其國多疫。

東次四經，太山，有獸焉，其狀如牛而白首，一目而蛇尾，其名曰蜚。行水則竭，行草則死，見則天下大疫。

中次十經，復州之山，有鳥焉，狀如鴞而一足，彘尾，其名曰跂踵，見則其國大疫。

中次十一經，樂馬之山，有獸焉，其狀如彙，赤如丹火，其名曰⿰犭戾，見則其國大疫。⿰犭戾，音戾。

西首經，浮山，有草焉，名曰薰草，麻葉而方莖，赤華而黑實，臭如蘼蕪，佩之可以已癘。

北次三經，咸山，條菅之水出焉。其中多器酸，三歲一成，食之已癘。

東首經，栒狀之山，浞水出焉。其中多箴魚，其狀如儵，其喙如箴，食之無疫疾。

東次二經，葛山之首，澧水出焉。其中多珠蟞魚，其狀如肺而有目，六足，有珠，其味酸甘，食之無癘。呂氏春秋曰：「澧水之魚，名曰朱鱉，六足，有珠，魚之美也。」

中次十一經，堇理之山，有鳥焉，其狀如鵲，青身白喙，白目白尾，名曰青耕，可以禦疫，其鳴自叫。

從山，從水出于其上，潛于其下。其中多三足鼈，枝尾，食之無疫。又無蠱。

禦凶之物六

孟槐注曰：「凶，邪氣也。」

西次三經，陰山，有獸焉，狀如貍而白首，名曰天狗，其音如榴，可以禦凶。貍，或作豹。榴，或作猫。

翼望之山，鵸鵌可以禦凶。又不厭。又有獸焉，狀如貍，一目而三尾，名曰讙，音如奪百聲，是可以禦凶。又已癉。讙，或作原。言其能作百種物聲也。或曰奪百，物名，亦未詳。

西次四經，英鞮之山，涴水出焉。多冉遺之魚，魚身蛇首，六足，其目如馬耳，食之可以禦凶。又不眯。

北首經，譙明之山，有獸焉，狀如貆而赤豪，音如榴榴，名曰孟槐，可以禦凶。是山也，多青雄黄。

中七經，講山，有木焉，名曰帝屋，葉狀如椒，反傷赤實，可以禦凶。反傷，刺下勾也。

風之物二　不風之物一

北首經，獄法之山，有獸焉，其狀如犬而人面，善投，見人則笑，名曰山㺐，其行如風，見則天下大風。

中次十一經，依軲之山，有獸焉，狀如犬，虎爪有甲，其名曰獜，善駚坌，食者不風。不畏天風。有甲，有鱗甲也。駚坌，跳躍自撲也。鞅奮二音。傅山曰：不畏天風，解恐非是。當與已風同。風痺不能舉動，食駚坌之物，而自然不致此病也。

不寒之物一

中次七經，敏山，上有木焉，其狀如荆，白華而赤實，名曰葪柏，服者不寒。

不畏雷之物二　不霆之物一

西首經，羭次之山，有鳥焉，其狀如梟，人面而一足，名曰橐𩇯，冬見夏蟄，服之不畏雷。著其毛羽，令人不畏天雷也。或作災。

中次三經，騩山，正回之水出焉。其中多飛魚，其狀如豚而赤文，服之不畏雷。又禦兵。

中次七經，半石之山，其上有草焉，生而秀，其高丈餘，赤葉赤華而不實，名曰嘉榮，服之者不霆。不畏雷霆霹靂。傳山曰：不畏雷者，明著畏字。此獨無，傳說恐非。

土功之物二　大繇之物一

南次二經之首，曰柜山，有獸焉，其狀如豚，有距，其音如狗吠，其名曰貍力，見則其縣多土功。

東次二經，盧其之山，沙水出焉，南流注于涔水。其中多鵹鶘，其狀如鴛鴦而人足，其鳴自訆，見則其國多土功。

南次二經，堯光之山，有獸焉，其狀如人而彘鬣，穴居而冬蟄，其名曰猾褢，其音如斲木，見則縣有大繇。謂作役也，或曰其縣是亂。

不妒之物三

南首，亶爰之山，有獸焉，其狀如貍，而有髦，其名曰類，自爲牝牡，食者不妒。類，或作沛。髦，或作髮。

北次三經，軒轅之山，有鳥焉，其狀如梟而白首，其名曰黄鳥，其鳴自詨，食之不妒。

中次七經，泰室之山，其上有木焉，葉狀如梨，而赤理，其名曰栯木，服者不妒。

菴主曰：類自爲牝牡，性乃不妒。請試省此妒根必竟在何處。

不聾之物三　不眯不眴之物七

南山首經，杻陽之山，怪水出焉，而東流注于憲翼之水。其中多玄龜，其狀如龜而鳥首，虺尾，其名曰旋龜，其音如判木，佩之不聾。

西首經，符禺之山，有木焉，名曰文莖，其實如棗，可以已聾。

中首經，陰山，少水出焉。其中多雕棠，其葉如榆葉而方，其實如赤菽。食之已聾。

西次四經，上申之山，其鳥多當扈，狀如雉，以其髯飛，食之不眴目。

英鞮之山，涴水出焉，而北注于陵羊之澤。是多冉遺之魚，魚身蛇首，六足，其目如馬耳，食之使人不眯。

北次三經，小侯之山，有鳥焉，其狀如烏而白文，名曰鴣鷚，食之不灂。鴣鷚，姑習二音。不灂，不瞧目也，或作瞬，音醮。

中首經，甘棗之山，其下有草焉，葵本而杏葉，黃華而莢實，名曰籜，可以已瞢。

脫扈之山，有草焉，狀如葵葉而赤華，莢實，實如椶莢，名曰植楮，食之不眯。又已癙。

中次二經，昆吾之山，有獸焉，狀如彘而有角，其音如號，名曰蠪蚳，食之不眯。

中六經，廆山，其陰有谷焉，名曰雚谷。其中有鳥焉，狀如山鷄而長尾，赤如丹火而青喙，名曰鴒鸚，其鳴自呼，服之不眯。

中次七經，泰室之山，有草焉，狀如茱，白華黑實，澤如蘡薁，其名田蓄草，服之不眯。

無臥不厭不睡之物三

南首經，基山，有鳥焉，狀如鷄而三首、六目、六足、三翼，名曰鵸鵂，食之無臥。使人少眠。

西次三經，翼望之山，有鳥焉，其狀如烏，三首六尾而善笑，名曰鵸鵌，服之使人不厭。不厭夢也。又禦凶。

中次七經，半石之山，來需之水出于其陽，而西流注于伊水。其中多鯩魚，黑文，其狀如鮒，食者不睡。

已癭疣之物七

西首經，天帝之山，有草焉。狀如葵，其臭如蘼蕪，名曰杜衡，食之已癭。又走馬。

皋塗之山，有鳥焉，其狀如鴟而人足，名曰數斯。食之已癭。或作癎。

北首經，求如之山，滑水出焉。其中多滑魚，狀如鱓，赤背，其音梧，食之已疣。梧，如人相枝梧聲。

獄法之山，瀤澤之水出焉。其中多鱳魚，其狀如鯉而鷄足，食之已疣。音藻。

東次四經，旄山，蒼體之水出焉。其中多鱃魚，其狀如鯉而大首，食者不疣。今蝦蝤字，亦或作鱃。音秋。

中山首經，甘棗之山，有獸焉，狀如䶂鼠而文題，其名曰難，食之已癭。䶂鼠，未詳，音虺，字亦或作虺。難，音那，或作熊也。

中次七經，苦山，有草焉，員葉而無莖，赤華而不實，名曰無條，服之不癭。

不蠱之物五　禦毒爲毒之物二

南首經，青丘之山，有獸焉，狀如狐而九尾，其音如嬰兒，能食人，食者不蠱。噉其肉，令人不逢妖邪之氣，或曰蠱毒。

西首經，天帝之山，有獸焉，狀如狗，名曰谿邊，席其皮不蠱。谿，或作谷。邊，或作遺。

中次七經，休與之山，其上有石焉，名曰帝臺之棋，五色而文，其狀如鶉卵。帝臺之石，所以禱百神也，服之不蠱。帝臺，神人名。

浮戲之山，有木焉，葉狀如樗而赤實，名曰亢木，食之不蠱。

中次十一經，從山，從水出于其上，潛于其下。中多三足鼈，枝尾，食之無蠱。又無疫。

北首經，丹熏之山，有獸焉。狀如鼠而菟首，麋身，音如獋犬，以其尾飛，名曰耳鼠，食之可以禦百毒。又不睬。

中七經，鼓鍾之山，帝臺之所以觴百神也。有草焉，方莖而黄華，員葉而三成，其名曰焉酸，可以爲毒。爲治。

不瘧之物二

東次四經，首北號之山，有木焉，其狀如楊，其實如棗而無核，其味酸甘。食之不瘧。

中次六經，陽華之山，其草多藷萸，多苦辛，其狀如橚，其實如瓜，其味酸甘，食之已瘧。橚，即楸字。

傳山曰：櫹，說文：「長木貌，山巧切。」宋玉九辯：「萷櫹椮之可哀」，從木、蕭，當卽此字。然其音則如蕭。左思吳都賦：「櫹矗森萃。」注：善曰：「櫹矗，長直貌，所六切。」義合。說文聲頗遠矣，大概皆聲之可轉者，若楸字，說文自有之，以山巧切轉平聲，如稍字矣。山巧切之入聲，卽所六切，以櫹椮之櫹轉，可偕脩，亦不能至秋也。且楸，木也，草安如之？又曰「實如瓜」，瓜至小如升，草本不勝也。須蔓生籍地，蔓生安得如楸？楸葉類桐而小，或其葉三歧，有類楸葉耳。經統曰「狀」不曰「葉」，注所謂「楸」，難通也。

已痔之物三　不疽不癰之物共三　已痤之物一 又已疽見後改字。

南次三經，禱過之山，浪水出焉。其中有虎蛟，其狀魚身而蛇尾，其音如鴛鴦，食者可以已痔。

西首經，天帝之山，有鳥焉，其狀如鶉，黑文而赤翁，名曰櫟，食之已痔。翁，頭下毛，音甕。

中首經，牛首之山，勞水出焉。是多飛魚，其狀如鮒魚，食之已痔衕。

北首經，帶山，有鳥焉，其狀如烏，五采而赤文，名曰鵸鵌。是自爲牝牡，食之不疽。

譙明之山，譙水出焉，西流注于河。其中多何羅之魚，一首而十身，其音如吠犬，食之已癰。

中次七經，半石之山，合水出于其陰，而北流注于洛。魚多騰魚，狀如鱖，居逵，蒼文赤尾。食者不癰，可以爲瘻。鱖魚，大口大目，細鱗，有斑彩。逵，水中之穴道交通者。鱖，音劌。瘻，癰屬也，中多有蟲，音漏。

中首經，金星之山，多天嬰，其狀如龍骨，可以已痤。癰痤也。中次七經太山梨草，已疽，見後。

已心痛之物二　已風之物二

西首經，小華之山，其草有萆荔，狀如烏韭而生于石上，亦緣木而生，食之已心痛。萆荔，音蔽戾，香草也。烏韭，在屋曰昔邪，在牆曰垣衣。

中十一經，高前之山，其上有水焉，甚寒而清，帝臺之漿也，飲之者不心痛。

北首經，蔓聯之山，有鳥焉，羣居而朋飛，毛如雌雉，名曰䳋，其鳴自呼，食之已風。

中首經，鼓鐙之山，有草焉，名曰榮草，葉如柳，其本如雞卵，食之已風。

舉人之物一

崦嵫之山，有獸焉，其狀馬身而鳥翼，人面蛇尾，好舉人，名曰孰湖。又見旱。

善伏之物一

北首經，石者之山，有獸焉，狀如豹而文題，白身，名曰孟極，是善伏。

見人則臥躍飛眠之物四善吒附，笑附。

北首經，邊春之山，有獸焉，狀如禺而文身，善笑，見人則臥，名幽鴳。或作嬻媴。

北首經，單張之山，有獸焉，狀如豹而長尾，人首，牛耳，一目，名曰諸犍，善吒。吒，陟嫁切。

北首經，灌題之山，有鳥焉，狀如雌雉而人面，見人則躍，名曰竦斯。

北首經，獄法之山，有獸焉，狀如犬而人面，見人則笑，其名山貚，其行如風。

北三經，馬成之山，有獸焉，狀如犬而黑首，見人則飛。

東次三經，餘莪之山，其獸狀如菟而鳥喙，鴟目蛇尾，見人則眠，名曰犰狳。

善詈之物一

中七經，苦山，有獸焉，名曰山膏。狀如逐，赤若丹火，善詈。逐，即豚字。

青羊菴主曰：貧道讀山海經，得妙物焉。洵山之𪏮，狀如羊而無口，不可殺也。可以殺者，䶂，有口也。無口則無死地。文章士不必輒著述持論，始爲有口，始鼓殺身之禍。居恆一言半句，皆爲宵人所忌，皆是兵端。介母曰：「言，身之文也。」愚謂不但文，幾以身爲的，而積人之鏃者也。袁叔都、封觀、童恢，皆以喑而隱，得𪏮之妙者也。嘗大書「𪏮」字，帖菴牖，爲磨兜堅之訓。進而讀天山之帝曰：「帝江，狀如黃囊，是識歌舞。」妙至矣。貧道滑稽，作囊道人傳，援帝江之義，取囊而已，未及黃也。黃，中也。中也者，天下之大本也。治天下者，泥中之義而不能四達用之，以爲聖人經世之言而已，是吾莊翁所謂緒餘可以爲堯舜者也。老子曰：「寧爲腹，不爲口。」腹也者，中也，囊也。孔子亦曰：「幾事不密則害成。」以申括囊之謹。故囊者，天下之妙道也。然而自無口始，無口而後可囊不可殺。夫既囊矣，而何能舞？無口矣，而何以能歌？此中妙道，任手足以舞、任口以歌者，皆莫與也，惟無口而囊者知之。不能無口而未見殺者，幸而已矣。人不殺，造物者殺之矣。不能囊而歌舞，皆歌人之歌、舞人之舞者也，勞瘁而已矣。藍彩和之踏歌，能歌者也，吾知其能囊也。華佗之五禽戲，知舞者矣，然非囊中之舞也。囊之時義不去矣哉！然囊難能也，無口或可能也。

卷一百五十三　詩經物類編〔一〕

詩鳥

（前缺）

鳩

傳：「鳲鳩，秸鞠也。」正義曰：「序云：德如鳲鳩也。」釋鳥云：「鳲鳩，秸鞠。」「郭氏曰：今布穀也，江東呼穫穀。埤倉云鴶鞠。方言云戴勝。謝氏云布穀類也。諸説皆未詳。布穀者，近得之。」音義云：「爾雅作鴶鵴。鞠，音菊。草木疏云：一名擊穀。秸，古八反，又音吉。案，鳲鳩有均一之德，飼其子，旦從上而下，暮從下而上，平均如一。」

曹：「鳲鳩在桑，其子七兮。」正義曰：「鳲鳩養子，旦從上而下，莫從下而上。蓋相傳爲然，無正文。」

鵲

箋云：「鵲之作巢，冬至架之，至春乃成。」正義曰：「推度災曰：鵲以復至之月始作室家，

〔一〕此篇據山西博物院藏手稿整理，由孫蔭亭釋文，郭淑英重校。手稿前缺，題爲編者所加。

鳲鳩因成事，天性如此也。復于消息，十一月卦，故知冬至加功也。月令，十二月，鵲始巢，則季冬猶未成也，故云至春乃成。此與月令不同者，大率記國中之候，不能不有早晚。詩緯主以釋此，故依而說焉。」音義：「鵲，七略反。字林作䧿。」

「鵲之彊彊。」陳：「防有鵲巢。」正義曰：「鵲之爲鳥，畏人而近人。」

燕燕

傳：「燕燕，鳦也。」正義曰：「釋鳥云：巂周，燕燕，鳦。孫炎曰：別三名。舍人曰：巂周名燕燕，又名鳦。郭璞曰：一名玄鳥，齊人呼鳦，此即今之燕也，古人重言之。漢童謠云『燕燕尾涎涎』是也。」音義：「鳦，本或作乙，音乙。郭烏拔反。」

商頌：「天命玄鳥。」傳：「鳦也。」音義：「燕也。」

雉

邶：「雄雉于飛」、「有鷕雉鳴」。鷕，雌雉聲也。音義：「鷕，以小反。沈耀皎反，〔二〕或戶了反。〔三〕說文以水反。字林于水反。」正義曰：「下言求其牡，則非雄雉。故知鷕，雌雉聲。又小弁『雉之朝雊，尚求其雌』，則雄雉之鳴曰雊也。」

「雉離于羅、罦、罿。」小弁：「雉之朝雊。」古逗反。

〔二〕「耀皎反」，手稿誤作「雉皎反」，據十三經注疏本改。

〔三〕「戶了反」，十三經注疏本作「戶子反」。

鴈

邶：箋云：「鴈者隨陽而處。」傳云：「雝雝，鴈聲。」正義曰：「生執之以行禮，故曰鴈聲。」正義曰：「此皆陰陽幷言。禹貢注：陽鳥，鴻鴈之屬，隨陽氣南北。不言陰者，以彭蠡之澤近南，恆煖。避寒，隨陽而往居之，故經云：陽鳥攸居。注釋，其名陽鳥之意，故不言陰耳。定本鴈隨陽，無陰字。」

「弋鳬與鴈。」

流離

傳：「流離，鳥也。少好，長醜。」音義：「流，本又作鶹，離如字。」正義曰：「釋鳥云：鳥少好，〔一〕長醜，爲鶹鷅。陸機云：流離，梟也。白關西謂梟爲流離。其子長，還食其母，故張奐曰：鶹鷅食母。許愼曰：梟，不孝鳥是也。流與鶹蓋古今之字。爾雅離作栗。」

翟

傳：「翟，翟羽。」正義：「謂雉之羽也。爾雅：翟，雉屬也。」

〔一〕「好」，十三經注疏本作「美」。

烏

傳曰：「烏，黑。」正義曰：「烏之類皆黑。」

小雅：「瞻烏奚止。」傳：「富人之屋，烏所止也。」誰知烏之雌雄？

鴻

邶：「鴻則離之。」豳：「鴻飛遵渚、陸。」箋：「大鳥也。」小雅：「鴻鴈于飛。」傳曰：「大曰鴻，小曰鴈。」箋曰：「知避陰陽寒暑。」

鷄

鄭：「女曰鷄鳴」、「鷄鳴喈喈」、「鷄鳴膠膠」、「鷄鳴不已」。齊：「鷄既鳴矣。」王：「鷄棲于塒、桀。」

鳧

「鳧鷖在涇、沙、渚、潨、亹。」「弋鳧與鴈。」音義：「音符。」

鶉

「鶉之奔奔。」傳：「鶉則奔奔。」箋：「言其居有常匹，飛則相隨之貌。」音義：「鶉，音純，鵪鶉鳥。鵪，烏南反。」

「懸鶉」，後有。

鳩

「于嗟鳩兮。」傳：「鶻鳩也，食桑葚過，則醉而傷其性。」正義曰：「釋鳥云：鶌鳩，〔一〕鶻鵃。〔二〕某氏曰：春秋云，鶻鳩氏司事，春來冬去。孫炎曰：一名鳴鳩。月令云：鳴鳩拂其羽。郭璞曰：似山鵲而小，短尾，青黑色，多聲。『宛彼鳴鳩』，亦此鳩也。陸機曰：斑鳩也。爾雅鳩類非一，知此是鶻鳩者，以鶻鳩冬始去，今秋見之，以爲喻，故知非餘鳩也。」

小宛：「宛彼鳴鳩。」傳：「鶻鵰。」音義：「鵰，陟交反，何音彫，字林作鵃，云骨鵃，小種鳩也。」

鶉

「懸鶉。」「釋鳥云：鷯，鶉。其雄鶛，〔三〕牝庳。李巡曰：別雄雌。異方之言，鶉一名鷯。郭璞曰：鶉，鵪之屬也。」

前有，鄭。

〔一〕「鶌」，手稿誤作「⿰石鳥」，據十三經注疏本改。

〔二〕「鵃」，手稿誤作「鳩」，據十三經注疏本改。

〔三〕「鶛」，手稿誤作「鵲」，據十三經注疏本改。

鴇

「肅肅鴇羽。」傳：「肅肅，鴇羽聲。鴇之性，不樹止。」正義：「鴇鳥連蹄，性不樹止，樹止則爲苦。」音義：「音保，似鴈而大，無後趾。」〔一〕

晨風

傳：「鸇也。」正義：「鸇，釋鳥文。舍人曰：晨風一名鸇，摯鳥也。郭璞曰：鷂屬。陸機疏云：鸇似鷂，青黄色，燕頷勾喙，嚮風摇翅，乃因風飛急疾，擊鳩鴿燕雀食之。」音義：「又作鸇，之然反。説文止仙反。字林尸先反。鴥，疾飛貌，説文作鴪，尹橘反。字林于叔反。」

鷺

陳：「鷺鳥之羽，可以爲翳。」正義：「釋鳥云：鷺，舂鉏。郭璞曰：白鷺也，頭、翅、背上皆長翰毛，今江東人取以爲睫攡，名之曰白鷺縗。陸機曰：水鳥也，好而潔白，故謂之白鳥。齊、魯之間謂之舂鉏。遼東、樂浪、吴揚皆謂之白鷺。青脚，高尺七八寸，尾如鷹尾，喙長三寸，頭上有毛十數枚，長尺餘，毵毵然與衆毛異，好欲取魚，時則弭之。今吴人亦養焉。楚威王時，有朱鷺合沓飛翔來舞，則復有赤者，舊鼓吹朱鷺曲是也。然則鳥名白鷺，赤者少耳。此舞所持，持其白羽。」

〔一〕「趾」，十三經注疏本作「指」。

周頌：「振鷺于飛。」傳：「白鳥也。」

魯頌：「振振鷺。」初學記鼓部：「鷺鼓。」小字引毛詩曰：「振振鷺，鷺于飛，鼓咽咽。」又曰：「鷺者鼓精也。」

鴞

陳風，傳：〔二〕「惡聲之鳥。」正義曰：「一名鵩，與梟一名鴟。瞻卬曰『爲梟爲鴟』是也。俗說以爲鴞卽土梟，非也。陸機曰：大如斑鳩，綠色，惡聲之鳥，入人家，凶，賈誼所賦鵩鳥是也。其肉甚美，可爲羹臛，又可爲炙。漢供御物，各隨其時，唯鴞冬夏尚施之，以其美故也。」

魯頌：「翩彼飛鴞。」大雅：「爲梟爲鴟。」〔三〕音古堯反。

鵜

傳：「洿澤鳥也。」正義：「釋鳥文。舍人曰：一名洿澤。郭璞曰：今之鵜鶘。好羣飛，入水食魚，故名洿澤。俗呼之爲淘河。陸機曰：水鳥，形如鴞而極大，喙長尺餘，直而廣，口中正赤，頷下胡大如數升囊。若小澤中有魚，便羣共杼水滿其胡而棄之，令水竭，盡魚陸地，乃共食之，故曰淘河。」

〔二〕「傳」，傅山全書初版本脫，據手稿補。
〔三〕「梟」，傅山全書初版本誤作「鴞」，據手稿改。

鵙

傳：「伯勞也。」箋：「伯勞鳴，將寒之候也。五月則鳴。豳地晚寒，鳥物之候，從其氣焉。」音義：「圭覓反。字林工役反。」正義曰：「伯勞，釋鳥文。李巡曰：伯勞一名鵙。樊光曰：春秋云，少皞氏以鳥名官伯，趙氏司至伯，趙鵙也，以夏至來，冬至去。郭璞曰：似鶷鶡而大。陳思王惡鳥論云：伯勞以五月鳴，應陰氣之動。陽氣爲仁養，陰氣爲殺殘賊，伯勞蓋賊害之鳥。其聲鵙鵙，故以其音名云。」

鴟鴞

傳：「鸋鴂也。」正義曰：「釋鳥文。舍人曰：鴟鴞，一名鸋鴂。方言曰：自關而東謂桑飛曰鸋鴂。陸機曰：鴟鴞似黄雀而小。其喙尖如錐，取茅莠爲巢，以麻紩之，如刺韈然，縣著樹枝，或一房，或二房。幽州人謂之鸋鴂，或曰巧婦，或曰女匠。關東謂之工雀，或謂之過贏。關西謂之桑飛，或謂之韈雀，或曰巧鳥。」〔一〕埤雅云：「先儒以爲鴟鴞卽巧婦，郭注爾雅，獨云鴟類，則璞與先儒異意。以詩與爾雅考之，宜如璞義。」

大雅：「爲梟爲鴟。」

〔一〕「巧鳥」，十三經注疏本作「巧女」。

鸛

傳：「鸛好水，長鳴而喜。」箋：「水鳥也，將陰雨則鳴。」音義：「鸛本又作雚，古玩反。」正義曰：「陸機曰：鸛，雀也。似鴻而大，長頸赤喙，白身黑翅尾。樹上作巢，大如車輪。卵如三升杯。望見人，案其子令伏，徑舍去。一名負釜，一名黑尻，一名背竈，一名皁裙。又泥其巢，一傍爲池，含水滿之，取魚置池中，稍稍以食其雛。若殺其子，則一村致旱災。」

鵻

傳：「夫不也。」箋：「夫不，鳥之慤謹者。」音義：「鵻，音隹。本又作隹。夫，方于反，字又作鳺。不，方浮反，又如字，又作䳕。草木疏：夫不，一名浮鳩。」正義曰：「釋鳥云：鵻其，夫不。舍人曰：鵻名其夫不。李巡曰：夫不，一名鵻，今楚鳩。某氏引春秋云：祝鳩氏司徒，祝鳩鵻夫不者，故爲司徒。郭璞曰：今鵓鳩也。」

嘉魚：「翩翩者鵻。」傳：「壹宿之鳥。」箋：「壹宿者，壹意于所宿之木也。」

脊令

傳：「雝渠也。飛則鳴，行則搖。」箋：「雝渠，水鳥。」音義：「脊，井益反，亦作即，又作鴨。令，音零，本亦作鴒。」正義曰：「雝渠，釋鳥文。郭璞曰：雀屬也。陸機曰：大如鷃雀，長脚，長尾，尖喙，背上青灰色，腹下白，頸下黑，如連錢，故杜陽人謂之連錢是也。小宛曰：『題彼脊令，載飛載鳴。』是脊令飛則鳴也。」

小宛：「題彼脊令。」

隼

箋：「急疾之鳥。」正義曰：「釋鳥云：鷹隼醜，其飛也翬。舍人曰：謂隼鷂之屬。翬翬，其飛疾，羽聲也。郭璞曰：鼓翅翬翬然疾，是急疾之鳥也。說文曰：隼，鷙鳥也。陸機云：隼，鷂屬，齊人謂之擊征，或謂之題肩，或謂之雀鷹，春化爲布穀者是也。」

采芑。沔水：「鴥彼飛隼。」息尹反。箋：「隼之性，待鳥雀而食。」

鶴

正義曰：「陸機疏云：形狀大如鵝，長脚，青翼，高三尺，喙長四寸餘，多純白，或有蒼色者，今人謂之赤頰，常夜半鳴。淮南子亦云：鶴知夜半，其鳴高亮，聞八九里。雌者聲差下，今吳人園囿中及士大夫家皆養之。」

白華：「有鶴在林。」

翬

斯干。箋：「伊洛而南，素質、五色皆備成章曰翬。翬者，鳥之奇異者也。」正義曰：「釋鳥文。李巡曰：素質、五色備具，文章鮮明。雉，白質、五色爲文鳥。如此者希，故曰鳥之奇異者。」

桑扈

傳：「竊脂也。」箋：「竊脂，肉食。」正義曰：「釋鳥文。郭璞曰：俗呼青雀。觜曲，食肉，喜盜脂膏食之，因以名云。陸機曰：青雀也，好竊人脯肉脂及膏，故曰竊脂也。」

小雅：「交交桑扈。」箋：「交交猶佼佼，飛往來貌。」小宛曰：「交交，小貌。」此云「飛而往來」，作者各有所取。

鸒

傳：「鸒，卑居。卑居，鴉烏。」音義：「音豫。爾雅云：小而腹下白，不反哺者，謂之鴉烏。說文曰：雅，楚烏也，一名鸒，一名鵯居。秦謂之雅。斯，語辭。」正義：「卑居，釋鳥文。郭璞曰：雅烏小而多羣，腹下白，江東呼爲鵯烏。此烏名鸒，而云斯者，語辭，猶蕭斯、柳斯。以劉孝標之博學，而類苑鳥部立鸒斯之目，是不精也。」

鶉

傳：「雕也，貪殘之鳥。」音徒凡反。或作鷻。

鳶

音以專反。鴟也。正義曰：「說文云：敦，雕也。從敦而爲聲，字異于鶉也。雕之大者又名鶚。孟康漢書音義曰：鶚，大雕也。說文：鳶，鷙鳥也。鶉、鳶皆殺害小鳥，故云貪殘之鳥。」

旱麓：「鳶飛戾天。」箋：「鴟之類。」

鴛鴦

傳：「匹鳥。」箋：「言止則相耦，飛則爲雙。」鴛，於袁反，沈又音温。鴦，於岡反，又於良反。

白華：「鴛鴦在梁。」

鷮

傳：「雉也。」音驕。正義：「雉，釋鳥文。說文云：鷮，長尾雉，走鳴。乘轝，尾爲防釳，着馬頭上。陸機云：微小于翟也，走而且鳴，曰鷮。其尾長，肉甚美，故林麓山下人語曰：四足之美有麃，〔二〕兩足之美有鷮。」

鶖

傳：「秃鶖也。」音秋。

鷹

箋：「鷹，鷙鳥也。」

〔二〕「麃」，傅山全書初版本誤作「鹿」，據手稿改。

鷖

傳：「鳧屬。」音義：「於鷄反。蒼頡解詁云：鷖，鷗也，一名水鴞。」正義曰：「釋鳥：鸍，沈鳧。某氏曰：詩曰：弋鳧與鴈。」郭璞曰：似鴨而小，長尾，背上有文，今江東亦呼爲鸍。陸機曰：大小如鴨，青色，卑脚，短喙，水鳥之謹願者也。與鳧俱在，故知鳧屬。

鳳凰

大雅。傳：「靈鳥，仁瑞也。雄曰鳳，雌曰凰。」正義曰：「釋鳥云：鶠，鳳，其雌凰。是雄曰鳳，雌曰凰也。說文云：神鳥也。天老曰：鳳象，麟前鹿後，蛇頸魚尾，龍文龜背，燕頷雞喙，五色備舉。出于東方君子之國，翱翔四海之外，過崑崙，飲砥柱，濯羽弱水，暮宿風穴，見則天下大安寧。字从鳥，凡聲。鳳飛則鳥從以萬數，故鳳古作朋字。山海經曰：丹穴之山有鳥焉，〔一〕其狀如鶴，五采而文，名曰鳳。首文曰德，翼文曰順，背文曰義，膺文曰仁，腹文曰信。是鳥也，飲食，自歌自舞，見則天下大安寧。京房易傳曰：鳳凰高丈二。漢時鳳凰數至。漢書曰：高五六尺。郭璞曰：大小之形未詳。皋陶謨云：鳳凰來儀。注云：儀，匹也，言其相乘匹。中候握河紀曰：鳳凰巢阿閣，讙樹言讙讙在樹。是鳳必羣飛。白虎通曰：黄帝之時，鳳凰蔽日而來。是來必衆多也。」箋：「鳳凰之性，非梧桐不棲，非竹實不食。」正義曰：「非梧桐不棲，非竹實不食，莊子文也。然莊子所說，乃鵷雛。鵷雛亦鳳凰之别。」白虎通云：「黄帝時，鳳凰蔽日而至，止于東園，

〔一〕「穴」，手稿與十三經注疏本均作「冗」，據山海經上海古籍出版社本改。

食常竹實，棲常梧桐。終身不去。以諸經傳言鳳，皆云食竹棲梧，箋言此者，解經既言鳳凰卽言梧桐之意也。」

雀

傳：「雀之穿屋，似有角者。」箋：「物有似而不同。雀之穿屋，不以角，乃以咮。」音義云：「咮，亦作噣，郭張救反，何都豆反，鳥口也。」

詩獸

馬

卷耳：「我馬虺隤、玄黄、瘏。」喬：「言秣其馬。」傳：「六尺以上曰馬，五尺以上曰駒。」䣙：「爰喪其馬。」「騋牝三千」，「馬七尺以上曰騋。」正義曰：「庾人文也。定本云六尺，恐誤也。」載馳：「驅馬悠悠。」叔于田：「巷無服馬。」大叔于田：「乘乘馬。」「乘乘黄、鴇。」秦：「四馬既閑」、「有馬白顛」。小車攻：「我馬既同」、「蕭蕭馬鳴」、「既差我馬」、「四黄既駕，君子之馬」。〔一〕大雅：「路車乘馬」、「老馬反爲駒」、「來朝走馬」、「乘馬路車」、「亦白其馬」、「以縶其馬」、「其馬蹻蹻」。

〔一〕此八字，傅山全書初版本在「來朝走馬」後，誤，據手稿移至此。

兔

「有兔斯首。」小雅瓠葉：「有兔斯首。」昊天：「躍躍毚兔」。小弁：「相彼投兔。」「兔罝」、「有兔爰爰」。三句。

豹

唐：「羔裘豹袪、褎。」「赤豹黄羆。」

麟

傳：「麟，信而應禮，以足至者也。」音義：「呂辛反，瑞獸也。草木疏曰：麕身，牛尾，馬足，黄色，員蹄，一角，角端有肉，音中鐘呂，行中規矩，王者至仁則出。服虔注：左傳哀十四年曰：視明禮修則麒麟至。正義曰：中候握河紀云：帝軒題象，麒麟在囿。又唐傳曰：堯時麒麟在郊藪。孔叢云：唐虞之世，麟鳳遊于田。」箋：「麟之角有肉，示有武而不用。」京房易傳曰：「麕身，牛尾，馬蹄，有五彩，腹下黄，高丈二。今并州界有麟，大小如鹿，非瑞應麟也，〔一〕故司馬相如賦曰『射麋脚麟』，謂此麟也。」

〔一〕「非瑞應麟」，傅山全書初版本誤作「非應瑞麟」，據手稿改。

羔羊

召南，傳：「小曰羔，大曰羊。」「羊牛下來、下括。」「羔裘如濡。」唐：「羔裘豹袪、褎。」檜：「羔裘逍遥。」豳：「獻羔祭韭」、「曰殺羔羊」、「誰謂爾無羊。」楚茨：「絜爾牛羊。」甫田：「與我犧羊。」苕之華：「牂羊墳首。」

狐

邶：「狐裘蒙戎」、「莫赤匪狐」。「有狐綏綏。」「雄狐綏綏。」秦：「錦衣狐裘。」檜：「狐裘以朝。」豳：「取彼狐狸。」小雅：「狐裘黄黄」、「有芃者狐」。

麕

召南，音義：「俱倫反，本亦作麏，又作麇，獸名也。草木疏云：麏也，青州人謂之麏。」正義曰：「績人注：齊人謂麕爲獐，則麕是獐也。」

鹿

「野有死鹿。」豳：「町曈鹿場。」「町畽，鹿迹也。」音義：「町，他典反，〔二〕或他頂反，字又作圢。畽，本又作疃，他短反，字又作墥。」正義曰：「場是踐地之處，故知町曈是鹿之迹也。」

〔二〕「典」，手稿誤作「興」，據十三經注疏本改。

小雅：「呦呦鹿鳴」、「麀鹿麌麌」。小弁：「鹿斯之奔」、「甡甡其鹿」。

尨

召南，傳：「狗也。」正義曰：「釋畜文。李巡曰：尨一名狗。」

騶虞

召南，音義：「騶，側留反。周書王會、草木疏並同。又云：尾長于身，不履生草。尚書大傳云：尾倍于身。」傳：「騶虞，義獸也。白虎黑文，不食生物，有至信之德則應之。」

豝

傳：「豕牝曰豝。」正義曰：「釋獸文。」「百加反。牝，頻忍反，徐扶死反。」

吉日：「發彼小豝。」

豵

傳：「一歲曰豵。」箋：「豕生三曰豵。」音：「子公反。徐在容反。」正義曰：「傳以七月『言私其豵，獻豜於公』。大司馬云：大獸公之，小獸私之。豵言私，明其小，故彼亦云一歲曰豵。獻豜於公，明其大，故彼與還傳皆曰三歲曰豜。伐檀傳曰：三歲曰特。蓋異獸別名，故三歲者，有二名也。大司馬職注云：一歲爲豵，二歲爲豝，三歲爲特，四歲爲肩，五歲爲慎。其說與毛或異或同，不知所據。」正義曰：「箋以豵者豕生之數，非大小之名。釋獸云：豕生三豵，二師，一特。

郭璞曰：豬生子常多，故别其少者。鄭志張逸問：豕生三曰豵，不知母豕也，豚也？答曰：豚也。過三以往猶謂之豵，以自三以上更無名也。故知過三亦爲豵。一解雖生數之名，大小皆得名之。『言私其豵』謂小時，此國君蒐田所射，未必小也。釋獸麕鹿皆云絕有力者麖。則有懸特，謂豕生一名豜，從兩肩爲麕鹿也。絕有力者，非三歲矣。肩、麖字雖異，音實同也。」

豳：「言私其豵。」傳：「一歲曰豵。」音義：「子公反。」

虎

「有力如虎」、「襢裼暴虎」。小旻：「不敢暴虎。」巷伯：「投畀豺虎」、「豺虎不虎」、「匪兕匪虎」。

象

「象之揥也」、「元龜象齒」。

「象弭魚服」，小雅采薇。

鼠

「相鼠」，相視也。豳：「熏鼠。」〔一〕

〔一〕「熏」，傅山全書初版本誤作「重」，據手稿改。

狼

「並驅從兩狼兮。」狼跋，音義：「獸名。」傳：「老狼有胡。」正義曰：「謂領垂胡。」

盧

傳：「盧，〔二〕田犬。」

貆

傳：「獸名。」箋：「貉子曰貆。」音義：「貆本亦作狟，音桓，徐、郭音暄，貉子也。貉，戶各反，依字作貈。」

特

傳：「獸三歲曰特。」

碩鼠

箋：「碩，大也。」音義：「音石。」正義曰：「碩，大，釋詁文。釋獸鼠屬有鼫鼠。孫炎曰：

〔二〕「盧」，傅山全書初版本誤作「曰」，據手稿改。

五技鼠。郭璞曰：大鼠，頭似兔，尾有毛，青黄色，好在田中食粟豆，〔二〕關西呼鼩鼠。舍人、樊光同引此詩，以碩鼠爲彼五技之鼠也。〔三〕許慎曰：碩鼠五技，能飛不能上屋，能游不能渡谷，能緣不能窮木，能走不能先人，能穴不能覆身，此謂之五技。陸機曰：今河東有大鼠，能人立，交前兩脚于頸上跳舞，善鳴，食人禾苗，人逐則走入樹空中，亦有五技，或謂之雀鼠。其形大，故序云大鼠也。魏國，今河北縣是也。言其方物，宜謂此鼠，非鼫鼠也。案此經作碩鼠，訓之爲大，不作鼫鼠之字，其義或如陸言也。」

驖

傳：「驪。」正義曰：「檀弓云：夏后氏尚黑，戎事乘驪。則驪爲黑色。驖者，言其色黑如鐵，故爲驪也。」

獫歇驕

傳：「田犬也。長喙曰獫，短喙曰歇驕。」正義曰：「釋畜文。李巡曰：分别犬喙長短之名。」

騏

秦，傳：「騏，文也。」音義：「騏，音其。」正義曰：「色之青黑者名爲綦，馬名爲騏，知其

〔二〕「在」，手稿誤爲「有」，據十三經注疏本改。
〔三〕「碩」，手稿誤作「鼫」，據十三經注疏本改。

色作綦文。」

「騏駵是中。」皇華：「我馬維騏。」采芑：「乘其四騏」、「四騏翼翼」。

馵

傳：「左足白曰馵。」音義：「之樹反。」正義曰：「釋畜云：馬後右足白，驤；左足白，馵。樊光云：後右足白曰驤，左足白曰馵。然則左足白者，謂後左足也。釋畜又云：膝上皆白惟馵。郭璞曰：馬膝上皆白爲惟馵，〔一〕後左脚白者直名馵。意亦同也。」

騂

箋：「赤身黑鬣曰騂。」正義曰：「爾雅有騂白，駁。騂馬白腹，騵。則騂是色名。說者皆以騂爲赤色。若身鬣俱赤，則爲騂馬。故馬赤身黑鬣，今人猶謂此爲騂馬也。」

騧

傳：「黄馬黑喙曰騧。」正義曰：「釋畜云：馬黑喙，騧。不言身黄。傳以爲黄馬者，相傳爲然，故郭璞曰：今之淺黄色爲騧馬。」〔二〕

〔一〕「上」，手稿脱，據十三經注疏本補。

〔二〕「淺」，傅山全書初版本誤作「淡」，據手稿改。

驪

詩小雅：〔一〕「比物四驪。」

六駮〔二〕

傳：「駮如馬，倨牙，食虎豹。」正義曰：「釋畜文。郭璞引山海經云：有獸名駮，如白馬，黑尾，倨牙，音如鼓，食虎豹。然則此獸名駮而已，言六駮者，王肅云：言六，據所見而言也。倨牙者，蓋謂其牙倨曲也。陸機云：駮馬，梓榆也，其樹青白駮犖，遥視似駮馬，〔三〕故謂之駮馬。下章苞棣、樹檖，皆山隰之木相配，不宜云獸。此言非無理也，但箋、傳不言。」

貉

傳：「于貉，謂取狐狸皮也。」箋：「往搏貉以自爲裘也。」音義：「戶各反。」正義曰：「以經，狐狸以下爲公子裘，明于貉是民自用爲裘也。禮無貉裘之文，唯孔子服狐貉裘以居，明貉裘賤故也。」

〔一〕「詩」，傅山全書初版本誤作「秦」，據手稿改。
〔二〕「駮」，手稿作「駁」，據十三經注疏本改。
〔三〕「似」，手稿作「此」，據十三經注疏本改。

貍

音義：「獸名，力之反。」正義曰：「定九年左傳，齊大夫東郭書衣貍製。服虔曰：貍裘也。」

豣

傳：「三歲曰豣。」音義：「古牽反，又音牽。」正義曰：「箋既易傳，不以豵爲一歲之名，則豣亦非三歲之稱。釋獸鹿與麕，皆云：絕有力，麉。箋意蓋以麉爲鹿麕有力者也。」

兕觥

周南：「我姑酌彼兕觥。」兕，音義：「徐履反，本或作光。爾雅云：兕似牛。」正義曰：「釋獸文。郭璞曰：一角，青色，重千斤者。以其言兕，必以兕角爲之。」

豳風：「稱彼兕觥。」小雅：「殪此大兕。」桑扈：「兕觥其觩。」頌：「兕觥其觩」、「匪兕匪虎」。

皇

傳：「黃白曰皇。」正義曰：「釋畜文。舍人曰：黃白色名曰皇也。」頌：「有驈有皇。」

駁

「騂白曰駁。」音義：「邦角反。」正義：「釋畜文。舍人曰：騂赤色名曰駁也。孫炎引此詩。

餘皆不解騂白之義。按黄白曰皇，謂馬色有黄處、白處，則騂白曰駁，謂馬色有騂處有白處。舍人言騂馬名白馬，〔一〕非也。孫炎曰：騂，赤色也。」

駱

小雅四牡：「嘽嘽駱馬。」傳：「白馬黑鬣曰駱。」音義：「音洛。」皇華：「我馬維駱。」裳裳者華：「乘其四駱。」

駰

「我馬維駰。」傳：「陰白雜毛曰駰。」音義：「音因。」

馬：「四黄既駕」、「有驪有黄」、「黄騂曰黄」、「有驈、驪」、「馬白胯曰驈。」

羜

伐木，傳：「未成羊也。」「取羝以軷。」傳：「牡羊也。」

麀鹿

傳：「鹿牝曰麀。」吉日。「麀鹿攸伏、濯濯。」「麀鹿噳噳。」

〔一〕「白馬」，手稿誤作「駁馬」，據十三經注疏本改。阮元十三經注疏校勘記云：「白馬當作白駁。」

麎

「其祁孔有。」箋：「祁當作麎，麎牝也。」音義：「音辰，郭音脤，何止尸反，沈市尸反。」

「維熊維羆」，斯干。「熊羆是裘」，小東。「赤豹黃羆。」

小雅無羊：「九十其犉。」傳：「黃牛黑脣曰犉。」頌：「殺時犉牡。」

「我車我牛。」「牛羊勿踐履。」頌：「維羊維牛」、「白羊徂牛」。

「毋教猱升木。」傳：「猨屬。」

小雅漸漸之石：「有豕白蹢。」豬也。「執豕于牢。」

「獻其貔皮。」傳：「猛獸也。」音義：「一作豼，音毗，白狐也，一名執夷。草木疏：似虎，或曰似熊，遼東人謂之白羆。」正義曰：「貔，白狐，其子彀。」

騅，蒼白雜毛。駓，黃白雜毛，郭曰：今之桃花馬。騂，赤黃。騏，蒼祺曰騏。驒，青驪驎曰驒。駱，白馬黑鬣。駵，赤身黑鬣。黑身白鬣，雒。駰，陰白雜毛。騢，彤白雜毛。驔，徒點反，豪骭曰驔。二目白，〔二〕魚。

駽

「青驪曰駽」。「呼縣反，又火玄反、胡畇反，又音炫。」「孫炎曰：青黑之間。郭璞曰：今之鐵驄也。」 山。

〔二〕「二」，傅山全書初版本誤作「三」，據手稿改。

卷一百五十四　左傳集錦〔一〕

隱公名息姑，十一年。

桓公名軌，十八年。

莊公名同，卅二年。

閔公名啓方，二年。

僖公名申，卅三年。

文公名興，十八年。

宣公名接，十八年。

成公名黑肱，十八年。

襄公名午，卅一年。

昭公名裯，廿五年遜于齊，在外八年，凡三十三年。〔二〕

定公名宋，昭公之弟，十五年。

哀公名蔣，定公之子。

〔一〕此篇除左傳淫亂事外，均據山西博物院藏手稿殘本整理，由張秀蘭釋文，郭淑英重校，標題爲編者所加。

〔二〕昭公凡三十二年，此處手稿誤。

傳中不忍看事，如衛宣公烝夷姜生急子，〔一〕又取急之妻而生壽及朔。晉獻公烝齊姜而生秦穆夫人及申生。又衛宣公之庶子昭伯烝于宣姜而生齊子、戴公、文公、宋桓夫人、許穆夫人。是尚有人理哉！然所生又多賢者，何也？

士會隨武子

僖公廿八年。城濮之戰，師還。壬午，濟河。舟之僑先歸，士會設右。

文六年。晉襄公卒。靈公少，趙宣子曰：「立公子雍。」使先蔑、士會如秦，逆公子雍。

文七年。趙宣子盾背先蔑而立靈公，以禦秦師。戊子，敗秦師于令狐，至于刳首。己丑，先蔑奔秦，士會從之。士會在秦三年，不見士伯先蔑。其人曰：「能亡人于國，不能見於此，焉用之？」士季曰：「吾與之同罪，非義之也，將何見焉？」言己非慕蔑之義而從之。及歸，遂不見。

文十二年。秦爲令狐之役故，冬，秦伯伐晉，取羈馬。晉人禦之。趙盾將中軍，荀林父佐之。郤缺將上軍，臾駢佐之。欒盾將下軍，胥甲佐之。范無恤御戎，以從秦師于河曲。臾駢曰：「秦不能久，請深壘固軍以待之。」從之。秦人欲戰。秦伯謂士會曰：「若何而戰？」對曰：「趙氏新出其屬曰臾駢，必實爲此謀，將以老我師也。趙有側室曰穿，晉君之壻也，有寵而弱，不在軍事；好勇而狂，且惡臾駢之左上軍也。若使輕者肆焉，其可。」

文十三年。晉人患秦之用士會也，夏，六卿相見于諸浮。趙宣子曰：「隨會在秦，賈季在狄，難日至矣，若之何？」中行桓子曰：「請復賈季，能外事，且由舊勳。」郤成子曰：「賈季亂，且

〔一〕「急子」，手稿作「急及」，誤，據左傳改。

罪大，不如隨會，能賤而有恥，柔而不犯；其知足使也，且無罪。」乃使魏壽餘僞以魏叛者，以誘士會，執其帑于晉，使夜逸。請自歸于秦，秦伯許之。士會之足于朝。秦伯師于河西，魏人在東，壽餘曰：「請東人之能與夫二三有司言者，吾與之先。」使士會。士會辭曰：「晉人，虎狼也。若背其言，臣死，妻子爲戮，無益于君，不可悔也。」秦伯曰：「若背其言，所不歸而帑者，有如河。」乃行。繞朝贈之以策，曰：「子無謂秦無人，吾謀適不用也。」既濟，魏人譟而還。秦人歸其帑。其處者爲劉氏。

宣二年。晉靈公不君。宰夫胹熊蹯不熟，殺之，寘諸畚，使婦人載以過朝。趙盾，士季見其手，問其故而患之。將諫，士季曰：「諫而不入，則莫之繼。〔一〕會請先，不入，則子繼之。」〔二〕三進及溜，而後視之，曰：「吾知所過矣，將改之。」稽首而對曰：「人誰無過？過而能改，善莫大焉。詩曰：『靡不有初，鮮克有終。』夫如是，則能補過者鮮矣。君能有終，則社稷之固也，豈惟羣臣賴之。又曰：『衮職有闕，惟仲山甫補之。』能補過也。君能補過，衮不廢矣。」

宣三年。晉侯伐鄭，及郔。鄭及晉平，士會入盟。

宣十年。楚子伐鄭。晉士會救鄭，逐楚師于潁北。諸侯之師戍鄭。

宣十二年。晉師救鄭。荀林父將中軍，先縠佐之。士會將上軍，郤克佐之。趙朔、韓穿爲上軍大夫。及河，聞鄭既及楚平，桓子欲還，曰：「無及于鄭而勦民，焉用之？楚歸而動，不後。」隨武子曰：「善。會聞用師，觀釁而動。德、刑、政、事、典、禮不易，不可敵也，不爲是征。楚軍

〔一〕「繼」字下，傅山全書初版本衍一「也」字，據手稿删。

〔二〕「子」字，傅山全書初版本誤作「予」，據手稿改。

討鄭，〔一〕怒其貳而哀其卑，叛而伐之，服而舍之，德、刑成矣。伐叛，刑也；柔服，德也。二者立矣。昔歲入陳，今茲入鄭，民不罷勞，君無怨讟，政有經矣。荆尸陳名。而舉，商、農、工、賈不敗其業，而卒乘輯睦，事不奸矣。蔿敖爲宰，擇楚國之令典，軍行，右轅左追蓐，前茅慮無，中權後勁。百官象物而動，軍政不戒而備，能用典矣。其君之舉也，内姓選于親，外姓選于舊。舉不失德，賞不失勞。老有加惠，旅有施舍。君子小人，物有服章，貴有常尊，賤有等威，禮不逆矣。德立、刑行、政成、事時、典從、禮順，若之何敵之？見可而進，知難而退，軍之善政也。兼弱攻昧，武之善經也。子姑整軍而經武乎，猶有弱而昧者，何必楚？仲虺有言曰：『取亂侮亡。』兼弱也。汋曰：『於鑠王師，遵養時晦。』耆昧也。武曰：『無競惟烈。』撫弱耆昧以務烈所，可也。」

楚少宰如晉師，曰：「寡君少遭閔凶，不能文。聞二先君之出入此行也，將鄭是訓定，豈敢求罪于晉？二三子無淹久！」隨季對曰：「昔平王命我先君文侯曰：『與鄭夾輔周室，毋廢王命！』今鄭不率，寡君使羣臣問諸鄭，豈敢辱候人？敢拜君命之辱。」彘子以爲諂。

趙旃求卿未得，且怒于失楚之致師者。請挑戰，弗許。請召盟，許之。與魏錡皆命而往。郤獻子克曰：〔二〕「三憾往矣，〔三〕弗備必敗。」彘子曰：「鄭人勸戰，弗敢從也。楚人求成，弗能好也。師無成命，多備何爲？」士季曰：「備之善。若二子怒楚，楚人乘我，喪師無日矣。不如備之。楚之無惡，除備而盟，何損于好？若以惡來，有備不敗。且雖諸侯相見，軍衛不徹，警也。」彘子不可。

〔一〕「軍」，傅山全書初版本誤作「君」，據手稿改。
〔二〕「克」，傅山全書初版本脫，據手稿補。
〔三〕「三」，傅山全書初版本誤作「二」，據手稿改。

士季使鞏朔、韓穿帥七覆于敖前。故上軍不敗。

宣十六年。晉士會帥師滅赤狄甲氏及留吁鐸辰，三月獻狄俘。晉侯請于王，戊申，以黻冕命士會將中軍，且爲太傅。于是晉國之盜逃奔于秦。羊舌職曰：「吾聞之，禹稱善人，不善人遠。此之謂也夫。詩曰：『戰戰兢兢，如臨深淵，如履薄冰。』善人在上也。善人在上，則國無幸民。諺曰：『民之多幸，國之不幸也。』是無善人之謂也。」

宣十六年。秋，爲毛、召之難故，王室復亂。王孫蘇奔晉，晉人復之。冬，使士會平王室，定王享之。原襄公相禮。殽烝。武子私問其故。王聞之，召武子曰：「季氏！而弗聞乎？王享有體薦，宴有折俎。公當享，卿當宴。王室之禮也。」武子歸而講求典禮，〔一〕以脩晉國之法。

宣十七年。范武子將老，召文子燮曰：〔二〕「燮乎！吾聞之，喜怒以類者鮮，易者實多。詩曰：『君子如怒，亂庶遄沮。君子如祉，亂庶遄已。』君子之喜怒，以已亂也。弗已者，必益之。郤子其或者欲已亂于齊乎！不然，余懼其益之也。余將老，使郤子逞其志，庶有豸乎！爾從二三子唯敬。」乃請老。郤獻子爲政。

成二年。晉師歸，范文子後入。武子曰：「無爲吾望爾也乎？」對曰：「師有功，國人喜以逆之，先入，必屬耳目焉，是代師受名也，故不敢。」武子曰：「吾知免矣。」

至僖公廿八年始見，〔三〕至此四十四年。

〔一〕「而」，傅山全書初版本脫，據手稿補。
〔二〕「燮」，傅山全書初版本脫，據手稿補。
〔三〕「至」，傅山全書初版本作「自」，據手稿改。

昭二十年。晏子曰：「曰宋之盟，屈建問范會之德于趙武。趙武曰：「夫子之家事治，言于晉國，竭情無私。其祝史祭祀，陳信不愧。其家事無猜，〔一〕其祝史不祈。』建以語康王。康王曰：『神人無怨！宜夫子之光輔五君，以爲諸侯主也。』」

士魴〔二〕亦會子，始見成十八年。

范文子士燮

宣公十七年。范武子將老，召文子云云，見前。

成二年。衛孫桓子還于新築，不入，遂如晉乞師。晉侯許之七百乘。郤獻子克請八百乘，許之。郤克將中軍，士燮佐上軍。晉師歸，范文子後入。武子曰：「無爲吾望爾也乎？」對曰：「師有功，國人喜以逆之，先入，必屬耳目焉，是代帥受名也，故不敢。」武子曰：「吾知免矣。」范叔見，勞之如郤伯，對曰：「庚所命也，克之制也，燮何力之有焉！」

成公四年。鄭伯伐許，士燮佐上軍以救許。

成公六年。晉楚桑隧之役，趙同、趙括欲戰，知莊子、范文子、韓獻子諫曰「不可」云云。詳知莊子下。

〔一〕「事」，傅山全書初版本脱，據手稿補。
〔二〕「士」，傅山全書初版本誤作「七」，據手稿改。

成公八年。〔一〕晋侯使士燮來聘。傳：言伐郯也，以其事吴故。公賂之，請緩師。文子曰：「不可。君命無二，失信不立。禮無加貨，事無二成。君後諸侯，是寡君不得事君也。燮將復之。」季孫懼，使宣伯帥師會伐郯。

成公九年。爲歸汶陽之田故，諸侯貳于晋。晋人懼，會于蒲，以尋馬陵之盟。季文子謂范文子曰：「德則不競，尋盟何爲？」范文子曰：「勤以撫之，寬以待之，堅彊以御之，明神以要之，柔服而伐貳，德之次也。」是行也，將始會吴，吴人不至。

晋侯觀于軍府，見鍾儀云云。公語范文子，文子曰：「楚囚，君子也。言稱先職，不背本也。樂操土風，不忘舊也。稱太子，抑無私也。名其二卿，尊君也。不背本，仁也。不忘舊，信也。無私，忠也。尊君，敏也。仁以接事，信以守之，忠以成之，敏以行之。事雖大，必濟。君盍歸之？使合晋、楚之成。」公從之，重爲之禮，使歸求成。

十二年。五月，晋士燮會楚公子罷、許偃。癸亥，盟于宋西門之外，曰：「凡晋、楚無相加戎，好惡同之，同恤菑危，備救凶患。若有害楚，則晋伐之。在晋，楚亦如之。交贄往來，道路無壅；謀其不協，而討不庭。有渝此盟，明神殛之，俾隊其師，無克祚國。」〔二〕鄭伯如晋聽成，會于瑣澤，成故也。晋郤至如楚聘，歸以語范文子。文子曰：「無禮必食言，吾死無日矣夫！」詳郤至下。

成十三年。〔三〕秦桓公既與晋厲公爲令狐之盟，而又召狄與楚，欲道以伐晋，諸侯是以睦于晋。

〔一〕「八」，手稿作「七」，據左傳改。
〔二〕「祚」，傅山全書初版本誤作「胙」，據手稿改。
〔三〕「成」字下，傅山全書初版本衍一「公」字，據手稿删。

士燮將上軍，郤錡佐之。五月丁亥，晉、秦戰于麻隧，秦師敗績。

成十五年。經：冬十一月，叔孫僑如會晉士燮等，會吳于鍾離。傳：始通吳也。

成十六年。晉侯將伐鄭，范文子曰：「若逞吾願，諸侯皆叛，晉可以逞。若唯鄭叛，晉國之憂，可立俟也。」欒武子曰：「不可以當吾世而失諸侯，必伐鄭。」乃興師。欒書將中軍，士燮佐之。五月，晉師濟河。聞楚師將至，范文子欲反，曰：「我僞逃楚，可以紓憂。夫合諸侯，非吾所能也，以遺能者。我若羣臣輯睦以事君，多矣。」六月，晉、楚遇于鄢陵。范文子不欲戰，郤至曰「韓之戰」云云。文子曰：「吾先君之亟戰也，有故。秦、狄、齊、楚皆彊，不盡力，子孫將弱。今三彊服矣，敵楚而已。惟聖人能内外無患。〔二〕自非聖人，外寧必有内憂，盍釋楚以爲外懼乎？」甲午晦，楚晨壓晉軍而陳。范匄趨進，曰「塞井夷竈」云云。文子執戈逐之，曰：「國之存亡，天也。童子何知焉？」晉入楚軍，三日穀。范文子立于戎馬之前，曰：「君幼，諸臣不佞，何以及此？君其戒之！周書曰：『惟命不于常。』有德之謂。」

九月，晉人執季文子于苕丘。范文子謂欒武子曰：〔三〕「季孫于魯，相二君矣。妾不衣帛，馬不食粟，可不謂忠乎？信讒慝而棄忠良，若諸侯何？子叔嬰齊奉君命無私，謀國家不貳，圖其身不忘其君。若虛其請，是棄善人也。子其圖之！」乃許魯平，赦季孫。

成十七年。范文子反自鄢陵，使其祝宗祈死，曰：「君驕侈而克敵，是天益其疾也，難將作矣。愛我者惟祝我，使我速死，無及于難，范氏之福也。」六月戊辰，士燮卒。

〔二〕「内外」，傅山全書初版本誤作「外内」，據手稿改。

〔三〕「欒」，傅山全書初版本誤作「燮」，據手稿改。

自宣公十七年至此，凡十九年。

范宣子士匄

成公十六年。鄢陵之戰，楚晨壓晉軍而陳。軍吏患之。范匄趨進，曰：「塞井夷竈，陳于軍中，而疏行首。晉、楚唯天所授，何患焉？」

成十七年。欒書、中行偃執公。召士匄，士匄辭。

成十八年。晉范宣子來聘，且拜朝也。君子謂：「晉於是乎有禮。」

襄三年。晉爲鄭服故，且欲脩吳好，將合諸侯。使士匄告于齊曰：「寡君使匄以歲之不易，不虞之不戒，寡君願與一二兄弟相見，以謀不協。請君臨之，使匄乞盟。」齊侯欲勿許，而難爲不協，乃盟于耏外。

襄八年。晉范宣子來聘，且拜公之辱，告將用師于鄭。公享之，宣子賦摽有梅。季武子曰：「誰敢哉！今譬于草木，寡君在君，君之臭味也。歡以承命，何時之有？」武子賦角弓。賓將出，武子賦彤弓。宣子曰：「城濮之役，我先君文公獻功于衡雍，受彤弓于襄王，以爲子孫藏。匄也，先君守官之嗣也，敢不承命？」君子以爲知禮。

襄九年。楚子囊曰：「范匄少于中行偃而上之，使佐中軍。」

冬十月，諸侯伐鄭。庚午，季武子、齊杼、〔一〕宋皇鄖從荀罃、士匄門于鄟門。

襄十年。夏四月戊午，會于柤。晉荀偃、士匄請伐偪陽，而封宋向戌焉。諸侯之師久于偪陽，

〔一〕「杼」字上，傅山全書初版本尚有一「崔」字，據手稿删。

荀偃、士匄請于荀罃曰：「水潦將降，懼不能歸，請班師！」知伯怒云。荀偃、士匄率卒攻偪陽，〔一〕親受矢石。甲午，滅之。宋公享晉侯于楚丘，請以桑林。荀罃辭。荀偃、士匄曰：「諸侯，宋、魯于是乎觀禮。〔二〕魯有禘樂，〔三〕賓祭用之。宋以桑林享君，不亦可乎？」舞師題以旌夏。晉侯懼而退入于房。去旌，卒享而還。及著雍，疾。卜，桑林見。荀偃、士匄欲奔請禱焉，荀罃不可。

冬，晉侯使士匄平王室，王叔與伯輿訟焉。王叔之宰與伯輿之大夫瑕禽坐訟于王庭，〔四〕士匄聽之云云。范宣子曰：「天子所右，寡君亦右之。所左，亦左之。」使王叔氏與伯輿合要，王叔氏不能舉其契。

十一年。四月，諸侯伐鄭。七月，同盟于亳。范宣子曰：「不慎，必失諸侯。」乃盟。載書曰：「毋蘊年，毋壅利，〔五〕毋保姦，毋留慝，救災患，恤禍亂，同好惡，獎王室。或問茲命，司慎司盟，名山名川，羣神羣祀，先王先公，七姓十二國之祖，明神殛之。俾失其民，隊命亡氏，踣其國家。」

襄十三年。荀罃、士魴卒。晉侯蒐于綿上以治兵。使士匄將中軍，辭曰：「伯游長。昔臣習于知伯，是以佐之，非能賢也。請從伯游。」荀偃將中軍，士匄佐之云云。君子曰：「讓，禮之主也。范宣子讓，其下皆讓。欒黶爲汰，弗敢違也。晉國以平，數世賴之。」

〔一〕「率」，傅山全書初版本誤作「帥」，據手稿改。
〔二〕「乎」，傅山全書初版本脫，據手稿補。
〔三〕「樂」，傅山全書初版本誤作「欒」，據手稿改。
〔四〕「訟」，傅山全書初版本誤作「獄」，據手稿改。
〔五〕「利」字上，傅山全書初版本衍一「之」字，據手稿删。

襄十四年。會于向，爲吳謀楚故也。范宣子數吳之不德也，以退吳人。執莒公子務婁，以其通楚使也。將執戎子駒支。范宣子親數諸朝，曰：「來！姜戎氏，昔秦人追逐乃祖吾離于瓜州，乃祖吾離被苫蓋，蒙荊棘，以來歸我先君。我先君惠公有不腆之田，與汝剖分而食之。〔二〕今諸侯之事我寡君，不如昔者，蓋言語漏洩，則職汝之由。〔三〕詰朝之事，爾無與焉。與將執汝。」戎子對云云，賦青蠅而退。宣子辭焉，使即事于會，成愷悌也。

夏，諸侯之大夫從晉伐秦。欒鍼與士鞅馳秦師，死焉。士鞅返。欒黶謂士匄曰：「余弟不欲往，而子召之」云云。

襄十四年冬，會于戚，謀定衞也。范宣子假羽毛于齊而弗歸，齊人始貳。

襄十六年。冬，穆叔如晉聘，且言齊故。見范宣子，賦鴻鴈之卒章。宣子曰：「匄在此，敢使魯無鳩乎！」

襄十八年。冬，同伐齊。齊侯禦諸平陰，諸侯之士門焉，齊人多死。范宣子告析文子曰：「吾知子，敢匿情乎？魯人、莒人皆請以車千乘自其鄉入，既許之矣。若入，君必失國。子盍圖之！」十一月己卯，荀偃、士匄以中軍克京茲。

十九年。經書：晉士匄帥師侵齊至穀，聞齊侯卒，乃還。傳曰：聞喪而還，禮也。

荀偃病，士匄請見，弗內。請後，曰：「鄭甥可。」二月甲寅，卒而視，不可含。宣子盥而撫之曰：「事吳敢不如事主！」猶視。欒懷子云云。宣子出，曰：「吾淺之爲丈夫也。」

〔二〕「汝」，傅山全書初版本誤作「女」，據手稿改。

〔三〕「汝」，傅山全書初版本誤作「女」，據手稿改。

季武子如晉拜師，〔一〕晉侯享之。范宣子爲政，賦黍苗。季武子再拜稽首云云。〔二〕

鄭公孫蠆卒，赴于晉大夫。范宣子言于晉侯，以其善于伐秦也。

齊及晉平，盟于大隧。故穆叔會范宣子于柯。

冬，叔孫豹會晉士匄於柯。〔三〕

襄廿一年，欒桓子娶于范宣子，生懷子。桓子卒，欒祁與其老州賓通。祁懼其討也，愬諸宣子云云。范鞅爲之徵。懷子好施，士多歸之。宣子畏其多士也，信之。使城著而遂逐之。秋，欒盈出奔楚。宣子殺箕遺、黄淵，嘉父、司空靖、邴豫、董叔、邴師、申書、羊舌虎、叔羆，囚伯華、叔向、籍偃。

知起、中行喜、州綽、邢蒯出奔齊，皆欒氏之黨也。欒王鮒謂范宣子曰：「盍反州綽、邢蒯？勇士也。」宣子曰：〔四〕「彼欒氏之勇也，余何獲焉？」王鮒曰：「子爲彼欒氏，乃亦子之勇也。」

襄廿三年。四月，欒盈帥曲沃之甲，因魏獻子舒以晝入絳。〔五〕欒王鮒侍坐于范宣子。或告曰：「欒氏至矣。」宣子懼。桓子曰：「鮒奉君以走固宮，必無害也。且欒氏多怨，子爲政；欒氏自外，子在位。其利多矣。既有利權，又執民柄，將何懼焉？欒氏所得，其惟魏氏乎！而可强取也。夫克亂在權，子無懈矣！」公有姻喪，王鮒使宣子墨縗冒絰，二婦人輦以如公，奉公以如固宮。范鞅

〔一〕「武」，手稿作「文」，據左傳改。
〔二〕「再」字上，傅山全書初版本衍一「興」字，據手稿删。
〔三〕此段，傅山全書初版本脱，據手稿補。
〔四〕自「盍反」至此十二字，傅山全書初版本脱，據手稿補。
〔五〕「舒」，傅山全書初版本脱，據手稿補。

逆魏舒，之公。宣子逆諸階，執其手，賂之以曲沃。初，斐豹隸也，著于丹書。欒氏之力臣曰督戎，國人懼之。斐豹謂宣子曰：「苟焚丹書，我殺督戎。」宣子喜曰：「而殺之，所不請于君焚丹書者，有如日！」乃出豹而閉之，督戎從之。踰隱而待之，督戎踰入，豹自後擊而殺之。范氏之徒在臺後，欒氏乘公門。宣子謂鞅曰：「矢及君屋，死之！」鞅用劍以率卒。

襄廿四年。春，穆叔如晉。范宣子逆之，問焉，曰：「古人有言曰，『死而不朽』，何謂也？」穆叔未對。宣子曰：「昔匄之祖，自虞以上，爲陶唐氏，在夏爲御龍氏，在商爲豕韋氏，在周爲唐、杜氏，晉主夏盟爲范氏，其是之謂乎？」穆叔曰：「此之謂世祿，非不朽也」云云。

范宣子爲政，諸侯之幣重。鄭人病之。二月，鄭伯如晉。子產寓書于子西以告宣子云云。宣子說，乃輕幣。是行也，鄭伯朝晉，爲重幣故，且請伐陳也。鄭伯稽首。宣子辭。

襄公廿六年，齊烏餘以廩丘奔晉。襲衛羊角，取之。遂襲我高魚，有大雨，自其竇入，介于其庫，以登其城，克而取之。又取邑于宋。於是范宣子卒，諸侯弗能治也。

凡卅年。

昭三年。初，州縣，欒豹之邑也。及欒氏亡，范宣子、趙文子、韓宣子皆欲之。文子曰：「温，吾縣也。」二宣子曰：「自郤稱以別，三傳矣。晉之別縣不惟州，誰獲治之？」文子病之，乃舍之。二子曰：「吾不可以正議而自與也。」皆舍之。

昭六年。士匄相士鞅，逆諸河。又一士匄。士文伯曰士匄。

昭廿九年。晉趙鞅、荀寅帥師城汝濱，遂賦晉國一鼓鐵，著范宣子所爲刑書焉。仲尼曰：「宣子之刑，夷之蒐，晉國之亂政也。若之何以爲法？」

范獻子士鞅

襄十四年。欒鍼與士鞅馳秦師。士鞅反，欒黶謂士匄曰：「余弟不欲往，而子召之。余弟死，而子來，是而子殺余之弟也。弗逐，余亦將殺之。」士鞅奔秦。秦伯問士鞅曰：「晉大夫其誰先亡？」對曰：「其欒氏乎！」秦伯曰：「以其汰乎？」對曰：「然。欒黶汰虐已甚，猶可以免。其在盈乎！」秦伯曰：「何故？」對曰：「武子之德在民，如周人之思召公焉，愛其甘棠，况其子乎？欒黶死，〔一〕盈之善未能及人，武子所施没矣，而黶之怨實章，將于是乎在。」秦伯以爲知言，爲之請于晉而復之。

襄十六年。晉平公即位，士鞅與祁奚、韓襄、欒盈爲公族大夫。

襄十八年。〔二〕平陰之役。十二月戊戌，范鞅門于雍門，其御追喜以戈殺犬于門中。壬寅，范鞅門于楊門。

襄廿一年。欒桓子娶于范宣子，生懷子。范鞅以其亡也，怨欒氏，故與欒盈爲公族大夫而不相能。欒祁愬之云云，范鞅爲之徵。

襄廿三年。欒盈入絳也，范鞅逆魏舒，則成列既乘，將逆欒氏矣。趨進，曰：「欒氏帥賊以入，鞅之父與二三子在君所矣。使鞅逆吾子。鞅請驂乘持帶。」遂超乘，右撫劍，左援帶，命驅之出。僕請，鞅曰：「之公。」宣子謂鞅曰：「矢及君屋，死之！」鞅用劍以帥卒，欒氏退。欒氏乘公門。

〔一〕「欒黶」，傅山全書初版本誤作「黶欒」，據手稿改。

〔二〕「十八年」，手稿作「十七年」，據左傳改。

攝車從之，遇欒樂，曰：「樂勉之，死將訟女于天。」樂射之，不中。又注，則乘槐本而覆。或以戟鉤之，斷肘而死。

襄廿九年。范獻子來聘，報城杞也，公享之。射者三耦，公臣不足。

昭五年。〔二〕楚薳啓彊曰：「韓起之下，趙成、中行吳、魏舒、范鞅、知盈，皆諸侯之選也」云云。夏，莒牟夷以牟婁及防茲來奔。莒人愬于晉，晉侯欲止公，范獻子曰：「不可。人朝而執之，誘也。討不以師，而誘以成之，惰也。爲盟主而犯此二者，無乃不可乎？請歸之，間而以師討焉。」乃歸公。〔三〕

昭六年。十一月，齊侯如晉，請伐北燕也。士匄（又一士匄）相士鞅，逆諸河，禮也。

昭七年。秋八月，衛襄公卒。晉大夫言于范獻子曰：「衛事晉爲睦，晉不禮焉，庇其賊人而取其地，故諸侯貳。詩曰：『鵖鴒在原，兄弟急難。』又曰：『死喪之威，兄弟孔懷。』兄弟之不睦，于是乎不吊，況遠人，誰敢歸之。今又不禮于衛之嗣，衛必叛我，是絕諸侯也。」獻子以告韓宣子。宣子說，使獻子如衛吊，且反戚田。

昭廿一年。夏，晉士鞅來聘，叔孫爲政。季孫欲惡諸晉，使有司以齊鮑國歸費之禮爲士鞅。士鞅怒曰：「鮑國之位下，其國小，而使鞅從其牢禮，是卑弊邑也。將復諸寡君。」魯人恐，加四牢焉，爲十一牢。

昭廿三年。晉人執我行人叔孫婼。傳：范獻子求貨于叔孫，使請冠焉。取其冠法，而與之兩

〔二〕「五年」，手稿作「四年」，據左傳改。

〔三〕「乃歸公」，傅山全書初版本脫，據手稿補。

冠，曰：「盡矣。」

昭廿四年。六月壬申，王子朝之師攻瑕及杏，皆潰。鄭伯如晉，子大叔相，見范獻子。獻子曰：「若王室何？」對曰：「老夫其國家不能恤，敢及王室。抑人亦有言曰：『嫠不恤其緯，而憂宗周之隕，爲將及焉。』今王室實蠢蠢焉，吾小國懼矣。然大國之憂也，吾儕何知焉？吾子其早圖之！詩曰：『缾之罄矣，惟罍之恥。』王室之不寧，晉之恥也。」獻子懼，而與宣子圖之。乃徵會于諸侯，期以明年。

昭廿七年。經：秋，晉士鞅、宋樂祁犂、衛北宮喜、曹人、邾人、滕人會于扈。傳：會于扈，令戍周，且謀納公也。宋、衛皆利納公，固請之。范獻子取貨于季孫，謂司城子梁與北宮貞子曰：「季孫未知其罪，而君伐之，請囚，請亡，于是乎不獲。君又弗克，而自出也。夫豈無備而能出君乎？季氏之復，天救之也。休公徒之怒，而啓叔孫氏之心。不然，豈其伐人而說甲執冰以游？叔孫氏懼禍之濫，而自同于季氏，天之道也。魯君守齊，三年而無成。季氏甚得其民，淮夷與之，有十年之備，有齊、楚之援，有天之贊，有民之助，有堅守之心，有列國之權，而弗敢宣也，〔二〕事君如在國。故鞅以爲難。二子皆圖國者也，而欲納魯君，鞅之願也。請從二子以圍魯，無成，死之。」二子懼，皆辭。乃辭小國，而以難復。

昭卅一年，晉侯將以師納公。范獻子曰：「若召季孫而不來，則信不臣矣。然後伐之，若何？」晉人召季孫，獻子使私焉，曰：「子必來，我受其無咎。」

昭卅二年。天王使如晉，請城成周。范獻子謂魏獻子曰：「與其戍周，不如城之，天子實云。

〔二〕「弗」，傅山全書初版本誤作「不」，據手稿改。

雖有後事，晉勿與知可也。從王命以紓諸侯，晉國無憂。是之不務，而又焉從事？」魏獻子曰：「善。」

定元年。魏舒屬役于韓簡子及原壽過，而田于大陸，焚焉。還，卒于甯。范獻子去其柏椁，以其未復命而田也。

定公四年。經：晉士鞅、衛孔圉帥師伐鮮虞。傳：晉荀寅求貨于蔡侯，弗得。言于范獻子曰：「國家方危」云云。詳荀寅下。皋鼬之盟，將長蔡于衛。祝鮀云云，萇弘說，告劉子，與范獻子謀之，〔一〕乃長衛侯于盟。

定公五年。經書：晉士鞅帥師圍鮮虞。傳曰：報觀虎之役也。〔二〕

定公六年。夏，季桓子如晉，獻鄭俘也。陽虎強使孟懿子往報夫人之幣。晉人兼享之。孟孫立于房外，謂范獻子曰：「陽虎若不能居魯，而息肩于晉，所不以爲中軍司馬者，有如先君。」獻子曰：「寡君有官，將使其人。鞅何知焉？」獻子謂簡子曰：「魯人患陽虎，孟孫知其釁，以爲必適晉，故强爲之請，以取人焉。」樂祁犂往晉，趙簡子逆而飲之酒于緜上，獻楊楯六十于簡子云云，范獻子言于晉侯曰：「以君命越疆而使，未致使而私飲酒，不敬二君，不可不討也。」乃執樂祁。

定八年。將歸樂祁，士鞅曰：「三年止之，無故而歸之，宋必叛晉。」獻子私謂子梁曰：「寡君懼不得事宋君，是以止子。子姑使溷代子。」子梁以告陳寅。陳寅曰：「宋將叛晉，是棄溷也。不如待之。」樂祁歸，卒于大行。士鞅曰：「宋必叛，不如止其尸以求成焉。」乃止諸州。夏，齊國

〔一〕「與范獻子」四字，傅山全書初版本脫，據手稿補。

〔二〕「虎」字手稿脫，據左傳補。

夏、高張伐我西鄙。晉士鞅、趙鞅、荀寅救我。公會晉師于瓦。范獻子執羔，趙簡子、中行文子皆執鴈。魯於是始尚羔。

自此以後，士鞅不見。自襄十四年至定八年，凡五十九年，應年久死。

哀公七年。鄫之會。吳徵百牢，曰：「魯牢晉大夫過十」云云，子服景伯曰：「晉范鞅貪而棄禮，以大國懼敝邑，故敝邑十一牢之。」

趙簡子鞅〔一〕

（前缺）〔二〕謂季孫：「君怒未怠，子姑歸祭。」子家子曰：「君以一乘入于魯師，季孫必與君歸。」公欲從之，衆從者脅公，不得歸。

定十三年。晉趙鞅謂邯鄲午曰：「歸我衛貢五百家，吾舍諸晉陽。」午許諾。歸告其父兄，皆曰：「不可。衛是以爲邯鄲，而寘諸晉陽，絕衛之道也。不如侵齊而謀之。」欲因懼齊而徙，則衛與邯鄲好不絕。乃如之，而歸之于晉陽。但謀定也，未歸。趙孟怒，召午而囚諸晉陽。鞅不察其謀，謂午不用命，故囚之。使其從者説劍而入，涉賓不可。午家臣也，不肯説劍入，欲謀叛。乃使告邯鄲人曰：「吾私有討于午也，二三子唯所欲立。」午，鞅同族。遂殺午。趙稷、涉賓以邯鄲叛。夏六月，上軍司馬籍秦圍邯鄲。邯鄲午，荀寅之甥也；荀寅，范吉射之姻也。而相與睦，故不與圍邯鄲，將作亂。董安于聞之，告趙孟曰：「先備諸。」趙孟曰：「晉國有命，始禍者死，爲後可也。」安于曰：「與其害于民，寧我獨死。請

〔一〕手稿散失，標題爲編者加。
〔二〕此段爲昭公三十一年事。

以我說。」趙孟不可。

秋七月，范氏、中行氏伐趙氏之宮，趙鞅奔晉陽。晉人圍之。范皋夷無寵于范吉射，而欲爲亂於范氏。梁嬰父嬖於知文子，文子欲以爲卿。韓簡子不信。與中行文子荀寅。相惡，魏襄子舒之孫曼多。亦與范昭子吉射。〔一〕相惡。故五子謀，將逐荀寅而以梁嬰父代之，逐范吉射而以范皋夷代之。荀躒言于晉侯曰：「君命大臣，始禍者死，載書在河。今三臣始禍，而獨逐鞅，刑已不鈞矣。請皆逐之。」冬十一月，荀躒、韓不信、魏曼多奉公以伐范氏吉射、中行氏荀寅，弗克。〔二〕二子將伐公，齊高彊曰：「三折肱知爲良醫。唯伐君爲不可，民弗與也。我以伐君在此矣。三家未睦，知、韓、魏。可盡克也。克之，君將誰與？若先伐君，是使睦也。」弗聽，遂伐公。國人助公，二子敗，從而伐之。丁未，荀寅、士吉射奔朝歌，韓、魏以趙氏爲請。十二月辛未，趙鞅入于絳，盟于公宮。

荀躒賴事，最是受祁勝、鄔臧之賄。

定十有四年。梁嬰父惡董安于，謂知文子曰：「不殺安于，使終爲政于趙氏，趙氏必得晉國。盍以其先發難也，討于趙氏？」文子使告于趙孟曰：「范、中行氏雖信爲亂，安于則發之，是安于與謀亂也。晉國有命，始禍者死。二子既伏其罪矣，敢以告。」趙孟患之。安于曰：「我死而晉國寧，趙氏定，將焉用生？人誰不死，吾死莫矣。」乃縊而死。趙孟尸諸市而告于知氏曰：「主命戮罪人，安于既伏其罪矣，敢以告。」智伯從趙孟盟，而後趙氏定，祀安于於廟。

〔一〕「吉射」上，傅山全書初版本衍一「士」字，據手稿刪。

〔二〕自「曰：君命」至此，傅山全書初版本脫，據手稿補。

鄭公孫蠆子蟜

襄八年。冬，楚子囊伐鄭，討其侵蔡也。子駟、子國、子耳欲從楚，子孔、子蟜、子展欲待晉。卒從子駟與楚平。

九年。十一月，戲之盟，鄭六卿皆從之，蠆在其中。楚子伐鄭，子駟將及楚平。子孔、子蟜曰：「與大國盟，口血未乾而背之，可乎？」子駟、子展曰：「吾盟固云：『唯強是從。』今楚師至，晉不我救，則楚強矣。」云云。又及楚平。

十年。十月戊辰，尉止、司臣、侯晉、堵女父、子師僕殺子駟、子國、子耳，劫鄭伯以如北宮。子蟜帥國人助之，殺尉止、子師僕。

十四年。正月，季孫宿會十二國，會吴于向。四月，叔孫豹等會晉荀偃十二國伐秦。經皆書鄭公孫蠆。傳：鄭子蟜見衛北宮懿子北宮，括也。曰：「與人而不固，取惡莫甚焉！若社稷何？」懿子説。二子見諸侯之師而勸之濟，濟涇而次。秦人毒涇上流，師人多死。鄭司馬子蟜帥鄭師以進，師皆從之，至于棫林，不獲成焉。

十五年。晉悼公卒，子蟜送葬。

十六年。湨梁之會，晉侯與諸侯宴于温，高厚逃歸。于是，叔孫豹、晉荀偃、宋向戌、衛寗殖、鄭公孫蠆、小邾之大夫盟曰：「同討不庭。」許男請遷于晉。諸侯遂遷許，許大夫不可。晉人歸諸侯。鄭子蟜聞將伐許，遂相鄭伯以從諸侯之師。

十八年。楚子庚帥師治兵于汾。於是子蟜、伯有、子張從鄭伯伐齊。

十九年。四月丁未，鄭公孫蠆卒，赴于晉大夫。范宣子言于晉侯，以其善于伐秦也。十四年勤濟涇。六月，晉侯請于王，王追賜之大輅，使以行，禮也。

歷十二年。

齊公孫蠆字子尾

襄廿八年。齊慶封來奔。傳：公膳，日雙雞。饔人竊更之以鶩。御者知之，則去其肉而以洎饋。〔二〕子雅、子尾怒。慶封告盧蒲嫳。盧蒲嫳曰：「辟之如禽獸，吾寢處之矣」云云。乙亥，嘗于太公之廟，欒、高、陳、鮑之徒介慶氏之甲。子尾抽桷擊扉三，盧蒲癸自後刺子之。崔氏之亂，喪羣公子。故鉏在魯，叔孫還在燕，賈在句瀆之丘。及慶氏亡，皆召之，具其器用而反其邑焉。與晏子邶殿，其鄙六十。弗受。子尾曰：「富，人之所欲也，何獨弗欲？」與子尾邑，受而稍致之。公以爲忠，故有寵。

襄廿九年。秋九月，齊公孫蠆、公孫竈放其大夫高止于北燕。乙未，出。書曰：「出奔。」罪高止也。高止好以事自爲功，且專，故難及之。

襄卅年。冬十月，叔孫豹會晉趙武、齊公孫蠆、宋向戌、衛北宫佗、鄭罕虎及小邾之大夫，會于澶淵。

襄卅一年。齊子尾害閭丘嬰，欲殺之，使帥師以伐陽州。我問師故。夏五月，子尾殺閭丘嬰以說于我師。

〔二〕「以」字下，傅山全書初版本衍一「其」字，據手稿删。

昭公二年。韓宣子如齊納幣。見子尾。子尾見彊。宣子謂之如子旗。

昭三年。晉韓起如齊逆女。公孫蠆爲少姜之有寵也，以其子更公女而嫁公子。更嫁公女。人謂宣子：「子尾欺晉，晉胡受之？」宣子曰：「欲得齊而遠其寵，（是甚話？）寵將來乎？」寵謂子尾。齊侯田于莒，盧蒲嫳見，泣且請曰：「余髮如此種種，余奚能爲？」公曰：「諾，吾告二子。」歸而告之。子尾欲復之，子雅不可。

昭五年。鄭罕虎如齊，娶于子尾氏。

昭八年。七月甲戌，齊子尾卒，子旗欲治其室。丁丑，殺梁嬰。子尾家宰。八月庚戌，逐子成、子工、子車，三子，子尾之屬。皆來奔，而立子良氏之宰。子良，子尾之子高彊也。以其子更公女而嫁公子，齊蠆如此大膽無禮！

歷十二年。

殖綽齊。　郭最　邢蒯

州綽晉。

襄十八年。十月，諸侯伐齊。齊侯禦諸平陰。十一月丁卯朔，入平陰，遂從齊師。〔二〕夙沙衛連大車以塞隧而殿。殖綽、郭最曰：「子殿國師，齊之辱也。子姑先乎！」乃代之殿。衛殺馬于隘以塞道。晉州綽及之，射殖綽中肩，兩矢夾脰，曰：「止，將爲三軍獲。不止，將取其衷。」顧曰：「爲私誓。」州綽曰：「有如日！」乃弛弓而自後縛之。其右具丙亦舍兵而縛郭最。皆衿甲面縛。壬寅，焚東郭、北郭。州綽門于東閭，左驂迫還于門中，以枚數闔。

〔二〕「齊」，手稿誤作「晉」，據左傳改。

襄十九年。齊慶封圍高唐，弗克。以夙沙衛叛在高唐。冬十一月，齊侯圍之，見衛在城上，號之，乃下。問守備焉，以無備告。揖之，乃登。聞師將傳，食高唐人。殖綽、工僂會夜縋納師，醢衛于軍。

十八年殖綽被州綽縛去矣，此復見，不知何自歸來。

襄廿一年。知起、中行喜、州綽、邢蒯出奔齊，皆欒氏之黨也。樂王鮒謂范宣子曰：「盍反州綽、〔二〕邢蒯，勇士也。」宣子曰：「彼欒氏之勇也，余何獲焉？」王鮒曰：「子爲彼欒氏，乃亦子之勇也。」齊莊公朝，指殖綽、郭最曰：「是寡人之雄也。」州綽曰：「君以爲雄，誰敢不雄？然臣不敏，平陰之役，先二子鳴。」莊公爲勇爵。殖綽、郭最欲與焉。州綽曰：「東閭之役，臣左驂迫還于門中，識其枚數。其可以與于此乎？」公曰：「子爲晉君也。」對曰：「臣爲隸新。然二子者，譬于禽獸，臣食其肉而寢處其皮矣。」

襄廿五年。崔杼之難，賈舉、州綽、邴師、公孫敖、封具、鐸父、襄伊、僂堙皆死。八子皆齊勇力之臣，爲公所嬖者。

欒盈之黨十人中有邴師，范宣子殺之者。

襄廿六年。衛人侵戚東鄙，孫氏訴于晉，晉戍茅氏。殖綽伐茅氏，殺晉戍三百人。孫蒯追之，弗敢擊。文子曰：「厲之不如！」遂從衛師，敗之圉。雍鉏獲殖綽。復愬于晉。注：殖綽，齊人，今來在衛也。

〔二〕「綽」字手稿脫，據左傳補。

夙沙衛

襄二年。齊侯伐萊，萊人使正輿子賂夙沙衛以索馬牛皆百匹，齊師乃還。君子是以知齊靈公之靈也。

襄十七年。齊人以其未得志于我故，秋，齊侯伐我北鄙，圍桃。高厚圍臧紇于防。師自陽關逆臧孫，至于旅松。郰叔紇、臧疇、臧賈帥甲三百，宵犯齊師，送之而復。三子與臧紇共在防，故夜送臧紇于旅松，而復還守防。齊師去之。失臧紇故。齊人獲臧堅。齊侯使夙沙衛唁之，且曰：「無死！」堅稽首曰：「拜命之辱！抑君賜不終，姑又使其刑臣禮于士。」以杙抉其傷而死。

十八年。齊侯伐我北鄙。諸侯同伐齊。齊侯禦諸平陰，塹防門而守之，廣里。夙沙衛曰：「不能戰，莫如守險。」弗聽。諸侯之士門焉，齊人多死。

十九年。齊靈公使高厚傅牙以爲太子。廢太子光也。夙沙衛爲少傅。莊公卽位，執公子牙于句瀆之丘。以夙沙衛易己，衛奔高唐以叛。冬十一月，齊侯圍，見衛在城上，號之，乃下。問守備焉，以無備告。揖之，乃登。聞師將傅，食高唐人。殖綽、工僂會夜縋納師，醢衛于軍。

榮駕鵝

襄廿八年。公如楚。傳：及漢，楚康王卒。公欲反，叔仲昭伯曰：「我楚國之爲，豈爲一人行也？」子服惠伯曰：「君子有遠慮，小人從邇。饑寒之不恤，誰遑其後？不如姑歸也。」叔孫穆子曰：「叔仲子專之矣，子服子始學者也。」榮成伯曰：「遠圖者，忠也。」注：「榮成伯，駕鵝」。公遂行。

廿九年。公還，及方城。季武子取卞，使公冶問，璽書追而與之曰：「聞守卞者將叛，臣帥徒以討之，既得之矣，敢告。」公冶致使而退，及舍而後聞取卞。公曰：「欲之而言叛，祇見疏也。」公問公冶曰：「吾可以入乎？」對曰：「君實有國，誰敢違君！」公與公冶冕服。固辭。強之而後受。公欲無入，榮成伯賦式微，乃歸。

定元年。六月癸亥，公之喪至自乾侯。季孫使役如闞，公氏將溝焉。榮駕鵝曰：「生不能事，死又離之，以自旌也。縱子忍之，後必或恥之。」乃止。季孫問于榮駕鵝曰：「吾欲爲君謚，使子孫知之。」對曰：「生弗能事，〔二〕死又惡之，以自信也。將焉用之？」乃止。

詎此前去襄廿八年。卅七年矣。

莒婦人報讎

昭公十九年。〔三〕齊伐莒，莒子奔紀鄣。使孫書伐之。初，莒有婦人，莒子殺其夫，已爲嫠婦。及老，託于紀鄣，紡焉以度而去之。及師至，則投諸外。或獻諸子占，子占使師夜縋而登。登者六十人，縋絕，師鼓噪。城上之人亦噪。莒共公懼，啓西門而出。七月丙子，齊師入紀。子占即孫書。

〔二〕「弗」字，傅山全書初版本誤作「不」，據手稿改。
〔三〕「公」字，傅山全書初版本脫，據手稿補。

鄫人報怨

哀八年。吴伐我，子洩率，故道險，從武城。初，武城人或有因于吴竟田焉，拘鄫人之漚菅者，曰：〔二〕「何故使吾水滋？」及吴師至，拘者道之，以伐武城，克之。

邾茅夷鴻請救于吴何以異于申包胥也？

哀七年。秋，伐邾，及范門，猶聞鐘聲。邾不禦寇。大夫諫，不聽。茅成子請告于吴，成子，邾大夫茅夷鴻也。不許，曰：「魯擊柝聞于邾，吴二千里，不三月不至，何及于我？且國内豈不足？」成子以茅叛，師遂入邾。邾茅夷鴻以束帛乘韋，〔三〕自請救于吴，曰：「魯弱晉而遠吴，馮恃其衆，而背君之盟，辟君之執事，以陵我小國。邾非敢自愛也，懼君威之不立。君威之不立，小國之憂也。若夏盟于鄫衍，秋而背之，成求而不違，言魯成其所求，無違逆。四方諸侯，其何以事君？且魯賦八百乘，君之貳也。邾賦六百乘，君之私也。以私奉貳，唯君圖之！」吴子從之。

杵臼

僖十二年。陳侯杵臼卒。

〔二〕「曰」字，手稿脱，據左傳補。
〔三〕「鴻」字，手稿脱，據左傳補。

僖十二年書卒，距莊元年陳莊公林卒，四十二年。〔一〕
文十六年。宋人弑其君杵臼（昭公）。
距文七年立，凡十年。
哀公五年。齊景公杵臼卒。
杵臼以襄廿五年崔杼立之，凡歷五十九年，最長遠。

盧蒲嫳

是何名字？
齊慶封與嫳易内而飲酒。

左傳巴事

桓九年。巴子使韓服告於楚，請與鄧爲好。楚子使道朔將巴客以聘於鄧。鄧南鄙鄾人攻而奪之幣，殺道朔及巴行人。楚子使薳章讓於鄧，鄧人弗受。夏，楚使鬭廉帥師及巴師圍鄾。鄧養甥、聃甥帥師救鄾。三逐巴師，不克。鬭廉衡陳其師于巴師之中以戰，而北。鄧人逐之，背巴師而夾攻之。鄧師大敗，鄾人宵潰。
莊十八年。巴人叛楚。

〔一〕陳宣公杵臼在位四十五年，手稿作「四十二年」，誤。

文十六年。楚滅庸，秦人、巴人從楚師。

昭公十三年。傳：楚共王與巴姬密埋璧于大室之庭，使五人齊，而長入拜。

哀十八年。巴人伐楚，圍鄾。

溷名

定六年。宋樂祁見溷而行。溷，祁子也。

八年。范獻子私謂子梁樂祁。曰：「寡君懼不得事宋君，是以止子。子姑使溷代子。」子梁以告陳寅。陳寅曰：「宋將叛晉，是棄溷也。不如待之。」

九年。宋使樂大心盟于晉，且逆樂祁之尸。辭，僞有疾。子明謂桐門右師出，曰：「吾猶衰絰，而子擊鍾，何也？」右師曰：「喪不在此故也。」既而告人曰：「已衰絰而生子，余何故舍鍾？」子明聞之怒，言于公曰：「右師將不利戴氏，不肯適晉，將作亂也。不然無疾。」乃逐桐門右師。左師卽大心也。

樂溷字子明。溷是何物？穢字，古人命名爾爾。

左齊兩工僂

襄十九年。齊慶封圍高唐，弗克。冬十一月，齊侯圍之，見衞在城上，號之，乃下。問守備焉，以無備告。揖之，乃登。聞師將傅，食高唐人。殖綽、工僂會夜縋納師，醢衞于軍。

襄三十一年。子尾殺閭丘嬰，工僂灑等四子出奔莒。

左傳名鄭者

平鄭。晉。

慶鄭。晉。

程鄭。晉。成十八、襄二十四、二十五。

向鄭。昭二十年，宋華、向之亂，八大夫出奔鄭，中有向鄭。

禽鄭。魯。成二年，禽鄭自師逆公。

左醫事

襄二十一年，楚醫視蔿子馮。

醫和。昭二。

醫衍。僖三十年，晉使醫衍酖衛侯。

文十八年，齊侯戒師期而有疾，醫曰：「不及秋，將死。」

醫緩。成十年晉景公膏肓事。

左傳淫亂事〔一〕

隱公二年，莒子娶於向，向姜不安莒而歸。夏，莒人入向，以姜氏還。

桓二年春，宋督攻孔氏，殺孔父而取其妻。公怒，督懼，遂弑殤公。君子以督爲有無君之心，而後動於惡，故先書弑其君。

桓公十六年，初，衛宣公烝於夷姜，夷姜，宣公之庶母也。生急子，屬諸右公子。爲之娶於齊，而美，公取之，生壽及朔。屬壽於左公子。左右媵之子，因以爲號。夷姜縊。宣姜與公子朔構急子。公使諸齊。使盜待諸莘，將殺之。壽子告之，使行。不可，曰：「弃父之命，惡用子矣？有無父之國則可也。」及行，飲以酒。壽子載其旌以先，盜殺之。急子至，曰：「我之求也。此何罪？請殺我乎！」又殺之。二公子故怨惠公。朔。

十一月，左公子洩、右公子職立公子黔牟。宣公子。惠公奔齊。

桓十八年春，公將有行，遂與姜氏如齊。申繻曰：「女有家，男有室，無相瀆也，謂之有禮。易此，必敗。」公會齊侯于濼，遂及文姜如齊。齊侯通焉。公謫之，以告。

夏四月丙子，享公。使公子彭生乘公，公薨於車。魯人告于齊曰：「寡君畏君之威，不敢寧居，來脩舊好，禮成而不反，無所歸咎，惡於諸侯。請以彭生除之。」齊人殺彭生。

莊元年，夫人孫于齊。二年，夫人姜氏會齊侯于禚。四年，夫人姜氏享齊侯于祝丘。五年，夫人姜氏如齊師。七年，夫人姜氏會齊侯于防。十九年、廿年，皆書夫人姜氏如莒。

〔一〕此篇據太原市晉祠博物館藏手稿釋文，由曹玉琪整理。標題爲整理者所加。傅山全書初版本未收。

莊公十年，蔡哀侯娶於陳，息侯亦娶焉。息嬀將歸，過蔡。蔡侯曰：「吾姨也。」止而見之，弗賓。息侯聞之，怒，使謂楚文王曰：「伐我，吾求救於蔡而伐之。」楚子從之。秋九月，楚敗蔡師於莘，〔一〕以蔡侯獻舞歸。

莊十四年，蔡哀侯爲莘故，繩息嬀以語楚子。楚子如息，以食入享，遂滅息。以息嬀歸，生堵敖及成王焉，未言。楚子問之，對曰：「吾一婦人而事二夫，縱弗能死，其又奚言？」楚子以蔡侯滅息，遂伐蔡。秋七月，楚子入蔡。君子曰：「商書所謂『惡之易也，如火之燎于原，不可鄉邇，其猶可撲滅』者，其如蔡哀侯乎。」

莊公廿八年，晉獻公娶于賈，無子。烝于齊姜，生秦穆夫人及大子申生。又娶二女于戎，大戎狐姬生重耳，小戎子生夷吾。晉伐驪戎，驪戎男女以驪姬。歸，生奚齊。其娣生卓子。驪姬嬖，欲立其子，賂外嬖梁五與東關嬖五，使言于公曰：「曲沃，君之宗也；蒲與二屈，君之疆也；不可以無主。宗邑無主，則民不威；疆邑無主，則啓戎心；戎之生心，民慢其政，國之患也。若使太子主曲沃，而重耳、夷吾主蒲與屈，則可以威民而懼戎，且旌君伐。」「狄之廣莫，於晉爲都。晉之啓土，不亦宜乎！」晉侯說之。使太子居曲沃，重耳居蒲城，夷吾居屈。羣公子皆鄙，唯二姬之子在絳。二五卒與驪姬譖羣公子而立奚齊，晉人謂之二五耦。

楚令尹子元欲蠱文夫人，文王夫人息嬀也。子元，文王弟，蠱惑以滋事。爲館于其宮側，而振萬焉。夫人聞之，泣曰：「先君以是舞也，習戎備也。今令尹不尋諸仇讎，而于未亡人之側，不亦異乎！」御人以告子元。子元曰：「婦人不忘仇讎，我反忘之。」

〔一〕「楚」，手稿作「荆」，依左傳改。

秋，子元以車六百乘伐鄭，入于桔柣之門。

閔二年。初，公傅奪卜齮田，公不禁。秋八月辛丑，共仲使卜齮賊公于武闈。成季以僖公適邾。共仲奔莒。乃入，立之。以賂求共仲于莒，莒人歸之。及密，使公子魚請。不許，哭而往。共仲曰：「奚斯之聲也。」乃縊。閔公、哀姜之娣叔姜之子也，故齊人立之。共仲通於哀姜，哀姜欲立之。閔公之死也，哀姜與知之，故孫于邾。齊人取而殺之于夷，以其尸歸，僖公請而葬之。

閔二年，狄人伐衛。傳：初，惠公之卽位也少，齊人使昭伯伯烝於宣姜，不可，强之。昭伯，惠文庶兄，宣公子頑也。昭伯不可。生齊子、戴公、文公、宋桓夫人、許穆夫人。文公爲衛之多患也，先適齊。及敗，宋桓公逆諸河，宵濟。衛之遺民男女七百有卅人，益之以共、滕之民爲五千人，立戴公以廬於曹。許穆夫人賦載馳。齊侯桓公。使公子無虧帥車三百乘、甲士三千人以戍曹。歸公乘馬，祭服五稱，牛、羊、豕、雞、狗皆三百，與門材。歸夫人魚軒，重錦三十兩。

僖廿二年，冬十一月丙子晨，鄭文夫人芊氏、姜氏勞楚子於柯澤。楚子使師縉示之俘馘。君子曰：「非禮也。婦人送迎不出門，見兄弟不逾閾，戎事不邇女器。」丁丑，楚子入享于鄭，九獻，庭實旅百，加籩豆六品。饗畢，夜出，文芊送于軍，取鄭二姬以歸。二姬，文芊女也。叔詹曰：「楚王其不沒乎！爲禮卒於無別，無別不可謂禮，將何以沒？」諸侯是以知其不遂霸也。

僖廿三年，秦伯納女五人，懷嬴與焉。是文公侄婦。奉匜沃盥，既而揮之。怒，曰：「秦、晉，匹也，何以卑我？」公子懼，降服而囚。

廿四年，晉侯逆夫人嬴氏以歸。

僖廿四年，初，甘昭公有寵于惠后，甘昭公，王子帶也。惠后將立之，未及而卒。昭公奔齊，王復之，又通于隗氏王所立狄后。王替隗氏。頹叔、桃子曰：「我實使狄，狄其怨我。」遂奉大叔以狄師攻王。王御士將禦之，王曰：「先后其謂我何？寧使諸侯圖之。」王遂出，及坎欿，國人納之。秋，頹叔、桃子奉大叔以狄師伐周，大敗周師，獲周公忌父、原伯、毛伯、富辰。王出適鄭，處于氾。大叔以隗氏居于温。

文七年，穆伯娶于莒，曰戴己，生文伯；其娣聲己生惠叔。穆伯，公孫敖。文伯，穀也。惠叔，難也。戴己卒，又聘于莒，莒人以聲己辭，則爲襄仲聘焉。襄仲，公孫從兄昆弟。〔一〕冬，徐伐莒。莒人來請盟。穆伯如莒莅盟，且爲仲逆。及鄢陵，登城見之，美，自爲娶之。仲請攻之，公將許之。叔仲惠伯諫惠伯，叔牙孫。曰：「臣聞之，兵作于内爲亂，于外爲寇。寇猶及人，亂自及也。今臣作亂而君不禁，以啓寇讎，若之何？」公止之，惠伯成之。使仲舍之，公孫敖反之，復爲兄弟如初。從之。

八年秋，襄王崩。穆伯如周吊喪，不至，以幣奔莒，從己氏焉。即莒女。

文十八年，文公二妃。敬嬴生宣公。敬嬴嬖，而私事襄仲。

文公十八年，齊懿公之爲公子也，與邴歜之父爭田，弗勝。及即位，乃掘而刖之，而使歜僕。納閻職之妻，而使職驂乘。夏五月，公游于申池。二人浴于池，歜以撲抶職。職怒。歜曰：「人奪汝妻而不怒，一抶女，庸何傷？」職曰：「與刖其父而弗能病者何如？」乃謀弑懿公，納諸竹中。歸，舍爵而行。齊人立公子元。

宣公三年，初，鄭文公有賤妾曰燕姞，夢天使與己蘭，曰：「余爲伯儵。余，尔祖也，以是爲尔子。以蘭有國香，人服媚之如是。」既而文公見之，與之蘭而御之。曰：「妾不才，幸而有子，將不信，敢徵蘭乎？」公曰：「諾。」生穆公，名之曰蘭。文公報鄭子之妃曰陳嬀，鄭子，文公叔父子儀

〔一〕「從兄」，當爲「從父」之筆誤。

也。漢律：淫季父之妻曰報。生子華、子臧。子臧得罪而出。誘子華而殺之南里，使盜殺子臧于陳、宋之間。又娶于江，生公子士。朝于楚，楚人酖之，及葉而死。又娶于蘇，生子瑕、子俞弥。俞弥早卒。洩駕惡瑕，文公亦惡之，故不立也。公逐羣公子，公子蘭奔晉，從晉文公伐鄭。石癸曰：「吾聞姬、姞耦，其子孫必蕃。姞，吉人也，后稷之元妃也。今公子蘭，姞甥也。天或啓之，必將爲君，其後必蕃。先納之，可以亢寵。」與孔將鉏、侯宣多納之，盟于大宫而立之。以與晉平。穆公有疾，曰：「蘭死，吾其死乎！吾所以生也。」刈蘭而卒。

宣公九年，陳靈公與孔寧、儀行父通于夏姬，皆衷其衵服，以戲於朝。洩冶諫曰：「公卿宣淫，民無效焉，且聞不令。君其納之！」公曰：「吾能改矣。」公告二子，二子請殺之，公弗禁，遂殺洩冶。孔子曰：「詩云：『民之多辟，無自立辟。』其洩冶之謂乎！」

宣公十年，[二]陳靈公與孔寧、儀行父飲酒于夏氏。公謂行父曰：「徵舒似汝。」對曰：「亦似君。」徵舒病之。公出，自其廄射而殺之。二子奔楚。

成公二年，楚之討陳夏氏也，莊王欲納夏姬。申公巫臣曰：「不可。君召諸侯，以討罪也；今納夏姬，貪其色也。貪色爲淫，淫爲大罰，周書曰『明德慎罰』，文王所以造周也。明德，務崇之之謂也；慎罰，務去之之謂也。若興諸侯，以取大罰，非慎之也。君其圖之。」王乃止。子反欲取之，巫臣曰：「是不祥人也。是夭子蠻，鄭靈公夏姬之兄。殺御叔，夏姬之夫。弑靈侯，陳靈公。戮夏南，徵舒。出孔、儀，喪陳國，何不祥如是？人生實難，其有不獲死乎？天下多美婦人，何必是？」子反乃止。王以予連尹襄老。襄老死于邲，不獲其尸。其子黑要烝焉。巫臣使道焉，曰：「歸，吾聘

[二]「十」，手稿誤作「九」，據左傳改。

女。」又使自鄭召之，曰：「尸可得也，必來逆之。」姬以告王，王問諸屈巫。對曰：「其信。知罃之父，成公之嬖也，而中行伯之季弟也。新佐中軍，而善鄭皇戌，甚愛此子。其必因鄭而歸王子與襄老之尸以求之。王子楚，公子穀臣也。邲之戰，荀首囚之。鄭人懼于邲之役，而欲求媚于晉，其必許之。」王遣夏姬歸。將行，謂送者曰：「不得尸，吾不反矣。」巫臣聘諸鄭，鄭伯許之。及共王卽位，將爲陽橋之役，使屈巫聘于齊，且告師期。巫臣盡室以行。申叔跪從其父，將適郢，遇之，曰：「異哉！夫子有三軍之懼，而又有桑中之喜，宜將竊妻以逃者也。」及鄭，使介反幣，而以夏姬行。將奔齊。齊師新敗，曰：「吾不處不勝之國。」遂奔晉，而因郤至，以臣于晉。晉人使爲邢大夫。子反請以重幣錮之。王曰：「止！其自爲謀也則過矣，其爲吾先君謀則忠。忠，社稷之固也，所蓋多矣。且彼若能利國家，雖重幣，晉將可乎？若無益于晉，晉將棄之，何勞錮焉？」

成四年，晉趙嬰通于趙莊姬。趙嬰，趙盾弟也。莊姬，趙盾子趙朔之妻。

五年春，原、屛放諸齊。放趙嬰也。原同、屛季，嬰之兄也。嬰曰：「我在，故欒氏不依。我亡，吾二昆其憂哉！且人各有能、有不能，言己雖淫，而能合莊姬護趙氏。舍我何害？」弗聽。嬰夢天使謂己：「祭予，予福女。」使問諸士貞伯。貞伯曰：「不識也。」既而告其人曰：「神福仁而禍淫，淫而無罰，福也。祭，其得亡乎？」祭之，之明日而亡。

成七年，楚圍宋之役，師還。子重請取于申、呂以爲賞田，王許之。申公巫臣曰：「不可。此申、呂所以邑也，是以爲賦，以御北方。若取之，是無申、呂也。晉、鄭必至于漢。」王乃止。子重是以怨巫臣。子反欲取夏姬，巫臣止之，遂取以行，子反亦怨之。及共王卽位，子重、子反殺巫臣之族子閻、子蕩及清尹弗忌及襄老之子黑要，而分其室。子重取子閻之室，使沈尹與王子罷分子蕩之室，子反取黑要與清尹之室。巫臣自晉遺二子書，曰：「爾以讒慝而貪惏事君，而多殺不辜，余必使尔罷于奔命以死。」

成十一年，聲伯嬰齊。之母不聘，聲伯之母，叔肸之妻。穆姜曰：「吾不以妾爲姒。」穆妻，宣公夫人。宣公，叔肸同母昆弟。生聲伯而出之，嫁于齊管于奚。生二子而寡，以歸聲伯。聲伯以其外弟爲大夫，管于奚之子。而嫁其外妹于施孝叔。孝叔，魯惠公五世孫。郤犨來聘，求婦于聲伯。聲伯奪施氏婦以與之。婦人曰：「鳥獸猶不失儷，子將若何？」曰：「吾不能死亡。」言不與郤犨婦懼致禍也。婦人遂行，生二子于郤氏。郤氏亡，晉人歸之施氏。施氏逆諸河，沉其二子。婦人怒曰：「己不能庇其伉儷而亡，又不能字人之孤而殺之，將何以終？」遂誓施氏。誓不復爲之婦。

成十六年，宣伯叔孫僑如。通于穆姜，欲去季、孟而取其室。將行，穆姜送公，而使逐二子。公以晉難告，曰：「請反而聽命。」姜怒，公子偃、公子鉏趨過，指之曰：「女不可，是皆君也。」公待于壞隤，申宫、儆備、設守，而後行，是以後。使孟獻子守于公宫。秋，會于沙隨，謀伐鄭也。宣伯使告郤犨曰：「魯侯待于壞隤，以待勝者。」觀晉楚之勝負。郤犨將新軍，且爲公族大夫，以主東諸侯。取貨于宣伯，而訴公于晉侯，晉侯不見公。

宣伯使告郤犨曰：「魯之有季、孟，猶晉之有欒、范也，政令于是乎成。今其謀曰：『晉政多門，不可從也。寧事齊、楚，有亡而已，蔑從晉矣。』若欲得志于魯，請止行父而殺之，我斃蔑也，而事晉，蔑有貳矣。魯不貳，小國必睦。不然，歸必叛矣。」九月，晉人執季文子于苕丘。公還，待于鄆。使子叔聲伯請季孫于晉。郤犨曰：「苟去仲孫蔑，而止季孫行父，吾與子國，親於公室。」對曰：「僑如之情，子必聞之矣。若去蔑與行父，是大棄魯國，而罪寡君也。若猶不棄，而惠徼周公之福，使寡君得事晉君。則夫二人者，魯國社稷之臣也。若朝亡之，魯必夕亡。以魯之密邇仇讎，亡而爲仇，治之何及？」郤犨曰：「吾爲子請邑。」對曰：「嬰齊，魯之常隸也，敢介大國以求厚焉？承寡君之命以請，若得所請，吾子之賜多矣。又何求？」范文子謂欒武子曰：「季孫于魯，相二君矣。妾不衣帛，馬不食粟，可不謂忠乎？信讒慝而棄忠良，若諸侯何？子叔嬰齊奉君命無私，謀國家不貳，圖其身不忘其君。若虛其請，是棄善人也。子其圖之！」乃許魯平，赦季孫。冬十月，出叔孫僑如而盟之。僑如奔齊。十二月，季孫及郤犨盟于扈。歸，刺公子偃。偃與謀。召叔孫豹于齊而立之。齊聲孟子通僑如聲孟子，齊靈公母，宋女。使立于高、國之間。僑如曰：「不可以再罪。」奔衛，亦間于卿。

慶克通聲孟子，事見成十七年。補書于此下。

襄公十五年十二月，鄭人奪堵狗之妻，而歸諸范氏。堵狗，堵女父之族。狗娶於晉范氏。鄭人既誅女父，畏狗因范氏而作亂，故奪其妻歸范氏，先絕之。傳言鄭之有謀。

卷一百五十五　左傳集錦補[一]

莊公及子般諸事

莊公卅二年。初，公築臺，臨黨氏，魯大夫。見孟任，黨氏女。從之。閟。閟，不從公。而以夫人言，許之，割臂盟公。生子般焉。雩，講於梁氏，女公子觀之。梁氏，魯大夫。女公子，子般妹也。圉人犖自墻外與之戲，子般怒，使鞭之。公曰：「不如殺之，是不可鞭。犖有力焉，能投蓋於稷門。」公疾，問後於叔牙，對曰：「慶父材。」問於季友，對曰：「臣以死奉般。」公曰：「向者牙曰慶父材。」成季使以君命，命僖叔待於鍼巫氏，使鍼季酖之。曰：「飲此，則有後於魯國，不然，死且無後。」飲之，歸，及逵泉而卒。立叔孫氏。八月癸亥，公薨於路寢，子般卽位，次於黨氏。卽喪位次舍也。冬十月己未，共仲使圉人犖賊子般於黨氏。成季奔陳。立閔公。

欒祁誣盈

襄公廿一年。叔虎之母事亦見襄廿一。欒桓子黶。娶於范宣子，士匄。生懷子。盈。范鞅以其亡也，怨欒氏，故與欒盈爲公族大夫而不相能。桓子卒，欒祁與其老州賓通，祁，桓子妻，范宣子女，盈之母也。幾

[一] 此篇轉錄自山西人民出版社二〇〇四年版傅山全書補編，由方德禎先生據美國普林斯頓大學美術館藏手稿釋文整理。標題除「泉丘女奔」系傅山原著外，皆爲整理者所加。傅山全書初版本未收。

亡室矣。懷子患之。祁懼其討也，愬諸宣子曰：「盈將爲亂。以范氏爲死桓主而專政矣，曰：『吾父逐鞅也，不怒而以寵報之，又與吾同官而專之。吾父死而益富。死吾父而專於國，有死而已，吾蔑從之矣。』其謀如是，懼害於主，吾不敢不言。」范鞅爲之徵。懷子好施，士多歸之。宣子畏其多士也，信之。懷子爲下卿，宣子使城著而遂逐之。著，晋邑。

鄭游販奪人妻

襄公廿二年。十二月，鄭游販將歸晋，未出境，遭逆妻者，奪之，以館於邑。丁巳，其夫攻子明，殺之，以其妻行。子展廢良販之子。而立大叔，曰：「國卿，君之貳也，民之主也，不可以苟。請舍子明之類。求亡妻者，使復其所。使游氏勿怨，曰：無昭惡也。」

齊棠公之妻

襄公廿五年。齊棠公之妻，東郭偃之姊也。東郭偃臣崔武子。棠公死，偃御武子以吊焉。見棠姜而美之，使偃取之。爲己娶也。偃曰：「男女辨姓。今君出自丁，臣出自桓，不可。」武子筮之，遇困之大過。史皆曰「吉」，示陳文子，文子曰：「夫從風，風隕妻，不可娶也。且其繇曰：『困於石，據於蒺藜，入於其宮，不見其妻，凶。』困於石，往不濟也；據於蒺藜，所恃傷也；入於其宮，不見其妻，凶，無所歸也。」崔子曰：「嫠也，何害？先夫當之矣。」遂取之。莊公通焉，驟如崔氏，以崔子之冠賜人。侍者曰：「不可。」公曰：「不爲崔子，其無冠乎。」崔子因是，又以其間伐晉也，曰：「晉必將報。」欲弑公以説於晉，而不獲間。公鞭侍人賈舉，而又近之，乃爲崔子間公。夏五月，莒爲且于之役故，莒子朝於齊。甲戌，饗諸北郭。崔子稱疾，不視事。乙亥，公問崔子，遂從姜氏。姜入於室，與崔子自側戶出。公拊楹而歌。侍人賈舉止衆從者而入，閉門。甲興，公登臺而請，弗許；請盟，弗許；請自刃於廟，弗許。皆曰：「君之臣杼疾病，不能聽命。近於公宮，陪臣干掫有淫者，不知二命。」公踰墻，又射之，中股，反隊，遂弑之。

齊慶封好田而耆酒

襄公廿八年。齊慶封好田而耆酒，與慶舍政，舍，慶封之子。則以其內實遷於盧蒲嫳氏，易內而飲酒。數日，國遷朝焉。使諸亡人得賊者，以告而反之，亡人，辟崔氏難出奔者。故反盧蒲癸。癸臣子之，子之，慶舍。有寵，妻之。子之以其女妻癸。慶舍之士謂盧蒲癸曰：「男女辨姓，子不辟宗，何也？」慶氏、盧蒲氏，皆姜姓。曰：「宗不余辟，余獨焉辟之？賦詩斷章，余取所求焉，惡識宗？」癸言王何而反之，二人皆嬖。

蔡景侯爲太子般娶於楚

襄公卅年。蔡景侯爲太子般娶於楚，通焉。太子殺景侯。名固。終子產言，有子禍也。

公孫黑與公孫楚爭妻

昭公元年。鄭徐吾犯之妹美，公孫楚聘之矣，子南。公孫黑又使强委禽焉。子晳。犯懼，告子產。子產曰：「是國無政，非子之患也。唯所欲與。」犯請於二子，請使女擇焉，皆許之。子晳盛飾入，布幣而出。子南戎服入，左右射，超乘而出。女自房觀之，曰：「子晳信美矣，抑子南，夫也，夫夫婦婦，所謂順也。」適子南氏。子晳怒，既而櫜甲以見子南，欲殺之而取其妻。子南知之，執戈逐之，及衝，擊之以戈。子晳傷而歸，告大夫曰：「我好見之，不知其有異志也，故傷。」可笑！

穆子與豎牛事

昭公四年。初，穆子去叔孫氏，及庚宗，遇婦人，使私爲食而宿焉。問其行，告之故，哭而送之。適齊，娶於國氏，生孟丙、仲壬。夢天壓己，弗勝，顧而見人，黑而上僂，深目而豭喙，號之曰：「牛，助余！」乃勝之。旦而皆召其徒，無之。且曰：「志之！」乃宣伯奔齊，饋之。宣伯曰：「魯以先子之故，將存吾宗，必召女。召女，何如？」對曰：「願之久矣。」魯人召之，不告而歸。既立，所宿庚宗之婦人獻以雉。問其姓，對曰：「余子長矣，能奉雉而從我矣。」召而見之，則所夢也。未問其名，號之曰：「牛！」曰：「唯。」皆召其徒使視之，遂使爲豎，有寵；長，使爲政。公孫明知叔孫於齊，公孫明，齊大夫子明也，與叔孫相親知。歸，未逆國姜，子明取之。國姜，孟仲之母。故怒。其子長而後使逆之。田於丘蕕，遂遇疾焉。豎牛欲亂其室而有之，强與孟盟，不可。叔孫爲孟鍾，曰：「爾未際，饗大夫以落之。」既具，使豎牛請日。入，弗謁；出，命之日。及賓至，聞鐘聲。牛曰：「孟有北婦人之客。」怒，將往，牛止之。賓出，使拘而殺諸外。殺孟丙。牛又强與仲盟，不可。仲與公御萊書觀於公，公與之環，使牛入示之。入，不示；出，命佩之。牛謂叔孫：「見仲而何？」叔孫曰：「何爲？」曰：「不見，既自見矣，公與之環而佩之矣。」遂逐之，奔齊。疾急，命召仲，牛許而不召，杜洩見，告之饑渴，授之戈。對曰：「求之而至，又何去焉？」言求食可得，無爲去豎牛。豎牛曰：「夫子疾病，不欲見人。」使寘饋於个而退。牛弗進，則置虛命徹。十二月癸丑，叔孫不食。乙卯，卒。

泉丘女奔

昭公十一年。「仲孫貜會邾子，盟於祲祥」之傳。泉丘人有女，夢以其帷幕孟氏之廟，遂奔僖子，其僚從之，盟于清丘之社，曰：「有子，無相棄也！」僖子使助薳氏之簉。反自祲祥，宿於薳氏，生懿子及南宮敬叔於泉丘人。其僚無子，使字敬叔。此女何爲者？如此大膽老臉！

晉邢侯與雍子爭鄐田

昭公十四年。晉邢侯與雍子爭鄐田，邢侯，楚申公巫臣之子也。雍子亦故楚人。久而無成。士景伯如楚，叔魚攝理。韓宣子命斷舊獄，罪在雍子。雍子納其女於叔魚，叔魚蔽罪邢侯。邢侯怒，殺叔魚與雍子於朝。

邾莊公反鄅夫人而舍其女

昭公十八年。六月，鄅人藉稻，邾人襲鄅。鄅人將閉門，邾人羊羅攝其首焉，斬得閉門者頭。遂入之，盡俘以歸。鄅子曰：「余無歸矣。」從帑於邾。邾莊公反鄅夫人，而舍其女。不義之甚。

公子朝作亂

昭公廿年。衛公孟縶狎齊豹，奪之司寇與鄄，有役則反之，無則取之。公孟惡北宮喜、褚師圃，欲去之。公子朝通於襄夫人宣姜，靈公嫡母。懼而欲以作亂。故齊豹、北宫喜、褚師圃、公子朝作亂。

季平子拘展於卞

昭公廿五年。初，季公鳥娶妻於齊鮑文子，生甲。公鳥死，季公亥與公思展與公鳥之臣申夜姑相其室。及季姒與饔人檀通，而懼，乃使其妾抶己，以示秦遄之妻，妻，公鳥妹秦姬。曰：「公若欲使余，余不可而抶余。」又訴於公甫，公甫，平子弟。曰：「展與夜姑將要余。」秦姬以告公之，亦平子弟。公之與公甫告平子。平子拘展於卞，而執夜姑，將殺之。公若泣而哀之，曰：「殺是，是殺余也。」將爲之請，平子使豎勿内，日中不得請。有司逆命，公之使速殺之。故公若怨平子。

晉祁勝與鄔臧通室

昭公廿八年。晉祁勝與鄔臧通室。祁盈將執之，訪於司馬叔游。叔游曰：「鄭書有之：『惡直醜正，實蕃有徒。』無道立矣，子懼不免。詩曰：『民之多辟，無自立辟。』姑已，若何？」盈曰：「祁氏私有討，國何有焉？」遂執之。祁勝賂荀躒，荀躒爲之言於晉侯，晉侯執祁盈。祁盈之臣曰：「鈞將皆死，慭使吾君聞勝與臧之死也以爲快！」乃殺之。夏六月，晉殺祁盈及楊食我。楊，叔向邑。食我，叔向子伯石也。食我，祁盈之黨也，而助亂，故殺之，遂滅祁氏、羊舌氏。初，叔向欲娶於申公巫臣氏，夏姬女也。其母欲娶其黨。叔向曰：「吾母多而庶鮮，吾懲舅氏矣。」其母曰：「子靈之妻殺三夫、一君、一子，而亡一國、兩卿矣，可無懲乎？」吾聞之：「甚美必有甚惡。是鄭穆少妃姚子之子，子貉之妹也。子貉，鄭靈公夷。子貉早死，無後，而天鐘美於是，將必以是大有敗也。昔有仍氏生女，黰黑，而甚美，光可以鑑，名曰玄妻。樂正后夔取之，生伯封，實有豕心，貪惏無饜，忿類無期，謂之封豕，有窮后羿滅之，夔是以不祀。且三代之亡，共子之廢，皆是物也。女何以爲哉？夫有尤物，足以移人。苟非德義，則必有禍！」叔向懼，不敢取，平公强使取之，生伯石。伯石始生，子容之母走謁諸姑，（子容母，叔向嫂，伯華妻也。姑，叔向母。）曰：「長叔姒生男。」姑視之。及堂，聞其聲，而還，曰：「是豺狼之聲也。狼子野心。非是，莫喪羊舌氏矣。」遂弗視。

太子蒯聵使戲陽速殺其母

定公十四年。衛侯爲夫人南子召宋朝。會於洮，太子蒯聵獻盂於齊，過宋野。野人歌之曰：「既定爾婁豬，盍歸吾艾豭？」太子羞之，謂戲陽速曰：「從我而朝少君，少君見我，我顧，乃殺之。」速曰：「諾。」乃朝夫人。夫人見太子。太子三顧，速不進。夫人見其色，啼而走，曰：「蒯聵將殺余。」公執其手以登臺。太子奔宋，盡逐其黨。故公孟彄出奔鄭，自鄭奔齊。太子告人曰：「戲陽速禍余。」戲陽速告人曰：「太子則禍余。太子無道，使余殺其母。余不許，將戕於余；若殺夫人，將以余說。余是故許而弗爲，以紓余死。諺曰『民保於信』，吾以信義也。」

季康子以其妹妻齊悼公

哀公八年。齊悼公之來也。季康子以其妹妻之，即位而逆之。季魴侯通焉，（魴侯，康子叔父。）女言其情，弗敢與也。齊侯怒。夏五月，齊鮑牧帥師伐我，取讙及闡。秋，及齊平。九月，臧賓如如齊涖盟。齊閭丘明來涖盟，且逆季姬以歸。冬十二月，齊人歸讙及闡。季姬嬖故也。

衛大叔疾出奔宋

哀公十一年。冬，衛大叔疾出奔宋。初，疾娶於宋子朝，其娣嬖。子朝出，孔文子使疾出其妻，而妻之。疾使侍人誘其初妻之娣寘於犂，而爲之一宫，如二妻。文子怒，欲攻之，仲尼止之。遂奪其妻。或淫於外州，疾淫也。外州人奪之軒以獻。耻是二者，故出。衛人立遺，使室孔姞。遺，疾之弟。孔姞，孔文子之女，疾之妻。疾臣向魋，納美珠焉，與之城鉏。宋公求珠，魋不與，由是得罪。及桓氏出，城鉏人攻大叔疾，衛莊公復之，莊公，蒯聵也。使處巢，死焉。殯於鄖，葬於少禘。

衛孔圉取太子蒯聵之姊

哀公十五年。衛孔圉取太子蒯聵之姊，生悝。孔氏之豎渾良夫長而美，孔文子卒，通於内。太子在戚，孔姬使之焉。太子與之言曰：「苟使我入獲國，服冕、乘軒，三死無與。」與之盟，爲請於伯姬。良夫爲太子請。閏月，良夫與太子入，舍於孔氏之外圃。昏，二人蒙衣而乘，寺人羅御，如孔氏。孔氏之老欒寧問之，稱姻妾以告，遂入，適伯姬氏。既食，孔伯姬杖戈而先，太子與五人介，輿豭從之。迫孔悝於厠，强盟之，遂劫以登臺。欒寧將飲酒，炙未熟，聞亂，使告季子；召獲駕乘車，召獲，衛大夫。行爵食炙，奉衛侯輒來奔。

晉趙莊姬譖之於晉侯

成公八年。晉趙莊姬爲趙嬰之亡故，譖之於晉侯，曰：「原、屏將爲亂。」欒、郤爲徵。六月，晉討趙同、趙括，武從姬氏畜於公宮，以其田與祁奚。此當補書成公四年下。

宋公子鮑美而豔襄夫人欲通之

文公十六年。宋公子鮑美而豔，襄夫人欲通之，而不可，夫人助之施。昭公無道，國人奉公子鮑以因夫人。鮑，昭公庶弟文公也。

卷一百五十六　傅史〔一〕（上）

抄史中諸傳成編，有所可否，輒略論之，蓋甲申以後事也。其義則曰：他姓吾且不暇論，聊論諸傅。傅，吾宗也，不敢以厥宗有私好惡焉，猶言法近始也。遺之後昆，倘有讀書識字者讀之，可以出、可以處矣耳。君子之於天下，出處其大者也。是曰傅之家治可也。然所抄人若干中，〔二〕否者無論，即可者，亦未盡爲吾意中人。夫意中之人如何？〔三〕忠孝節義，經術文章，功名智勇，載籍備之矣。人惟其才，才惟其遇，故有幸而無所遇，有幸而有所遇，有幸而有大遇；有不幸而無所遇，有不幸而有所遇，有不幸而有大遇。幸而無所遇者，太平之民，一身易善也；幸而有所遇，一官之知，易效也；幸而有所大遇，登庸熙載，天工惟寅也。不幸而無所遇，龍蛇之蟄，存身之教而已矣；不幸而有所遇，反經合道，間關撥亂，毋淪胥以溺，岌岌乎難哉，其日暮遇之也；不幸而有所大遇，則非人遇之，天遇之也。天遇之者，如無所逃，不得已而承之。如何言之也？聖人之言曰：「先天弗違，後天奉時。」渾淪如有未盡言。非未盡言，聖人不謂後世之僞遇於天者，如此其日奴也，如此其日鄙也。蕩奴鄙而光大神明之，天實需才，才不易生。家有其治，治有其學，學篤其才，唯天命之。故説之遇高宗，亦天也。吾師莊先生之言曰：「傅説得之，以相武丁，奄有天下。

〔一〕此篇霜紅龕集各本收錄，但只有評論，未收本傳。山西博物院藏有部分殘稿，現補入。殘稿由高維德先生釋文，曹玉琪重校。

〔二〕「干」，丁本作「於」，據拾遺本改。

〔三〕「如何」，丁本作「云何可言」，據拾遺本改。

乘東維，騎箕尾，而比於列星。」説，星精也，天尚小遇之耳。天欲中興商，故小遇説。抄始説命，誌傅之始自天也。

說命上

說命中

說命下

傅山曰：傅氏，或曰本姬姓之後，古有大繇，出自黄帝，封於傅邑，因爲氏。又曰夏封之虞、號之閒，商時有傅氏，居巖旁，號傅巖，武丁得説于此。又曰武丁既得説，始以其傅巖姓之。是有顛軨阪，卽説板築之所，今屬陝州。河北是有傅説之祠，古北虞也，地多傅姓。自是凡傅皆祖説。或曰傅本陶唐氏後，陶唐氏亦姬姓也。周惠王十三年，神降莘，内史過請使太宰以祝史率貍姓奉犧牲玉帛往獻焉，太宰乃帥傅氏以往。傅氏，貍姓也，實丹朱之後。晉有傅餘頒者，撰複姓錄，亦云傅餘本出自説。由是言之，傅宗之非一也。漢功臣表有貰齊侯合傅胡害以越將從破羽，不知其姓所從來，後亦不再有複姓合傅者。

左傳二傳

傳瑕

傳僂

傅山曰：春秋僅二傳。瑕，亂人矣。僂殆深士。齊侯伐衞，傳摯右；申驅者，則申鮮虞之子也。僂後二百五十餘年，六國趙孝成王時，有武垣令傳豹。又後二十年，有趙將傳抵，皆無大事蹟。

西漢諸傳

傳寬

傳介子

傳喜〔一〕

傳喜字稚游，河内温人，哀帝祖母定陶傅太后從父弟也。〔二〕少好學問，有志行。哀帝立爲太子，

〔一〕自「傳喜」至「汝昌哀侯」，據手稿整理。

〔二〕「父」字，傅山全書初版本脱，據手稿補。

成帝選喜爲太子庶子。哀帝卽位，以喜爲衛尉，遷右將軍。是時，王莽爲大司馬，乞骸骨，避帝外家。上既聽莽退，衆庶歸望於喜。喜從弟晏親與喜等，而女爲皇后。〔一〕帝舅陽安侯丁明，皆親以外屬封，獨喜執謙嘗稱疾。傅太后始與政事，喜數諫之，由是太后不欲喜輔政。上於是用左將軍師丹代王莽爲大司馬，賜喜黄金百斤，上將軍印綬，以光禄大夫養病。

大司空何武、〔二〕尚書令唐林皆上書言：「喜行義修絜，忠誠憂國，内輔之臣也，今以寢病，〔三〕一旦遣歸，衆庶失望，皆曰傅氏賢子，以論議不合于定陶太后故退，百寮莫不爲國恨之。忠臣，社稷之衛，魯以季友治亂，楚以子玉輕重，魏以無忌折衝，項以范增存亡。故楚跨有南土，帶甲百萬，鄰國不以爲難。子玉爲將，則文公側席而坐，及其死，君臣相慶。百萬之衆，不如一賢，故秦行千金以間廉頗，漢散萬金以疏亞父。喜立於朝，陛下之光輝，傅氏之廢興也。」上亦自重之。明年正月，迺徙師丹爲大司空，而喜大司馬，封高武侯。

丁、傅驕奢，皆疾喜之恭儉。傅太后求稱尊號，與成帝母並尊，而喜又與丞相孔光、大司空師丹共執正議。太后大怒，上不得已，先免師丹以感動喜，喜終不阿。後數月，遂策免喜曰：「君輔政出入三年，未有昭然匡朕不逮，而本朝大臣遂其姦心，咎由君焉。其上大司馬印綬，就第。」傅太后又自詔丞相御史曰：「高武侯喜無功而封，内懷不忠，附下罔上，與故大司空丹同心背畔，放命圮族，虧損德化，罪惡雖在赦前，〔四〕不宜奉朝請，其遣就國。」又欲奪喜侯，上亦不聽。

〔一〕「爲」，手稿不清，據漢書傅喜傳中華書局標點本補。
〔二〕「司」字，手稿無，據漢書傅喜傳補。
〔三〕「今」，傅山全書初版本誤作「令」，據手稿改。
〔四〕「雖」，傅山全書初版本誤作「難」，據手稿改。

喜在國三歲餘，哀帝崩，平帝卽位，王莽用事，免傅氏官爵歸故郡，晏將妻子徙合浦，莽白太后下詔曰：「高武侯喜姿性端慤，論議忠質，雖與故定陶太后有屬，〔一〕終不順旨從邪，介然守節，以故斥逐就國。傳不云乎，『歲寒然後知松柏之後凋也』。其還喜長安，以故高安侯莫府賜喜，位特進，奉朝請。」喜雖外見褒賞，孤立憂懼，後復遣就國，以壽終。莽諡之曰貞侯。莽建國二年，子勁嗣。莽敗絕。

當時傅太后父所謂崇祖侯者，〔二〕有同產弟四人，曰子孟、中叔、子元、幼君，喜卽子孟子也。中叔子宴亦大司馬，卽哀帝傅后父。哀帝卽位，成帝大行尚在前殿，而傅太后卽封晏爲孔鄉侯，三千戶，又益二千戶。哀帝元壽中坐亂，妻妾位免，徙合浦。幼君子商亦以皇太后從父弟封汝昌侯，千戶，爲崇祖侯，後更號崇祖曰汝昌哀侯。（以下手稿缺）

傅道人曰：陽陵，漢初十八侯之一。際會風雲，因利靈金，弧矢不虛，自一時矣。今世多知義陽以刺樓蘭一節，以山論之，其先斬匈奴使于龜茲有名，刺樓蘭乃詐局，不無損漢威德，不如裴行儉矣。然終定龜茲，不致亂，無亦權略勝哉！高武守道不阿，竟一儒者。嗚呼！外戚中乃有稚游。〔三〕

〔一〕「雖與故」三字，手稿無，據漢書傅喜傳補。

〔二〕「祖」，傅山全書初版本誤作「朝」，據手稿改。

〔三〕「稚游」，霜紅龕集各本均作「推游」，據漢書傅喜傳「傅喜字稚游」改。

東漢諸傳

傅俊

傅毅

傅山曰：毅與班固齊名，俱在竇憲幕。固竟以漢書炳日星，毅遂遠遜光焰，抑早卒故耶？〔二〕今所行詩賦箴銘亦寥寥，去固遠甚，毋亦其才遜然。然固終以怙憲勢死，爲今古文人之戒，而毅亦以先卒無敗名。三復迪志，當僅毙于固。至于毅誄齊王，絕不似誄伯升後者，山則庸之矣。

傅育

傅山曰：育之在武威，食禄數十年，秩俸盡贍給知友，妻子不免操井臼。肅宗下詔追褒之，封其子毅爲明進侯，七百戶。毅與武仲同名，是東漢同時有兩傅毅也。

傅燮

傅道人曰：南容事君之義，吾無間然，蓋兩漢傅氏第一流人。子幹，年十三即知爲「率勵義徒，輔有道，以濟天下」之言，豈不謂奇俊？謂終當有出人意表事，惜乎！卒不出老瞞籠絡，使

〔二〕「耶」，丁本作「也」，據他本改。

我不大快。我其褊哉？然有公論，可喜。玄德取蜀時，趙戩謂玄德拙于用兵，殆不濟。幹曰：「備寬仁有度，能得人死力。諸葛亮達治知變，正而有謀，而爲之相。關、張勇而有義，皆萬人敵，而爲之將。以備之略，三傑佑之，何爲不濟？」此皆當時蔽于瞞者所不能言，吾故取之，仍許其爲漢人，附燮後。蓋燮不僅死封疆士，〔一〕早能不畏權閹，抗疏鳴趙忠，卒不肯屈意以要私賞，名節先之矣，是尤爲東漢名流。夫東漢閹豎之禍，亦云棘矣。乃傅氏復有汝南公明，不屑妻唐衡之女。公明，公明又何人？豈不加於文若一等？

三國諸傅

傅嘏

傅巽

傅肜

傅士仁

傅嬰

傅道人曰：不問蘭石所仕何時何人，而但觀其行事，豈不居然名臣？公悌有瓌瑋、博達、知

〔一〕「蓋」字，丁本脫，據他本補。

人名，亦由當時奴人習尊老瞞，而先勸劉琮降之，遂博此稱。操征荆州時，尚奉共主命，猶可言也。瞞死而眷眷勸進，奴態不盡。乃有彤、僉堂堂橋梓，事得其地，死得其義。哀哉，盛乎！故有彤、僉父子，微士仁降奴無論，嘏、巽莫非罪人也。〔一〕嬰雖因徐氏婦人成事，而知義有膽，亦傅氏佳人也，貧道愛之。

晉諸傳

傅玄〔二〕

傅玄字休奕，北地泥陽人。祖燮，父幹。玄少孤貧，博學善屬文，解鍾律。性剛勁亮直，不能容人之短。郡上計吏再舉孝廉，大尉辟，皆不就。州舉秀才，除郎中，與東海繆施俱以時譽選入著作，撰集魏書。後參安東、衛軍軍事，〔三〕轉温令，再遷弘農太守，領典農校尉。數陳便宜。五等建，封鶉觚男。武帝爲晉王，以玄爲散騎常侍。及受禪，進爵爲子，加駙馬都尉。

帝初卽位，開言路，玄與散騎常侍皇甫陶共掌諫職。玄上疏請舉清遠有禮之臣，以敦風節，遂使玄草詔進之。玄復上疏：

首言曠官廢事，請諸有疾病滿百日不差，皆令去職，優其禮秩而寵存之，旣差更用。

〔一〕自此以下，至傅暢的「當時亦以爲難」，據手稿整理。

〔二〕「傅玄」二字手稿無，編者爲統一體例補。

〔三〕手稿脱一「軍」字，據漢書傅喜傳補。

既言士農工商弊，百官子弟不修經藝而務交遊，未知莅事而坐享天祿，徒繫名太學，不聞先王之風。農工之業多廢，或逐淫利而離其事。宜亟定制，通計天下若干人爲士，足副在官之吏；若干人爲農，三年足一年之儲；若干人爲工，〔一〕足其器用；若干人爲商賈，足以通貨而已。且言王人賜官，冗散無事者，不督使學，則當使耕，無緣放之使坐食百姓。計天下文武之官足爲副貳者使學，其餘皆歸之於農。〔二〕百工商賈有長者，亦皆歸之於農。務農若此，何有不贍！儒學王教之首，尊其道，貴其業，重其選，猶恐化之不崇；忽而不以爲急，臣懼日陵遲而不覺也。「人能弘道，非道弘人。」然則尊其道者，非惟尊其書，尊其人之謂也。貴其業者，不妄教非其人也。重其選者，不妄用非其人也。

所上務本崇儒黜陟，期如虞書九年，以杜一切。皆與皇甫陶後先章明之。武帝下詔曰：「二常侍懇懇所論，可謂乃心佐益時事者也。〔三〕主者率以常制裁之，豈得不使發憤！二常侍所論，或舉大較，未備條目，亦可便令作之，然後主者八坐廣共研精。前詔敢有直言，勿距，庶幾得以發懞補過。苟言有偏善，情在忠益，雖文辭有謬誤，言語有得失，皆當曠然恕之，使四海知區區之朝無諱言之忌。」俄遷侍中。

初，玄進皇甫陶，及入而抵。玄以事與陶爭，言諠譁，有司奏，皆免官。泰始四年，爲御史中丞。時多水旱災，玄上便宜五事：

〔一〕「人」字，手稿脫，據漢書本傳補。

〔二〕「於」，傅山全書初版本脫，據手稿補。

〔三〕「時」，傅山全書初版本脫，據手稿補。

其一曰，耕務多種而耕暵不熟，徒喪功力。又舊兵持官牛者，其得官六士四；自持私牛，與官中分，施行來久，衆心安之。今一朝減持官牛者，官八士二，人必不樂。臣愚以爲宜佃兵持官牛者與四分，持私牛與官中分，則兵作懽然，愛惜成穀。

其二曰，二千石雖奉務農之詔，猶不勤心，漢朝以墾田不實，徵殺二千石以十數。臣愚以爲宜申漢典，警戒郡縣。

三曰，魏初未留意水事，先帝統百揆，分河堤爲四部，幷本凡五謁者，以水功至大，與農事並興，非一人所周故也。今謁者一人，〔二〕行天下諸水，無時得徧。伏見河堤謁者車誼不知水勢，宜選知水者代之。可分爲五部，使各精其方宜。

其四曰，古畝百步，今畝二百四十步。魏初課田，不務多畝，但務功力，白田收至十餘斛，水田數十斛。近來日增田畝之課，而田兵益甚，功不能修理，至畝數斛已還，或不足償種。非與曩時異天地，横遇災害也，正病于務多頃畝而功不修耳。竊見河堤謁者石恢精練水事及田事，知其利害，乞中書召恢，委曲問其得失，必有補益。

其五曰，胡夷獸心，不與華同，鮮卑最甚。鄧艾苟圖一時之利，不慮後患，使鮮卑數萬散居人間，勢必爲害。秦州刺史胡烈素有恩信西方，令烈往，胡患且消，然獸心難保，不必可久。卽後有釁，烈計能制之。惟恐胡虜困于討擊，〔三〕便當東入安定，西赴武威，外名爲降，可動復動。此二郡非烈所制，是胡有東西窟穴浮游之地。宜更置一郡于高平川，因安定西州都尉募樂徙民，重其復除

〔二〕「今」，傅山全書初版本誤作「令」，據手稿改。

〔三〕「擊」，傅山全書初版本誤作「繫」，據手稿改。

以充之，以通北道，漸以實邊。詳議此二郡及新置郡，皆使幷屬秦州，令烈得專御邊之宜。」詔曰：「得所陳便宜，申省周備，一二具之，誠爲國大本，當今急務。深知乃心，廣思諸宜，動靜以聞。」

五年，遷太僕，轉司隸校尉。獻皇后崩于弘訓宮，設喪位。舊制，司隸于端門外坐，在諸卿上，絕席。其入殿，按本品秩在諸卿下，以次坐，不絕席。而謁者以弘訓宮爲殿內，制玄位在卿下。玄怒，厲聲色責謁者，謁者妄稱尚書所處，玄對百僚罵尚書下。御史中丞庾純奏玄不敬，玄又自表不以實，坐免官。玄天性峻急，不能有所容，每有奏劾，或值日暮，捧白簡，整簪帶，竦踊不寐，坐而待旦。于是貴遊懾伏，臺閣生風。尋卒于家，時年六十二，謚曰剛。

玄少時避難河內，專心誦學，後貴而著述不廢。撰論經國九流及三史故事，評斷得失，各爲區例，名曰傅子，爲內、外、中篇，凡有四部、六錄，合百四十首，數十萬言。文集百餘卷行于世。玄初作內篇成，子咸以示司空王沈，沈詒玄書曰：「省足下所著，言富理濟，經論政體，存重儒教，足以塞楊墨之流遁，齊孫孟于往代。每開卷，未嘗不嘆息也。『不見賈生，自以過之，乃今不及』，信矣！」

後追封清泉侯，子咸嗣。

晉北地之傅玄，自有傳。

傅咸〔一〕

咸字長虞，剛簡有大節，風格峻整，疾惡如仇，推賢樂善，常慕季文子、仲山甫之志。好屬文論，雖綺麗不足，而言成規鑒。〔二〕潁川庾純常嘆曰：「長虞之文近乎詩人之作矣！」

武帝咸寧初，襲父爵，拜太子洗馬，累遷尚書右丞。出爲冀州刺史，繼母杜氏不肯之官，自表解職。三旬之間，遷司徒左長史。時帝留心政事，訪政損益。咸言：「泰始及今十五年矣，而軍國未豐，百姓不贍，一歲不登便有菜色者，誠由官衆事殷，復除猥濫，蠶食者多而親農者少也。舊都督有四，今并監軍，迺盈于十。夏數九州，今刺史幾向一倍。戶口比漢十分之一，而置郡縣更多。空校牙門，無益宿衛，虛立軍府，動有百數。五等諸侯，復坐置官屬。諸所寵給，皆生于百姓。一天不農，有受其饑，今之不農，不可勝計。當今之急，先并官省事，靜事息役，上下用心，唯農是務。」

咸在官多所執正，豫州大中正夏侯駿上言，魯國小中正、司空司馬孔毓，四移病所，不能接賓，求以尚書郎曹馥代毓，旬日復上毓爲中正。司徒三卻，駿故據正。咸以駿與奪惟意，奏免駿大中正。司徒魏舒，駿之姻屬，屢卻不署，咸遂獨上。舒奏咸激訕不直，詔轉咸車騎司馬。

咸以世俗奢侈，上言：「古者堯有茅茨，今之百姓競豐其屋。古者臣無玉食，今之賈豎皆厭粱肉。古者后妃乃有殊飾，今之婢妾被服綾羅。古者大夫乃不徒行，今之賤隸乘輕驅肥。古者人稠地

〔一〕「傅咸」二字手稿無，編者爲統一體例補。

〔二〕「鑒」，傅山全書初版本誤作「覽」，據手稿改。

狹而有儲蓄，由于節也；今者土廣人稀而患不足，由于奢也。奢不見詰，轉相高尚。昔毛玠爲吏部尚書，時無敢好衣美食。使諸部用心，各如毛玠，風俗移不難矣。」又議移縣獄于郡及二社應立，朝廷從之，遷尚書左丞。

惠帝卽位，楊駿輔政。咸謂駿曰：「諒闇不行尚矣。由世道彌薄，權不可假，故雖斬焉在疚，而親覽萬機。漢文遂制，旣葬除服。武皇帝雖大孝蒸蒸，亦從時釋服，制心喪三年，今尚欲委政于公，諒闇自居，此雖謙讓之心，〔一〕而天下未以爲善者。以億兆顒顒，戴仰宸極，聽于冢宰，懼天光有蔽。人心若此，明公處之未易也。山陵之事既畢，明公當思隆替之宜。苟明公有以察其悾款，言豈在多？」時司隸荀愷從兄喪，自表赴哀，詔聽之而未下，愷乃造駿。咸因奏曰：「死喪之戚，兄弟孔懷。同堂亡隕，方在信宿，聖恩矜憫，聽使臨喪。詔未下而便以行造，急諂媚之敬，無友于之情。宜加顯貶，以隆風教。」不問，駿甚憚之。咸復與駿箋諷切之，駿意稍折，而漸以不平。由是欲出爲京兆、弘農太守。

駿弟濟素與咸善，詒之書曰：「江海之流混混，故能成其深廣。天下大器，非可稍了，而相觀每事欲了。生子癡，了官事，官事未易了也。了事正作癡，復爲快耳！左丞總司天臺，維正八座，此未易居。以君盡性而處未易居之任，益不易也。想慮破頭，故具有白。」咸答曰：「衞公云，酒色殺人，甚于作直，坐酒色死，人不爲悔。逆畏以直致禍，此由心不直正，欲以苟且爲明哲耳！」居無何，駿誅，咸轉爲太子中庶子，遷御史中丞。

〔一〕「讓」，手稿作「尚」，據晉書本傳改。

時太宰、汝南王亮輔政，咸致書曰：「上在諒闇，楊駿無狀，便作伊周，〔一〕自居所以至死，殿下所見。駿之見討，發自天聰，孟觀、李肇與知密旨耳。至于論功，當歸美于上。觀等已數千戶縣侯，聖上以駿死莫不欣悅，故論功寧厚，此羣下所宜以實裁量，而遂扇動，東安封王，孟李郡公，餘侯伯子男，既妄有加，復又三等超遷。無功而厚賞，莫不樂國有禍，禍起當復有大功也。人而樂禍，其可極乎！作此者，皆由東安公。謂殿下至止，當有以正之。而今皆更倍論，莫不失望，竊以爲憂。」

咸復以亮輔政專權諫曰：「楊駿有震主之威，委任親戚，天下所以諠譁。今之處重，宜反此失。此四造詣，經過尊門，冠蓋車馬，填塞街衢，此之翕習，既宜弭息。又夏侯長容奉使爲先帝請命，祈禱無感，先帝崩背，宜自咎責，而自求請命之勞，公以爲少府。皆云長容公之姻，故至于此。咸之爲人，不能面從而有後言。嘗觸楊駿，幾爲身禍；況于殿下，而當有惜！」亮不納，長容者，卽夏侯駿也。

會丙寅，詔羣僚舉郡縣之職以補内官。咸復上書言内外之任，出處隨宜，中間選用，惟内是隆；外舉既頽，復多節目，競内薄外，遂成風俗。此弊誠宜亟革，當内外通塞無所偏耳。〔二〕通塞無偏，選用不平，有以深責。且膠柱不可調瑟，況乎官人而可以限乎！伏思所限者，以防選用不能出人。不能出人，當隨事而制，無須限法。或謂不制其法，以何爲貴？〔三〕正始中任何晏以選舉，内外

〔一〕「便」，傅山全書初版本誤作「俾」，據手稿改。
〔二〕「當」，手稿作「尚」，據晉書本傳改。
〔三〕「貴」，手稿作「責」，據晉書本傳改。

衆職，各得其才，如此，非徒御之以限，法之所致，乃委任之由也。委任之懼，甚于限法。是法之失，非己之尤，尤不在己，責之無懼，所謂「齊之以刑，民免而無恥」者也。

咸再爲本郡中正，遭繼母憂去官。頃之，起以議郎，長兼司隸校尉。固辭不聽，敕使者就拜，咸復送還印綬。公車不通，催使攝職。咸以身無兄弟，喪祭無主，重自陳乞，乃使于官舍設靈座。咸復上表曰：「臣雖不能滅身以全禮教，義無靦然，虛忝隆寵。前受嚴詔，視事之日，私心自誓，隕越爲報。以貨賂流行，所宜深絕，切敕都官，以此爲先。而經彌日月，未有所得，斯由陛下有以獎勵，慮于愚戇，將必死繫，故自掩檢以避其鋒耳。在職有日，既無赫然之舉，又不應弦垂翅，人誰復憚？故光祿大夫劉毅爲司隸，聲震內外，遠近清肅。非徒毅有匪躬之節，亦由所奏見從，威風得伸也。」詔曰：「但思應繩中理，威風自伸，何獨劉毅！」

時朝廷寬弛，豪右放恣，〔一〕交私請託，朝野溷淆。咸奏免河南尹澹、左將軍倩、廷尉高光、兼河南尹何攀等，京師肅然。咸以「唐虞三載考績，九年黜陟，周禮三年大比，近來長吏到官，未幾便遷，百姓困于無定，吏卒疲于送迎」。時僕射王戎兼吏部，咸奏：「戎備位台輔，兼掌選舉，不能謐靜風俗，以凝庶績，至令人心傾動，開張浮競。中郎李重、李義不相匡正。請免戎等官。」詔曰：「政道之本，誠宜久于其職，咸奏是也。戎職論道，吾所崇委，其解禁止。」御史中丞解結奏咸劾戎爲違典制，越局侵官，干非其分，請免官。詔亦不許。

咸上書以爲「按令，御史中丞督司百僚。皇太子以下，其在行馬內，有違法憲者彈糾之。雖在行馬外，而監司不糾，亦得奏之。如令之文，行馬之內有違法憲，謂禁防之事耳。宮內禁防，外司

〔一〕「恣」，傅山全書初版本誤作「姿」，據手稿改。

不得而行，故專施中丞。今道路橋梁不修，鬬訟屠沽不絕，如此之比，中丞推責州坐，即今所謂行馬内語施于禁防。既云中丞督司百僚矣，何復説行馬之内！既云百僚，而不得復説行馬之内者，内外衆官謂之百僚，則通内外矣。司隸所以不復説行馬内外者，禁防之事已于中丞説之故也。中丞、司隸俱糾皇太子以下，則共對司内外矣，不爲中丞專司内百僚，司隸專司外百僚。自有中丞、司隸以來，更互奏内外衆官，惟所糾得無内外之限也。而結一旦横挫臣，臣前所以不羅縷者，冀因結奏得從私願也。今既所願不從，〔一〕而勑云但爲過耳，非所不及也，以此見原。臣忝司直之任，宜當正己率人，若其有過，不敢受原。是以申陳其愚，司隸與中丞俱共糾皇太子以下，則從皇太子以下無所不糾也。得糾皇太子而不得糾尚書，臣之闇塞既所未譬。〔二〕皇太子爲在行馬之内邪，皇太子在行馬之内而得糾之，尚書在行馬之内而不以糾，無有此理。結以挫臣，臣可無恨，其于觀聽，無乃有怪邪！臣識石公前在殿上脱衣，爲司隸荀愷所奏，先帝不以爲非，于時莫謂侵官，今臣裁糾尚書，而當有罪乎？」咸累自上稱引故事，條理灼然，朝廷無以易之。

吴郡顧榮與親故書曰：「傅長虞爲司隸，勁直忠果，劾按驚人。雖非周才，偏亮可貴也。」元康四年卒官，〔三〕時年五十六。詔贈司隸校尉，朝服一具，衣一襲，錢二十萬。謚曰貞。有三子：敷、晞、纂。長子敷嗣。

敷字穎根，清靜有道，素解屬文。除太子舍人，轉尚書郎、太傅參軍，皆不起。永嘉之亂，避

〔一〕「從」，手稿作「坐」，據晉書本傳改。

〔二〕「臣」，手稿脱，據晉書本傳補。

〔三〕「元」，手稿原作「元」，後改爲「永」，據晉書本傳改正。

地會稽，元帝引爲鎮東從事中郎。素有羸疾，頻見敦喻，辭不獲免，輿病到職。數月卒，時年四十六。晞亦有才思，爲上虞令，甚有政績，卒于司徒西曹屬。

傅祗　傅宣　傅暢〔一〕

祗字子莊，〔二〕魏太常嘏子也。性至孝，以才識稱。武帝始建東宮，起家太子舍人，累遷散騎黃門郎，賜爵關内侯，食邑三百戶，母憂去職。及葬母，詔給太常五等吉凶導從。諸卿夫人葬給導從始此。服終，爲滎陽太守。自魏黃初大水之後，河濟泛溢，鄧艾嘗著濟河論，開石門而通之，至是復浸壞。祗造沈萊堰，而兗豫無水患。尋表兼廷尉，遷常侍、左軍將軍。

武帝崩，梓宮在殯，而太傅楊駿輔政，欲悅衆心，議普進封爵。祗與駿書曰：「未有帝王始崩，臣下論功者也。」駿不從。入爲侍中。時將誅駿，而駿不知，祗侍駿坐，而雲龍門閉，内外不通。祗請與尚書武茂聽國家消息，揖而下階。茂猶坐，祗顧曰：「君非天子臣邪！今内外隔絕，不知國家所在，何得安坐！」茂乃驚起。駿既伏誅，裴楷之子瓚，駿婿也，爲亂兵所害。尚書左僕射荀愷與楷不平，因奏楷是駿親，收付廷尉。祗證楷無罪，詔赦之。時又收駿官屬，祗曰：「昔魯芝爲曹爽司馬，斬關出赴爽，宣帝義之，遷青州刺史。駿之僚佐不可加罰。」詔又赦之。其所維正多如此。

除河南尹，未拜，遷司隸校尉。以討楊駿功，當封郡公，八千戶，固讓，減半，降封靈川縣公，千八百戶，餘二千二百戶封少子暢爲武鄉亭侯。又以本封賜兄子雋爲東明亭侯。

〔一〕「傅祗」等六字手稿無，編者爲統一體例補。
〔二〕「子」，手稿脱，據晉書本傳補。

楚王瑋之矯詔也，祗以聞奏稽留，免官。期年，遷光禄勳，復以公事免。氐人齊萬年反，以祗爲行安西軍司，加常侍，率安西將軍夏侯駿討平之。遷衛尉，以風疾遜位，就拜常侍，食卿禄秩，賜錢及牀帳等。尋加光禄大夫，門施行馬。

及趙王倫輔政，以爲中書監，常侍如故，以鎮衆心。祗辭疾，倫遣御史輿祗就職。王戎、陳準相與言曰：「傅公在事，吾屬無憂矣。」

倫篡，又爲右光禄、開府，加侍中。惠帝還宫，祗以經受僞職請退，不許。倫之篡也，孫秀與義陽王威等實預撰儀式。及倫敗，齊王冏收侍中劉逵、常侍騶捷杜育、黄門郎陸機、右丞周導、王尊等付廷尉。〔一〕以禪文出中書，復議祗罪，會赦得免。後以禪文草本非祗所撰，于是詔復光禄大夫。子宣，尚弘農公主。

尋遷太子少傅，上章遜位還第。及成都王穎爲太傅，復以祗爲少傅，加侍中，歷左光禄、開府，行太子太傅，侍中如故。疾篤遜位，不許，遷司徒，以足疾，詔版輿上殿，不拜。

大將軍荀晞表請遷都，使祗詣河陰修理舟楫。〔二〕及洛陽陷沒，遂共建行臺，〔三〕推祗爲盟主，以司徒、持節、〔四〕大都督督諸軍事，傳檄四方。遣子宣將公主與尚書令和郁赴告方伯徵義兵，祗自屯盟津小城，宣弟暢行河陰令，以待宣。會祗暴疾薨，時年六十九。祗自以義誠不終，力疾手筆勑厲二子，辭旨深切，當時覽者皆感激云。祗著文章駁論十餘萬言。

〔一〕「王尊」，傅山全書初版本誤作「王奠」，據手稿改。
〔二〕「使」字，傅山全書初版本脱，據手稿補。
〔三〕「建」，傅山全書初版本誤作「違」，據手稿改。
〔四〕「持」，傅山全書初版本誤作「特」，據手稿改。

宣字世弘，亦好學。趙王倫以爲相國掾、尚書郎、太子中舍人，遷司徒西曹掾。去職，累遷祕書丞、驃騎從事中郎。惠帝至自長安，以宣爲左丞，不就，遷黃門郎。懷帝卽位，轉吏部郎，又爲御史中丞。卒年四十九，無子，以暢子沖爲嗣。

時復有荀晞之將傅宣者，晞縱姿，乃叛晞。

暢字世道。年五歲，父友見而戲之，解暢衣，取其金環與侍者，暢不惜，以此賞之。年未弱冠，有重名。以選入侍講東宮，爲祕書丞。

祗病卒後，劉曜得暢，遷祗孫純、粹二萬戶于平陽。劉聰乃贈祗太保，純、粹皆給事中。嘗謂暢曰：「尊公雖不達天命，然各忠其主，吾亦亮之。但晉主已降，天命非人所支，而虔劉南鄙，沮亂邊萌，此其罪也。以元惡之種而贈同勳舊，逆臣之孫荷榮禁闥，卿知皇漢之德弘曠以否？」暢曰：「陛下每嘉先臣，不以小臣之故而虧其忠節，及是恩也，自是明主伐國弔人之義，臣輒同萬物，未敢謝生于自然。」

尋沒于石勒，勒以爲大將軍右司馬。〔二〕諳識朝儀，恆居機密，勒甚重之。作晉諸公叙讚二十二卷，又公卿故事九卷。東晉咸和五年卒。暢亦能文，〔三〕藝文載雉賦。子詠，過江爲交州刺史、太子右率。

傅道士曰：休奕父子，皆以建論著于本朝，皆爲司隸校尉，而性亦剛直相肖，自是傅家有風骨人。獨長虞當昏惠時，先後輔政，則楊駿、司馬亮亦能容之，可異也。然其父子自盡，亦盡乎是。

〔二〕「右」，傅山全書初版本誤作「左」，據手稿改。

〔三〕「暢亦能文」句，手稿無，據霜紅龕集各本補。

子莊漫爲趙王倫侍中，而孟津主盟，徵兵四方，勃然而起，復有生氣。惜乎老倅，無所建立，賫誠以死。若休奕父子，以彼剛貞，有一當此，則遂當有成耶？是不然。其剛腸疾惡，自是繩糾之才，用兵非所長可知。暢遂甘心臣石虜，置乃翁臨終之書不省，豈故以爲亂命哉！且無論其不臣，而不子極矣！有晉之傅，廖廖如此。而珍以博士爭齊王攸之就國，當時亦以爲難。〔二〕純以博士議廟祀，謂惠、懷、愍當别立廟，有見；議司馬越招魂葬事，無甚關係。乃有傅詢爲劉元海之黄門侍郎；傅武爲劉曜討虜，曜敗汾東，而以其馬授曜，曜免；傅彪爲石勒中大夫，撰大將軍起居注，不諳世里，皆齷齪苟圖人，皆惡其姓傅。記之辱筆，欲後世知其辱也，正不得不記。又薄幸有西涼之傅穎，爲張駿假道于蜀，通表晉京，會李雄難之不果。〔三〕其短於詞令不待言，然名在張涼，庶幾亦非敗類，知至至之無小。

南宋諸傅

傅亮

傅弘之

傅道人曰：弘之少何豪直，殺鎮惡一節則奴，當死。若鎮惡不死，佛佛亦不猖獗。王修但殺田

〔二〕自傅嬰的「嬰雖因徐氏婦人成事」至此，據手稿整理。
〔三〕「李雄」，霜紅龕集各本作「李特」，據文義與晉書卷八十六張駿傳改。

子而不殺弘之，乃令佛佛殺之，天也。崔浩聞之，喜可知矣。

晉書曰：暢子詠，歸晉，南史、宋書曰洪。晉書、南史曰歆之殺石綏，宋書曰韶。

傅隆

傅道人曰：伯祚蓋元嘉中通儒。大明時，議安陸王所生母廟祭事，則有博士傅郁。郁，經生也。

傅乾愛

傅道士曰：乾愛始終宋人。

傅靈越

傅道人曰：靈越既得見母，又毒殺乾愛，而南歸之事畢矣，故無所不可。然既魏矣，以其母之在宋也，不忍不宋。吾從而宋之，予其子而已矣。

南齊傅

傅琰

傅道人曰：僧祐於凶劭時，〔一〕令山陰，劭以爲徐湛之黨，見害。宋别有冀州治中傅琰，清河人，靈越之叔，與季珪同名。

梁諸傅

傅昭

傅映

傅山曰：茂遠兄弟，班白友睦，深傷余情。先兄見棄後，余感而修性史一書，即取徽遠迎老兄一事附之，未嘗不下心淚。若夫兄弟皆歷宋、齊、梁三代，當時人士習之矣。

〔一〕「僧祐」，霜紅龕集各本作「僧佑」，據南齊書卷五十三傅琰傳改。

傅歧

傅山曰：蕭梁三傅，獨景平最有用人。其料貞陽之款，以疑侯景，可謂智士。南史傅歧之言曰：「侯景以窮義棄之不祥，且百戰之餘，寗肯束手受縶。」然知于料齊，而不知于制景。

陳

傅綷

傅子曰：學佛法者，類怕死，於諸事模棱禮拜而已。宜事獄中之書，正其論中所謂「直心行之，無所忌憚，無所苞藏」。若奴人視之，憫不畏死矣。近日黃元公既僧矣，强起而官之。知其僧也，欲放之使去，元公駡之，致殺。奴人曰：「墮落也。」傅子曰：眞佛子補處矣。是難言，是難言。宜事之死，豈足擬元公？既隨孫瑒陳矣，然亦元公所不廢。終心口如一，不委曲貪生，可取也。

北魏諸傳[一]

傅永

（前缺）迷本濟，遂望永所置火爭渡。水深，溺死、斬首者數千級，獲公政。而康祚人馬墜淮，曉而獲其尸，斬首，並公政送魏京。公政，岐州刺史超宗從兄也。

時裴叔業率王茂先、李定等侵魏楚王戍。永適還豫，肅復令往援。永將心腹一人馳詣楚王戍，至，卽令塡塞外塹，夜伏戰士千人于城外。叔業等至，于城東列陣，將置長圍。永所伏兵于左道擊其後軍，破之。叔業令將佐所列陣，而自率精甲數千馳救之。永上門樓，觀叔業南行五六里許，遂開門奮擊其列陣，摧破之。叔業進退失圖，乃奔。左右欲追之，永曰：「弱卒不滿三千，彼兵精，非力屈而敗，自墮吾計中耳。既不測我之虛實，足喪其膽。俘此足矣，何假逐爲。」獲叔業傘扇鼓幕甲仗萬餘。兩月再捷，魏高祖嘉之，策拜安遠將軍、鎭南府長史、汝南太守、貝丘縣開國男，食邑二百戶。魏高祖每曰：「上馬殺賊，下馬作露布，惟傅脩期耳。」

裴叔業又圍渦陽，時魏高祖在豫州，遣永爲統軍，與高聰、劉藻、成道益、任莫問往救之，軍將逼敵，永曰：「先深溝高壘，然後圖之。」聰等不從，敗，棄甲奔懸瓠。永獨收散卒徐還，敵追至，又設伏擊，挫其鋒。四軍之兵，多賴免。永至懸瓠，魏高祖俱鎖之，聰等徙爲邊民，永免官爵。既詔曰：「脩期在後少有擒殺，可揚武將軍、汝陰鎭將，帶汝陰太守。」

〔一〕自此以下至「偉子豐生襲封」，據手稿整理。

魏宣武景明初，裴叔業將以壽春歸國，〔一〕密通於永，永表聞。及將迎納，詔永爲統軍，與楊大眼、奚康生等俱入壽春。同日而永在後，故康生、大眼並賞列土，永唯清河男。

齊陳伯之侵壽春，沿淮爲患。時魏司徒、彭城王勰，廣陵侯元衍同鎮壽春，以九江初附，人情未洽，兼臺援不至，深憂之。詔永爲統軍，領汝陰兵三千爲援。永勒士卒，水陸俱下，而淮水口伯之防甚固。永去廿餘里，牽船上汝南岸，以水牛挽之，直南趨淮，下船便渡。適上南岸，敵軍亦及。會時已夜，永潛進，曉達壽春城下。勰、衍聞外有軍，共上門樓觀望，不意永至，永免冑，乃信之，引永上。勰曰：「北望已久，恐洛陽難復可見，不意卿能至也。」勰引永軍入城。永曰：「若如教言，便同殿下受困，豈是救援之意？」遂孤軍城外，與勰幷勢擊伯之，屢捷。

魏中山王英義陽之役，永爲寧朔將軍、統軍。當長圍遏其南門，蕭衍將馬仙琕連營稍進，〔二〕規解城圍。永謂英曰：「凶豎豕突，意在決戰。雅山形要，宜早據之。」英沉吟未決，永曰：「機者如神，難遇易失。今不往，明日必爲賊據，雖悔無及。」英乃分兵，通夜築城山上，遣統軍張懷等列陣山下防之。至曉，仙琕果至，懷等戰敗，築城者皆奔退，仙琕乘勝直趨長圍，義陽城人復出挑戰，永分兵付長史賈思祖守營壘，自將馬步千人南逆仙琕。擐甲揮戈，單騎先入，唯軍主蔡三虎副之，餘無及。突陣橫過，〔三〕敵射永中左股，永拔箭復入，遂大破之，斬仙琕之子。仙琕燒營遁。英謂永曰：「公傷矣，且還營。」永曰：「昔漢高捫足，不欲人知。下官雖微，國家一帥，奈何使虜有傷

〔一〕自「春歸國」至「南逆仙琕。擐」，傅山全書初版本脫，據手稿補。

〔二〕「蕭衍」，手稿作「蕭梁」，「馬仙琕」，手稿作「馬先琕」，據魏書本傳改。

〔三〕「陣」，傅山全書初版本誤作「陳」，據手稿改。

將之名！」遂與諸軍追之，極夜而返，時年七十矣。義陽既平，英使司馬陸希道爲露板，意謂不可，令永改之。永亦不增文彩，略爲改陳列軍儀，處置形要而已。英歎曰：「觀此經筭，雖有金城湯池亦不能守矣。」還魏京，復封永先爵男，以品不累加，賜帛二千疋。除太中大夫，行秦梁二州事，〔一〕代邢巒鎮漢中。

後還魏京，于路除恆農太守，非其意。時英復有事鍾離，連表求永爲將，不聽。永每言曰：「文淵、充國竟何人哉！吾獨白首見拘此郡。」深用扼腕。在郡無聲稱，蓋治民非其長也。未幾，解郡，還爲太中大夫，行南青州事，〔二〕遷左將軍、南兗州刺史。猶能馳射，盤馬奮矟。時年踰八十，常諱言老，每自稱六十九。還拜平東將軍、光祿大夫。魏孝明熙平元年卒，年八十三。贈安東將軍、齊州刺史。

永嘗登北邙山平坦處，奮矟躍馬，盤旋瞻望，有終焉之志。遠慕杜預，近好李沖、王肅，欲葬附其墓，買左右地數頃，遺勑子叔偉曰：「此吾永宅也。」永妻賈氏留本鄉，永至代都，娶妾馮，生叔偉及數女。賈後歸平城，無男，唯一女。馮恃子事賈無禮，叔偉亦奉賈不順，賈忿之。馮先永亡，及永卒，叔偉稱父命欲葬北邙，賈疑叔偉以馮合葬，遂求歸葬永于所封貝丘縣。〔三〕事經司徒胡國珍，國珍與永同經征役，感其所慕，許叔偉葬。賈邀訴靈太后者，太后從賈意，國珍理不能得，乃葬于東清河。永先營兆，葬父母舊鄉數十年矣，賈亦彊徙之，同永處。宗親不能抑。開葬，棺爲

〔一〕「梁」，手稿作「涼」，據魏書本傳改。

〔二〕「青」，手稿脫，據魏書本傳補。

〔三〕「葬」，手稿作「藏」，據魏書本傳改。

桑棗根所遶束，去地尺餘，其周固，以斧斫，出之。未三年而叔偉亡。叔偉九歲卽爲州主簿，及長，膂力過人。彎弓三百斤，左右馳射，能立馬上與人角騁。當時以爲得永武不得其文。魏孝明正光中，偉子豐生襲封。〔二〕

傅僑山曰：永，蓋本宋人也。卒元魏熙平之元年，八十有三。計之，是生於宋文帝十一年之甲戌。魏皇興之來，〔三〕三十有三歲矣。以功名著北五十年，而前三十年之在南也，何所爲哉？記稱年二十餘始發憤涉獵經史，其未發憤時，正丁元嘉。元嘉於南稱盛時，豈獨以拳勇廢？南朝何嘗不用拳勇也？及參道固軍敗，而遂乃心北，經史虛矣。且曰：「慕杜預、王肅。」夫征南本非吳人，肅抱父兄之恨，不得已而爲楚胥，其情事豈人人可得擬哉？卽曰士君子向背，亦惟治亂。當時南北反復，人習其常，宋元嘉後日亂，而魏太和實稱大治。人無志意已耳，少有志意，不必讀書，心匪石也。高歡何人，乃知江南蕭衍老公專事衣冠禮樂，中原士大夫望之，以爲正朔所在。每論此等事勢，正令人益敬有宋李顯忠父子。

傅暨眼

傅道人曰：暨眼爲魏盡力於蜀，頗鞠躬閒關也。以當時世界論之，敬紹圖據南鄭，有何不可？惜非其才，且與妾兄圖之，宜其敗也。從來有大志舉事，斷無與妻妾兄弟共事者。其事不成，暨眼恥之。至死，勢也。若其有成，則暨眼之功名，亦老奴耳。

〔二〕自題「傅永」至此，據手稿整理。
〔三〕「之」，丁本作「以」，據他本改。

北齊

傅伏

傅山曰：傅伏死不如叱干苟生、田闍敬宣，生不如高保甯。惜哉！北魏、齊、周之際，亦儘有豪傑士，吾每爲之歎息，丁彼其時。

卷一百五十七　傅史（下）

唐諸傅

傅奕

傅山曰：習儒家者，多喜言奕以羚羊角碎佛牙事，遂謂能辟佛法。吾嘗笑之。眞作佛者，卽眞佛牙亦不持，況金剛石？此不足援也。奕謂佛法無君臣父子，皆未嘗讀内典膚臆語。貧道以爲佛本訓覺。震旦大學之明德以至於誠明、明誠之性之教。謂何達摩既入，而後有「見性成佛」之傳，不知衣領之珠，先自有之。陸象山先生所謂「東海西海，千百世上下聖人出，而此心此理同」也。何必蒲團楖栗而後可？能掄刀上陣，亦得見之，故殺人漢不礙此事。號讀書者特昧之，亦象山所謂「與溺於利欲人言猶易，與溺於意見之人言卻難」。近尺木大士，以彼血性才氣學佛者視之，種種罪業，去此大事不知幾千萬里。猛力放下，五年而了。起奕問之，是胡是華？是佛是儒？此段大事，是誰有？是誰無？

卽以其教論之，沙門原有四等：第一勝道沙門，二說道沙門，三活道沙門，四污道沙門。世儒之辟，正可施之下三等。若欲辟第一義，豈其辟佛，實辟自性。卽蕭瑀，佞佛耳，何足語此！瑀區區事權，苦譖房杜，私忌不平，請爲桑門。既許之矣，又曰自度不能爲。棲棲柔腸，嫉妬荏苒，尚不如奕之倔彊至死也。〔一〕瑀謂地獄正爲奕設，吾謂亦爲瑀輩設，貪毒無明，薰入火塗久矣。祖師牀前，用此等齷齪男子何爲？唐復有佞佛宰相杜鴻漸，既不敢責讓崔旰，捧首自蜀歸，飯千僧以爲報，不知長亂遺禍家國，生民受害不小，而臨死令僧剃頂，衣僧衣，爲浮屠法葬，謂是可以報佛矣哉！小慈者大慈之賊。近而一身，遠而家國，斬剛截鐵，勢有同然。出家有出家之佛，在家有在家之佛，受命職官有受命職官之佛，臨戎遇賊有臨戎遇賊之佛。無我，無人，無衆生，無壽者，如所教住，恢恢大哉，金剛義乎！

有宋有碧落道人慧蘭者，〔二〕建炎末，逆虜犯淮，執之見酋長。酋長曰：「聞我名否？」曰：「我所聞者，惟大宋天子之名。」酋恚，令以鎚擊之。鎚至，輒斷壞。酋驚異，延幕下，敬事之。經旬，索薪自焚。五台眞寶，以心許宋皇帝，死即不肯墮回口罪，而死於金虜。眞學佛者，〔三〕固皆如是。〔四〕能如是，逕可當下承當矣，蓋以能無畏也。吾論及此，而益不能不重皈依黃元公也。

傅仁均〔五〕

傅仁均，東都道士也。善推步之學。高祖受禪，將治新曆，太史令庾儉、丞傅奕薦之。詔仁均

〔一〕自「死也」至傅良弼傳「博野爲右」，據手稿整理。
〔二〕自「有宋」至「天子之名」，手稿無，據霜紅龕集各本補。
〔三〕「眞」字手稿無，據霜紅龕集各本補。
〔四〕「皆」字手稿無，據霜紅龕集各本補。
〔五〕「傅仁均」三字，手稿無，編者爲統一體例補。

與儉等參議，合受命歲名爲戊寅元曆。乃列其大要，所可考驗者有七，〔二〕曰：「唐以戊寅歲甲子日登極，曆元戊寅，日起甲子，如漢太初，一也。冬至五十餘年輒差一度，日短星昴，合于堯典，二也。周幽王六年十月辛卯朔，入蝕限，合于詩，三也。魯僖公五年壬子冬至，合春秋命曆序，四也。月有三大、三小，則日食常在朔，月食常在望，五也。命辰起子半，命度起虛六，符陰陽之始，六也。立遲疾定朔，〔三〕則月行晦不東見，朔不西朓，七也。」高祖詔司曆起二年用之，擢仁均員外散騎侍郎。

三年正月望及二月、八月朔，當食，比不效。六年，詔吏部郎中祖孝孫考其得失。孝孫使筭曆博士王孝通以甲辰曆法詰之曰：「日短星昴，以正仲冬。七宿畢見，舉中宿言耳。舉中宿，則餘星可知。仁均專守昴中，執文害意，不亦謬乎！又月令仲冬『昏東壁中』，明昴中非爲常準。若堯時星昴昏中，差至東壁。然則堯前七千餘歲，冬至昏翼中，日應在東井。井極北，去人最近，故暑；斗極南，去人最遠，故寒。寒暑易位，必不然矣。又平朔、定朔，舊有二家，三大、三小，爲定朔望；一大、一小，爲平朔望。日月行有遲速，相及謂之合會，晦、朔無定，由時消息。若定大小皆在朔者，合會雖定，而蔀、元、紀首三端并失。若上合履端之始，下得歸餘於終，合會有時，則甲辰元曆爲通術矣。」

仁均對曰：「宋祖沖之立歲差，隋張胄玄等因而修之，雖差數不同，各明其意。孝通未曉，乃執南斗爲冬至常星。夫日躔宿度，如郵傳之過，宿度既差，黃道隨而變矣。書云：『季秋月朔，辰弗

〔二〕「七」字，傅山全書初版本誤作「匕」，據手稿改。
〔三〕「立」字，傅山全書初版本誤作「文」，據手稿改。

集于房。」孔氏云：「集，合也。不合則日食可知。」又云：「先時者殺無赦，不既時者殺無赦。」〔二〕既有先後之差，是知定朔矣。詩云：「十月之交，朔月辛卯。」又春秋傳曰：「不書朔，官失之也。」自後曆差，莫能詳正。故秦漢以來，多非朔食。宋御史中丞何承天微欲見意，不能詳究，乃爲散騎侍郎皮延宗等所抑。孝通之語，乃延宗舊説。治曆之本，必推上元，日月如合璧，五星如連珠，夜半甲子朔旦冬至。自此七曜散行，不復餘分普盡，總會如初。唯朔分、氣分有可盡之理，因其可盡，卽有三端。此乃紀其日數之元爾！或以爲卽夜半甲子朔冬至者，非也。冬至自有常數，朔名由于月起，月行遲疾匪常，三端安得卽合？故必須日月相合與至同日者，乃爲合朔冬至耳。

孝孫以爲然，但略去尤疎闊者。

九年，復詔大理卿崔善爲與孝通等較定，善爲所改凡數十條。初，仁均以武德元年爲曆始，而氣、朔、遲疾、交會及五星皆有加減。〔三〕至是復用上元積筭，其周天度，卽古赤道也。

貞觀初，直太史李淳風又上疏論十有八事，復詔善爲課二家得失，其七條改從淳風。十四年，太宗將親祀南郊，以十一月癸亥朔，甲子冬至，而淳風新術以甲子合朔冬至，乃上言：「古曆分日，起于子半。十一月當甲子合朔冬至，故太史令傅仁均以減餘稍多，子初爲朔，遂差三刻。」司曆南宫子明、太史令薛頤等言：「子初及半，日月未離。淳風之法，較春秋以來晷度薄食，事皆符合。」國子祭酒孔穎達等及尚書八座參議，請從淳風。又以平朔推之，則二曆皆以朔日冬至，于事彌合。且平朔行之自古，故春秋傳或失之前，謂晦日也。雖癸亥日月相及，明日甲子，爲朔可也。從之。

〔二〕「既」，新唐書曆志作「及」。

〔三〕「星」字，手稿誤作「日」，據新唐書曆志一改。

十八年，淳風又上言：「仁均曆有三大、三小，云日月之食，必在朔望。十九年九月後，四朔頻大。」詔集諸解曆者詳之，不能定。庚子，詔用仁均平朔，訖高宗麟德元年。

仁均曆法，祖述胄玄，稍以劉孝孫舊議參之，〔一〕其大最疎於淳風。然更相出入，共有所中，淳風亦不能逾云。

傅良弼〔二〕

傅良弼，清河人，與牛元翼同爲王承宗所倚。初，瀛之博野、樂壽，介范陽、成德間，每兵交，先薄二城，故二城常爲劇屯。德宗時，王武俊破朱滔功，以二城隸成德。以良弼守樂壽，李寰者守博野。廷湊既叛，朱克融復囚張弘靖作亂幽州，廷湊與合從拒王師。良弼在樂壽，兩賊交誘之，而堅壁爲唐固守。詔以樂壽爲左神策行營，拜良弼爲都知兵馬使，〔三〕賜第京師。〔四〕俄以良弼爲沂州刺史，率衆出，力戰，乃得去。天子知其忠，更賜奴婢服馬，召爲左神策軍將軍。敬宗寶曆初，擢夏綏銀節度使。異時蕃帳亡命來者，必償馬乃與，良弼至，皆執付其部，而不責償，酋種懷之。終橫海節度使，〔五〕寰亦忠于博野爲右〔六〕（以下缺）

〔一〕「孝」，手稿誤作「玄」，據新唐書曆志改。
〔二〕「傅良弼」三字手稿無，編者爲統一體例補。
〔三〕「使」字，手稿誤作「史」，據新唐書本傳改。
〔四〕「第」字，傅山全書初版本誤作「策」，據手稿改。
〔五〕「使」，手稿作「事」，據新唐書本傳改。
〔六〕自前傅奕傳「死也」至此，據手稿整理。

傅山曰：奇哉！河北賊穴中有吾宗使君，可喜可喜。不知可及武俊時，一會賈先生林否？

傅游藝

傅山曰：有是妖孽哉？既爲壆賜姓武矣，是爲武游藝。

僑翁又曰：〔一〕游藝自是張易之一流，不然，何以驟得老武婆寵遇乃爾？新書列之姦臣傳，此非姦詭之姦，正爲姦淫之姦耳。

宋諸傳

傅思讓〔二〕

傅思讓者，冀州信都人。有勇力，善騎射。太宗居晉邸，補親事都校。卽位，補衛士直長，累遷至平州刺史。奉詔破契丹兵於唐興口。端拱中，四遷爲容州觀察使、知莫州，迻隴州。上命殿中丞林特同判州事，以夾輔之，以思讓所爲多不法故也。至道二年卒。贈保順軍節度使。

〔一〕「翁」，丁本作「公」，據他本改。

〔二〕「傅思讓」三字手稿無，編者爲統一體例補。以下至「陜西都轉」錄自手稿。

傅潛〔一〕

傅潛，冀州衡水人。少事州將張廷翰。太宗在藩邸，召置左右。即位，隸殿前左班，三遷東西班指揮使。征太原，一日，再中流矢。又從征范陽，先至涿州，與契丹戰，生禽五百餘人。翌日，上過其所，見積尸及所遺器仗，嘉歎之。師旋，擢爲内殿直都虞候。上與樞密言：「潛從行有勞，賞薄。」復加馬步都軍頭、領羅州刺史，改捧日右廂都指揮使、領富州團練使，遷日騎、天武左右廂都指揮使、領雲州防禦使。

雍熙二年，命大將曹彬北征，以潛爲幽州道行營前軍馬步軍都指揮使。師敗于拒馬河，責授右領軍衛大將軍，自簡校司徒降爲右僕射，仍削功臣爵邑。明年，起爲内外馬步都軍頭、領潘州防禦使，尋拜殿前都虞候、領容州觀察使。端拱初，加殿前副都指揮使、領昭化軍節度，出爲高陽關都部署。淳化二年四月，拜侍衛馬步軍都虞候、領武成軍節度。至道中，出爲延州路都部署，改鎮州。眞宗即位，領忠武軍節度，數月召還。咸平二年，復出爲鎮、定、高陽關三路行營都部署。契丹大入，緣邊城堡皆飛書告急，潛麾下步騎凡八萬餘，咸自置鐵檛、鐵棰，爭欲奮擊。潛畏懦無方略，閉門自守，將校請戰者，則醜言罵之。

無何，契丹破狼山砦，悉銳攻威虜，〔三〕略寧邊軍及祁、趙，游騎出邢、洺，鎮、定路不通者踰月。朝廷屢間道遣使，督令出師，會諸路兵合擊。范廷召、桑贊、秦翰亦屢促之，皆不聽。廷召怒

〔二〕「傅潛」二字手稿無，編者爲統一體例補。

〔三〕「攻」，手稿誤作「供」，據宋史本傳改。

目詬潛曰：「公恇怯乃不如一嫗。」潛不能答。都鈐轄張昭允又屢勸潛，潛曰：「賊勢如此，吾與之角，適挫吾鋭氣耳。」不得已，分騎八千、步二千付廷召等，于高陽關逆擊之，仍許出兵爲援。及廷召等與契丹血戰而潛不至，康保裔遂戰死。

及車駕親征，又命石保吉、上官正自大名領前軍赴鎮、定與潛會。潛卒逗留不發，致敵騎犯德、棣，渡河湊淄、齊，劫人民，梵廬舍。上駐大名而邊捷不至，且諸將屢請益兵，潛一不與；有戰功者，潛又抑而不聞。上大怒，乃遣高瓊單騎卽軍中代之，令潛詣行在。至，則下御史府，命錢若水同劾按，一夕獄具。法當斬，從駕羣臣多上封誅之，上特貸其死，下詔削奪在身官爵，并其家屬長流房州。潛子内殿崇班從範，亦削籍隨父流所，仍籍沒其貲產。五年，會赦，徙汝州。景德初，復起爲本州團練副使，改左千牛衞上將軍，分司西京。大中祥符四年，車駕西巡至洛，因命從駕還京，遷左監門大將軍，還其宅。久之，判左金吾街仗。天禧元年卒。

可惜當時馬步八萬餘，與此賴物擁之，僥倖咸平姑息，嫗哉！先涿州五百之禽，亦不足道矣！

傅求〔一〕

傅求字命之，考城人。進士甲科，通判泗州。淮水溢，毀城，朝廷遣中使護築，絕淮取土，道遠，度用兵六十萬。求相汴堤旁有高埠，夷之得土，載以回舟，省工費殆半。

徙大名府，時呂夷簡以同平章事爲天雄軍節度，多委以事而才之。夷簡復入相，薦擢知宿州，提點江西、益州刑獄，爲梓州路轉運使。夷獠寇合江，鈐轄司會兵掩擊，求馳往按所以狀，乃縣吏

〔一〕「傅求」二字手稿無，編者爲統一體例補。

冒取播州田，故獠恐而叛。卽黜吏置嶺南，夷人聞之，散去。益州文彥博上其狀，進職，徙陝西。關中行當十鐵錢，盜鑄不可計，求請變法。時州縣已散二百八十萬緡，亟下令更爲當三。民出不意，蕩產失業，多自經死，然盜鑄遂止。自康定用兵，移稅輸邊，民力大困。求令輸本州，而轉錢以供邊糴，民受其惠，兵食亦足。召爲戶部副使。

隴右蕃酋蘭氈獻古渭州地，秦州范祥納之，請繕城屯兵，又括熟戶田，諸羌靳之，相率叛。夏人欲得渭地久，移文來索。後帥張昪以祥貪利生事，請棄之。詔求往視。求以爲城已訖役，且已旣得而棄，非所以張國威。乃詔諭羌衆，反其田，報夏人以渭非其有，不應索，正其封疆而還。兵解，進天章閣侍制、陝西都轉（以下缺）

傅堯俞

傅山曰：嗚呼！國家事無大小，不過情理公私私公消息而用之。顧有無甚關係而足以平心弭禍，此類是也。有君子者出，其以爲挾數任數兩端之技耶？若無知度大臣處之，其餘可不問，是何言也？我朝無母后臨朝之事，而光、熹之間立相君子，亦忠亦公，惜乎！其不胥爲堯俞也，而宰相又無魏公，故正人多中慘禍，無亦其時勢大異於此者耶？

傅楫

傅霖

傅山曰：不然，兩先生皆不可致之人，而傅先生猶奇，其得道而仙乎！乖崖奇士，與先生同學，非偶然也。

傅察

傅山曰：不知先生父母爲誰，種此一兩鐵膝，爲有宋生色。舊史但稱其爲堯俞從孫，是欲以堯俞重公晦耶？公晦實重堯俞矣。遼、金兩虜書，各有其國禮志，皆載受宋使朝賀及雜拜跪舞蹈之儀，〔一〕覽之短氣。當時中國不振，姦奴主和，〔二〕使衣冠士夫屈膝犬彘，〔三〕習以爲常。碌碌庸奴無足言，卽天子者，苟圖富貴，視肉耳，亦何足惜！可惜以學士名賢，往往充此奴役。豈春秋魯、衛、齊、楚、秦、晉兄弟婚媾之所謂與國例哉？不知消折多少忠義志氣，尚欲以不辱君命之例論之，可笑！使老夫千古牙痒！故王倫、宇文虛中亦以使事死金虜中，不可謂之忠義。富弼、歐陽修、苗正、洪皓、方信孺輩，吾皆不難其所與爭議，而獨計臣使對虜，其情事當奈何。眞西山旣受命北，而會虜變，不終事而還，不可謂非先生犢鼻。幸也，堯俞使遼，治平時傅卞使遼，建炎時傅雱爲通問使使金，淳熙中傅洪又使金，皆無所聞。至此，則傅氏使虜者，蓋五人矣，而公晦遂成奇節。朱弁使金歸，述上北方所聞見死節臣十餘人中，有傅偉文焉，又先宗中一忠義士也。卽不諳諸行事，挹厥二名，偉亦偉，文亦文，足與公晦並傳。

〔一〕「使」，各本作「史」，據文義改。
〔二〕「奴」，丁本作「妖」，據拾遺本改。
〔三〕「犬彘」，丁本作「醜虜」，據拾遺本改。

足言也。

傅伯成

傅山曰：景初大概諫諍自任。李璧之謫，景初亦以誅侂胄與有功爲爭，過矣。璧，傾則士，不足言也。

傅伯壽

傅山曰：四人以功論之，豈不微末？其心則皆知有宋者也。皆知有宋，則皆知有中國者也。皆知有中國，則皆可以爲人。可以爲人，則姓誰卽爲誰家之人。而姓傅，故錄之爲傅家之人。嗚呼！金、元犯宋時，乃有四人，焉得不曰傅家四人？初，有傅選者，爲兩河忠義民兵首領。王彥爲都統制，保共城西山，時兩河忠義響應，而選與孟德、劉澤、焦文通等實附之。衆十餘萬，緜互數百里，皆受彥約束。紹興十年，金虜渝盟入侵，高宗手札與岳鄂王從便措置，鄂王命牛臯等經略東西京、汝、潁、陳、鄭、曹、光、蔡諸郡，而臯與選戰金虜於京西、於黄河上，皆捷。豈不亦似一人哉！及讀岳珂辨誣曰：「姚政、龐榮、傅選之流，以阿附而並沐累遷之寵。」則選固與殺武穆者耶？惜哉！選不得爲人矣。故削之。而獨人慶，人翼，人檜，人高。高最間關奇士矣，故其後有明穎國公。

有宋傅家四人。四傅者，傅慶、傅翼、傅檜、傅高也。

遼〔一〕

傅桂兒五代史作住兒，〔二〕遼史作桂兒。

居士曰：以遼入石汴，虜攻虜耳，不必論。此時有桂兒在遼，遼桂兒也。豈其姓傅！

金

傅愼微

居士曰：此復何論？是完顔愼微耳。唐重守京兆時，經制副使傅亮以精鋭奪門降金，亦目曰完顔亮也。

〔一〕「遼」，丁本脱，據拾遺本補。

〔二〕「住兒」，丁本作「桂兒」，據拾遺本、新五代史改。

元

傅立

居士曰：使爾不獻此書，忽必烈何必便覓殺爾？立自似打卦人，不足責。

傅巖起

傅佐

居士曰：傅佐與孛羅帖木兒俱罪殺，㲉塗奴自當死。今襄陵有傅巖起及張翥墓誌，以爲古蹟，喜載之，可笑！若是人者，安足爲鄉邦重輕也！

明

傅友德

〔一〕明潁國公。錄兵學編全文。此猶須與穿山稿參囗。〔二〕

傅友德，宿人。初從明玉珍。不得志，從陳友諒。辛丑率衆來歸，從征友諒。鄱陽湖被數創，

〔一〕「傅友德」三字手稿無，編者爲統一體例補。以下至「所鎮撫」，據手稿整理。

〔二〕「參」字下，手稿殘缺。

戰益力，殺數百人。甲辰從征武昌，先登，面脇中矢，擢雄武衛指揮使。乙巳攻安陸，被九創。丙午破張士誠兵于馬騾港。吳元年守徐州，躍馬奮刺韓乙，擒李二，拜江淮行省參知政事。

大將軍北征，上曰：「友德勇略冠諸軍，可當一面。」從下沂、青。洪武元年，從克汴梁、河南、衞輝、廣平。獲元將爲嚮導，克德、滄州，直沽至河西務，下通州。克元都，偵邏古北諸隘口，分兵守蘆溝橋，略大同，還下保定、眞定，擣太原，擴廓帖木兒遁。敗賀宗哲於石州。二年，從取陜西。三年，克沔、漢。是秋，征甘肅。還，封潁川侯，食祿千五百石，賜券。

上欲取蜀，以中山侯爲征西將軍，率廖永忠等舟師，由瞿塘趨重慶。公以征虜前將軍率顧時等步騎由秦、隴趨成都。四年辭，上曰：「蜀人聞吾西伐，必悉精鋭東守瞿塘，北阻金牛拒我。我師出其意外，直擣階、文，門戶既隳，腹心自潰。兵貴神速，但患不勇耳。」公至陜，言出金牛，覘階、文守備弱，卽趨陳倉，選鋒，攀緣山谷，晝夜行，大軍繼之，直抵階州。蜀斷白龍江橋阻我，都督汪興祖躍馬直前，中飛石死。公奮攻，拔文州。兵渡白水江，遂趨綿州。至漢江，造戰艦，將進兵漢州。欲通軍聲湯將軍，爲木牌數千，書克階、文、綿日月，投漢江，順流下，蜀守者見之解體。

尋拔漢州，夏丞相戴壽、大尉吳友仁悉衆守瞿塘，聞公破階、文，擣江油，壽、友仁分瞿塘守兵，還援漢州，保成都。未至，公舟師逼漢州，敗其將向太亨城下，迎擊壽兵，敗之，拔其城。時湯將軍駐大溪口，未進。上引公冒險克階、文功，〔二〕責湯將軍。湯將軍已獲公所書木牌，遂趨夔州。十月，壽、太亨以成都降公。湯將軍亦克重慶，公分兵盡下川蜀諸郡縣。十月還京。十二月論功，

〔二〕「功」，傅山全書初版本誤作「攻」，據手稿改。

上曰：「友德統軍冒險，首克階、文，破綿、漢、成都，克保寧諸郡，功最大。」又爲平蜀文，旌公。

五年，副馮勝征沙漠，出金蘭，攻甘肅，至瓜、沙。六年，復出鴈門，爲前鋒，虜遁軍還，留鎮北平。召還，太子諸王獵荆山，講武。九年，副湯將軍備伯顏帖木兒，延安番兵縛伯顏帖木兒以降。上將平雲南，命公巡川、蜀，降永寧、雅、播、金筑、普定、中平、乾溪等塞，還京。

十三年，乃兒不花寇邊。十四年，副大將軍討之。九月朔，爲征南將軍，永昌侯、西平侯爲副，統兵三十萬，征雲南。上曰：「雲南遐僻，取之當自永寧始。先遣驍將別軍向烏撒，大軍繼，自辰、沅入普定，分據要害，乃進兵曲靖。曲靖，雲南喉襟，彼必幷力拒我。〔一〕審勢出奇，取勝在此。既下曲靖，三將軍一提勁兵，趨烏撒，應永寧，大軍直擣雲南。彼此牽制，疲于奔命，破之必矣。雲南既克，分兵徑趨大理，勢將瓦解，其餘可不煩兵而下。」公至湖廣，遣都督胡海洋等帥兵五萬，由永寧趨烏撒。公率大軍由辰、沅趨貴州，進攻曲靖，擒其司徒平章達里麻。擊烏撒，遣副將軍趨雲南。梁王走，死滇池。公遂城烏撒，得七星關，又克大渡河，降東川、烏蒙、芒部諸蠻。十五年，上諭公：「靄、翠輩不盡服，雖有雲南，亦難守，慎之。」公進兵克大理諸郡。是年，翠及宋欽皆降，蠻地悉平。公因俗立法，定貢賦，興學校，掩戰骼，廣屯田，南人大悅。十七年還京，論功追封潁國公，食錄三千石，與世券。〔二〕

十九年再征雲南，廿一年復討曲靖、普安。廿三年征沙漠，還駐開平，復征寧夏。廿四年北征

〔一〕「必」，手稿作「北」，據文義改。

〔二〕「與」，傅山全書初版本誤作「予」，據手稿改。

哈者舍利王。廿五年兼太子太師。二十七年暴卒。子忠，尚壽春公主，讓金吾所鎮撫。

傅山曰：國初書，但言潁公暴卒，皆不言死何所。今太原汾河西營村有傅國公墳，巍然一塚。塚四隅白楊大蔽數十丈。塚前一小碣，高三尺許，書太祖御製贊公平蜀「傅一廖二」之文，然其字鄙野瑣細不足觀，又頗似其子孫不欲沒先人大功，私錄其文以表於得罪後者。太原有傅姓賣酒家名某者，自言傅國公後，河西墳卽其先墳，每爲人言之，人亦不甚究其本末。今亦零丁，存一二人耳，而世又無差役，何也？

潁國公譜後云：公之子某，從正學學，靖難後遂奔晉。晉恭王妃，公女也。蓋公之子依晉王而死於晉者之墳耳。後裔無知，遂謂爲公墳也。然靖難之舉在晉恭王旣薨之後，公子奔來時當晉□時，傅妃亦薨矣，不知當時何能容留，不見稽察也。

傅史補遺〔一〕

東漢諸傳

傅堅

東漢五行志廿七卷：「永康元年八月，巴郡言黃龍見。時吏傅堅以郡欲上言白事，以爲走卒戲語，不可。太守不聽。」

〔一〕　此篇據山西博物院藏傅山、傅眉零星手稿整理，由高維德先生釋文，曹玉琪重校。

傅福

梁商傳：「中常侍張逵、蘧政、内者令石光、尚方令傅福等冗從僕射杜永，連謀譖商及中常侍孟賁，云欲徵王子，圖議廢立。」

晉諸傳

傅祗　傅咸　傅宣

李含爲傅祗所貶，傅咸疏理之。見含傳。

懷紀：懷帝于東堂聽政，至于晏會，輒與衆官論衆務，考經籍。黄門侍郎傅宣歎曰：「今日復見武帝之世矣！」

懷五年，太子太傅傅祗爲司徒，帝議將行而警衛不備，乃使司徒傅祗出詣河陰，修理舟楫，爲水行之備。

傅晞

卞壼傳：壼出爲明帝東中郎長史。遭繼母憂，起復舊職。壼〈戊＋戈〉陳有日，傅晞等皆荷恩命，高枕家門。

傅末波　傅瓌〔一〕

哀隆和元年二月，慕容暐將吕護、傅末波攻陷小壘，以逼洛陽。

傅純見袁瓌傳。

傅湛

孝武紀：盜殺建安太守傅湛。

傅遘

石勒載紀：遣東曹掾傅遘兼左長史，封王浚首，獻捷于劉聰。

南北朝諸傳

傅法憲

傅法憲，見南齊崔惠景傳。

〔一〕「瓌」字，當爲「純」之誤。

傅泰

梁書敬帝紀：太平二年，廣州刺史蕭勃舉兵反，遣僞帥歐陽頠、傅泰、從子孜爲前軍。平西將軍周文育討之。三月庚子，文育前軍丁法洪于蹠口生俘傅泰。

陳高祖紀亦有此事，同。周文育傳詳之。

傅文驥

魏書盧昶傳：〔一〕「朐山戍主傅文驥糧樵俱罄，以城降衍。」〔二〕魏宣武永平四年，王萬壽以朐山降，盧昶遣琅邪戍主傅文驥率衆據之。

傅靈檦

魏書韓子熙傳：清河王懌。學官令傅靈檦訟王冤。

魏書吐谷渾夸呂傳：靜帝使員外散騎常侍傅靈檦使於其國。

傅默

魏書高允傳：時中書博士索敞與侍郎傅默、梁祚論名字貴賤，著議紛紜。

〔一〕「昶」，手稿作「敞」，據魏書中華書局一九七四年六月第一版本改。

〔二〕「衍」，手稿作「梁」，據魏書中華書局一九七四年六月第一版本改。

傅洪

魏明元泰常二年，晉滎陽守將傅洪請以虎牢降。

傅世

魏道武紀：天興二年四月，前清河太守傅世聚黨千餘家，自號撫軍將軍。庾岳討破之。

傅堆

魏肅宗孝昌元年，廣川民傅堆殺太守劉莽反。

傅標

魏温子升傳：「陽夏太守傅標使哇谷渾，見其國主牀頭有書數卷，乃是子昇文也。」

吐谷渾傳：使于其國者，則傅靈檦也，當是一人。此或「標」上少一「靈」字。

傅晶

魏出帝永熙二年九月，東清河人傅晶殺太守韓子捷，據郡反，會赦，乃降。

傅和

魏孝靜紀：天平四年，梁因益州刺史傅和請通好。

傅思益

魏書李沖傳：沖議始置三長，有傅思益異議。

傅毗

魏書李彪傳稱：故著作郎漁陽傅毗等，並以文才見舉，注述是同，皆登年不永，弗終茂績。

傅懷德

北齊樊遜傳：遜與洛州秀才傅懷德較定羣書。舉秀才。七年，詔令校定羣書，供皇太子。遜與洛州秀才傅懷德等十一人，同被尚書召共刊定。八年，詔尚書開東西二堂官選，所司策問，遜爲第一。左僕射楊愔薦舉，有詔超除員外將軍。後世祖鎮鄴，召入司徒府管書記。及登祚，轉授主書，遷員外散騎侍郎。

唐諸傅

傅八

李太白集早夏於將軍叔宅與諸昆季送傅八之江南序：易曰：「觀乎人文，以化成天下。」窮此道者，其惟傅侯邪？侯篇章警新，海内稱善，五言之作，妙絶當時。陶公愧田園之能，謝客慙山水之美，佳句籍籍，人爲美談。前許州司馬宋公，藴冰清之姿，重傅侯玉潤之德，妻以其子。鳳皇于飛，潘、楊之好，斯爲睦矣。僕不佞也，忝于芳塵，宴同一筵，心契千古，清酌連曉，玄談入微。歡携無間，旋告睽拆。將軍叔，英略蓋古，英明洞神。天王貴宗，誕育賢子。八龍增秀以列次，五色相輝而有文。會言高樂，〔二〕曉餞金門。〔三〕洗德紘觴怡顔，朱明草木已盛。且江嶂若畫，嘗盈前途，自然屏間，坐遊鏡裏。行到霞月千里，足供文章之用哉！征帆空懸，落日相逼，一季揮翰，詩其贈焉。

傅靄

淮海對雪贈傅靄：朔雪落吴天，從風渡溟渤。梅樹成陽春，江沙浩明月。興從剡溪起，思繞梁園發。寄君郢中歌，曲罷心斷絶。

宋諸傅

傅汶

傅汶，字元魯，以父佇蔭補官。初調清流縣尉捕盗，改知將樂縣。時朝廷以軍興，鬻僧貴之縣，他邑視民産均敷之，汶即邀吏齎度牒往三山減直而售，官出餘直以足數。尋倅廣州。帥司馬伋以捕盗贓滿三獄，申審覆奏，勑淹數月爲慮。汶曰：「容某以三日辦之。」帥以爲喜。

〔二〕「高」，手稿脱，據李太白集補。

〔三〕「門」，手稿作「間」，據李太白集改。

汶退，召獄吏具見，禁劫盜分三類引鞫，具得其情。知貴州，郡僚月俸積壓。汶至，即撥錢還之。帥張南軒聞之曰：「祗此一節，即見施爲。」遂率部使者交薦司馬伋。召還，亦力薦之，遂除提舉江西茶鹽，繼知德慶府，所至以仁政稱，終朝請大夫。

傅瑾

傅瑾，字公寶，汝陰人。任蔡州助教，力學博記，尤邃字韻。奉先克孝，與鄰善施。嘗教李端願尚名節、養器識爲先。有字林補遺十二卷，音韻管見三卷，聞見錄十卷。有端願墓序銘。

傅烈

傅烈，字承件，晉江人。以易學名家。寧宗慶元中，擢進士、惠州教授。歷知循州，民懷其惠。

傅彬老

淮海集答傅彬老簡：彬老足下：昨奉手教，所以慰誨甚勤，幷蒙錄示寄蘇登州書，幷題眉山集後。尊賢善道，發于誠心，詞旨清婉，近世所希見也。發函展讀，殆不能釋手。欽想高風，益增企系，屢迫賤事，修報後時，悚愧何已。然僕昧陋，不能冥曉盛意，中間有未然處，輒爲左右具言之。惟閣下恕其僭易，幸甚！幸甚！閣下謂蜀之錦綺，妙絕天下，蘇氏蜀人，其于組麗也，獨得之于天，故其文章如錦綺焉。其說信美矣，然非所以稱蘇氏也。蘇氏之道，最深于性命自得之際，其次則器足以任重，識足以致遠，至于議論文章，乃其與世周旋至粗者也。閣下論蘇氏而其說止于文章，意欲尊蘇氏，適卑之耳。閣下又謂三蘇之中，所願學者登州爲最優，于此尤非也。老蘇先生，僕不及識其人，今中書、補闕二公則僕嘗身事之矣。中書之道，如日月星辰，經緯天地，有生之類，皆知仰具高明。補闕則不然，其道如元氣行于混淪之中，萬物由之而不知也。故中書嘗自謂吾不及子由。僕竊以爲知言。閤下試贏數目之糧，謁二公于京師。不然，取其所著之書熟讀而精思之，以想見其人，然後知吾言之不謬也。文翁哀詞，杼思久矣，重蒙示諭，尤增感愴。時氣尚熱，未及晤見，千萬順時自愛，因風無惜，以書見及，幸甚。

傅宿

桯史六卷：苗劉之亂，其屬張魁爲畫計，使請鐵券。既朝，辭，遂造堂袖劄以懇。朱勝非卽取筆判奏行給賜，令所屬檢詳故事，如法製造，不得住滯。二凶大喜，是夕遂引遁，時建炎三年四月己酉也。明日將朝，郎官傅宿扣漏院，白急速事，命延之入。宿曰：「昨得堂帖，給賜二將鐵券，此非常之典，令可行乎？」忠靖取所給帖，顧執政秉燭同閱，忽顧問曰：「檢詳故事，曾檢得否？」曰：「無可檢。」又問：「如法製造，其法如何？」曰：「不知。」曰：「如此可給乎？」執政皆笑。宿亦笑曰：「已得之矣！」遂退，論功，宿遷一官。

傅存

江行雜錄載小說聞記：「李龜壽，刺晉公者，公待龜壽以不死，遂命元從都押衙傅存隸之。」

傅珏

桯史九卷：内黄傅珏，以財雄大名。父世隆，決科爲二千石。珏不力于學，弁髦碌碌下僚，獨能知人，嘗坐都市，閲公卿車騎之過者，言他日位望所至，無毫髮差。初不能相術，每曰：「予自得于心，亦不能解也。」〔二〕嘗寓北海，王沂公曾始就鄉舉，珏偶俟其姻于棘圍之外，遇之，明日以雙筆要而遺之曰：「公必冠多士，位宰相，他日勿相忘。」聞者皆笑，珏不爲怍，遂定交，傾貲以助其用，沂公賴之。既而如言，故沂公與其二弟以兄事之，終身不少替。珏死明道間，官至右班殿直，監博州酒。其孫獻簡堯俞，元祐中爲中書侍郎，自誌其墓。内黄志亦載之。

傅行簡

桯史九卷：有庸醫王涇者，著作傅行簡甘餌涇藥，著作未啓手足，猶進一刀圭，不脱口而逝。

傅選　傅純

賦苑有傅選槐賦、蚊賦，傅純雉賦，皆僅僅數句耳。

金諸傅

傅霖

傅霖，玉田人。第進士，累官至崇義軍節度副使，行部臨潢，沒于兵。子輔之，亦第進士，受滎陽令。元兵壓境，抗節不屈死。

〔二〕「解」字，傅山全書初版本誤作「比」，據手稿改。

元諸傳

傅常

傅常，字仲常，鉛山人。舉進士，調餘姚判官。常視州符剖決沮滯，吏民服之。至正秋，海上有警，宣閫檄常偵賊定海，而常所受徒民兵與賊遇，弗敵死之。仲常居官有冰蘗聲。戌之役，借人一短褐以往。其在海上，念其母，每泣下，蓋忠孝廉潔之士。寔不知兵乃與之一旅，禦重寇，徒委之死，世皆惜之。常之母及其兄，不能歸，遂家焉。

傅巖起

傅巖起，汾西人。見元宰相年表。初爲丞相掾，歷西臺治書，陞中書左丞，知經筵事，後拜臺中丞，多著勳績。謚正獻。

傅立

傅立，德興人。通皇極數，爲集賢大學士，有文名。卒謚文懿。子巖卿，爲秘書少監，集賢直學士。

傅若金

傅若金，新喻人。少貧，刻勵于學，能文章。嘗遊京師，虞集見其詩，大嘉稱賞。揭傒斯亦稱其詩高出魏晉，下不失于唐。

即傅汝礪也。

傅定保

傅定保，晉江人。六歲能解大學。事母至孝。大德初用薦爲漳州學正，首以太極圖、西銘講說，聽者悅服。號「古宜先生」。

傅斯正

函史上編卷七十二：金華吳萊，北遊燕趙，遇戰爭，都會之地，輒駐馬引望。與當塗李翼、餘姚方九里、臨川傅斯正貰酒高歌。天寒風急，毛髮上豎也。

卷一百五十八　劇本

紅羅鏡〔一〕

紅羅鏡序〔二〕

（大戲場維摩曰：）功當成，好事業不必假好人手；緣當合，好風流不必輒好人收；名當傳，好文章不必出好人口。用世大賢，看取紅羅鏡可也。

松僑石道人。〔三〕

第一摺

（丑扮麻子歸，女丑扮鴇子上。）（麻白：）自家姓麻，名子歸，與這富樂院中劉媽媽相處，穿吃都在他家，就與他家支應門戶。人見我臉上幾個麻子，又穿吃在忘八家，就順口叫我做「麻子龜」。思想起來，我只幾口茶飯，費了多少精神，熬了多少歲月，纔掙得只個祿位，卻被那有勢豪好

〔一〕此篇與下二篇均據一九三四年張赤幟刊本收錄。由葛敬生先生重校。刊本原署：「陽曲傅青主先生眞山著。五世孫履巽順菴輯。」

〔二〕此四字，傅山全書初版本脫，據張刊本補。

〔三〕落款五字，傅山全書初版本脫，據張刊本補。刊本序後爲目錄，目錄後有兩段跋文：「至理名言，包涵萬有，然非先生見不到，說不來。後學李芬謹誌。」「借俳優口，說菩薩法，自是君身有仙骨，深恐後人變牛馬。後學遯醉翁謹誌。」

討便宜的，連富樂院中一撮鹽土兒，也要拿得屋底去。豈沒有思想，我只口茶飯的人，因此怕我只祿位不穩，被那有勢力的奪將去，只得加心在意，服事媽媽，只喚做衣食父母。媽媽抬掇我，不減幼子嬌兒。天長地久，做人家過活，抬掇了個粉頭，叫做弱娟，眞個是千般嬌媚，萬種嬝娜，王侯公子，搶着嫖他，儘有生意。可恨他近來戀上箇甚麼小陸兒。媽媽恐怕他跟了他去。我說若要打我老麻手裡走了粉頭，就是孫行者在佛爺手裏打觔頭的一般。已與北京城販人的夸子說了個話兒，賣只個奴才，不在話下。正是秋天醃菜的時候，且教這奴才勾將小陸來，嚼要他幾兩鹽菜兒吃。正有幾個初中的舉人，都來接他，教他發付了小陸兒，打扮的單眉細眼，去幌那些乍得意的傻瓜，必有湯頭錢也。媽媽，你看那：傻達兒郎買笑娛，（鴇：）不愁無米不愁飢。（麻：）只爲咱有只明眸皓齒嬌雛鳳，（鴇：）多虧了你厚殼縮頭老敗龜。（下。）（小生扮小陸上，白：）稜稜霜氣韻鐘聲，寂寞相如臥茂陵。月殿影開聞夜漏，此時鳴雁易傷情。小生姓陸，名龍，本貫太原人也。天潢自出，長在王宮，性頗不羈，嚴遵母訓。等閒瞞過尊人到花街一玩，遂遇着名姬弱娟，風流蘊藉，絕代佳人。是我不吝千金，追歡買笑。他便傾心吐膽，許我從良。離了他家，住在街上良家屋底，與我幾個社友商議，都道是青梅騙局。我道：「若是騙局，難道不騙他人，單騙小生？」他們又說：「他許別人從良時，難道教你聽見？」我想這些話頭，都是老生酸腐常談。他已前未遇我自是不許別人，今日既遇我，豈有再許別人的理？他果然把生平珠翠衣服玩好，盡行與我，只得個湊巧日頭，便要與我同奔。只是我那不知趣的泰山翁，吵鬧我母親前。近日十分拘繫，無處輾轉。間或問親戚朋友家借貸，都道「是只個傻瓜，我還要使他的，他到想使我的」，關門不理。沒奈何，當了一兩件小衣服，量升斗星米，早晚苦熬，益發嚼出些風流滋味來了。今日同家定省，他密使人來約，今夜有話要說，敢是將有湊巧機會也。（唱：）

〔賞花時〕記當日雕鞍玉勒照花明，過後香風特地生。春深五鳳城，垂楊繫馬，疋絹賞歌聲。

〔么〕今日裡早晚充饑米一升，也不輸烹龍炮鳳五侯鯖。一恁他唾罵傻書生，誰知道巫山非楚，自有雲雨情。（下。）

（小旦扮弱娟上，白：）雲母屏風竹葉深，長河漸落曉星沈。嫦娥應悔偷靈藥，碧海青天夜夜心。我弱娟，久厭風塵，思從俊雅。十年來閱人亦多，儘有油滑幫襯的，但可叫做鬬客，卻不可認作有心人。可憐陸生，人才年紀，的確是我對頭。他那幫襯不來處，正是他一點良心。便要許他終身，移居街上。怕那兩個老賊疑我，假意還家，把隨身玩好，已盡行付與陸生，無人知覺。昨夜喚陸生來，商量出門日子。雖有成說，怕陸生孩子氣，作事不老成，又枉淘氣也，不免叫他起來，再叮嚀穩當，叫他趁早出門者。陸郎陸郎，你也知道俺婦人家，從一男子，好不容易得事也。（唱：）

〔點絳唇〕萬疊柔腸，躊躇倒去顛來想。看霜曉浸窗，又早紛紛亮。

〔混江龍〕記那日移居街上，典衣當釵辦黃糧。他像個黃虀學究，我成了荊布婆娘。說甚麼裘馬五陵眞富貴，只圖個唱隨一世咽糟糠，再不理粉紅黛碧、脂膩油香。（投至有）後日的簫中鸞鳳，那裏在此時的帳底鴛鴦。因此上漏聲滴的心窩兒响，說不的個歡娛夜短，陸郎在此，又不是寂寞更長。陸郎起來。（陸上：）

〔油葫蘆〕忽聽的嬌皇幾句細琳瑯，慌也沒忙。敢則是沙吒驚起可人龐，呀，燈火暗淡寒鵶唱，早忘了夜深私語同心帳。弱娟弱娟，趁如今人未起時昧爽，有心事快商量。

（娟：）你且說明日出去，畢竟在何處下落？（陸：）

〔天下樂〕不須愁一燕身輕莫處藏，有招提僻地良，在魏榆界裏東南上。你便做摩燈女，攝我在先梵

天；俺便做小阿難，引你歸蓮花藏。便是那佛菩薩，不厭咱聲色香。〔陸：〕

〔娟：〕僻靜寺院雖好，身邊有幾件東西，不如借朋友書舍，還少驚恐些。

〔那吒令〕休提朋友們肺腸，用著時冰涼。秀才們學堂，大半是淫房。幫襯的傚黄，隨處是盜囊。還有那風流的嫉妬多，酸腐的鏊糟謗。還不如靠着無知識泥塑的猛金剛。

〔娟：〕去便去，須要快馬，令他們不知踪跡纔好。〔陸：〕不難不難。

〔鵲踏枝〕有貂當，芻豆良，養名駒，稱上驤。但借他兩匹來，不要說幹只個勾當，只說道秋成經艾，一過田莊。那時候，我雕鞍偏跨刀環響，〔娟：〕我如何打扮？〔陸：〕你也戎裝。

〔娟：〕既然如此，再不須多說。我梳粧畢，便到那些舉人席上。明日早起，我承恩門外等你。你是必在心，莫要懶散也。〔陸：〕我還有笑話對你說？

〔後庭花〕咱倆個既是齊眉約久長，再不好手拽張郎看李郎。只恐怕你見了那一起新貴人呵，搖擺粧風雅，周旋學在行，念文章把房師分講。許你個金紐絲冠彩漆牀，你便見劉郎忘阮郎。酣美酒，饜肥羊，眉曼綠，舌笙簧，輕蛺蝶，淫鳳凰，閃的我勒驊騮四顧忙，泣孤魂，兩泪行。

〔娟：〕咄！正經話不説，〔二〕便說只些孩子話，〔三〕好惱人也。你且說騎馬到那裡，教誰送回？不然，卻不教人說你，爲嫖婆娘，騙人馬也。〔陸：〕我有一個朋友，姓田名基，托他先到彼處安置。咱們到那裏，即便教他連夜送回罷了。〔娟：〕你適纔說朋友的書房不可宿，如何又說教朋友送馬？倘有差遲，豈不失了行止？〔陸：〕你說的朋友是那讀書的。我只朋友，正是那不讀

〔二〕「話」，原本作「說」，據文義改。
〔三〕「話」，原本作「說」，據文義改。

書的。如今朋友，到是那不讀書的，還比那讀書的託得些兒〔一〕（唱：）

〔青哥兒〕他雖沒有崐崙、崐崙伎倆，也不似扁三、扁三模樣。靠他做押衙虞侯，熱衷腸，不爲羔羊，不憚風霜。挈我鴛鴦，還彼驌驦，要尋我小陸與娘行，再休想！

（娟：）住了，早是忘記了。我有菱花鏡一面，是梳粧用得，雖值不多，若遺下，也便宜了老賊。〔二〕待我取來，你掛在衣裡胸前拿去，〔三〕省得又費銀子買（陸：）

〔寄生草〕雪樣白，同心鏡。（挂，生害冷界。）霜樣寒，透骨涼。（娟：）前日人送有紅羅一疋，不免裹在胸前，想便不禁人了。將秋羅裹在冰膚上，似月輪映着紅雲樣，（陸：）只便是業鏡台照你我婚姻帳。忙穿起衣服，擺襜如，還要做不懷夾的生員狀。（价笑。）

〔尾聲〕將我只怯身軀，裹的窄悶；熱皮膚，薄的鷄皮長。怕做了徐郎與樂昌，鏡破難重訪。快休教我，獨來在承恩門外馬嘶長。（下。）

第二摺

（貼扮靜姝，穿厚衣；旦扮無雙上。）樓上殘燈伴曉霜，獨眠人起合歡牀。想思一夜情多少，地角天涯未是長。趙靜姝，劉無雙。姊妹們，一時名妓，今年又是科舉年，興頭還不減前三四科，今日他們新中的，邀我們頑。不是咱姊妹們說昧心話，其實他們中了的就是才子，咱們就是佳人。

〔一〕「的」，原本無，據文義補。
〔二〕「便」，原本作「偏」，據文義改。
〔三〕「拿」，原本作「那」，據文義改。

早到那裡行令吃酒，快活去來。（劉：）不知今日席上還有誰家姊妹？（趙：）不用管他。我知道有弱娟。咱去他家裏，約上逕走，不要與他無名小將同行。就街上遇著，也不要招駕。教人說咱沒時運，和那些歪貨打夥。我見那些好秀才，只和好秀才撕跟，說怕低了架子。我們也要在這裡標榜。（劉：）我見他們串咱寡門子時，卻也有幾個癲的幫襯。（趙：）道是他故意裡拉那些來作襯頭，要顯自家。咱們眞的假不得，也用不着襯頭，誰不知道是咱！（行介。）不覺來到弱妹家了。弱娟梳洗了不曾？（小丑扮村妓上：）分明是趙家、劉家兩個歪貨前面走，一霎時就不見了，定又是到老弱家相約。我也去。開門！（趙：）只位姐姐何來？（丑：）你們何來？（趙、劉：）我約弱娟來。（丑：）我也約弱娟來。（趙：）其實各人走了也罷。（丑：）其實我兩個各人走了也罷。（趙：）卻怎麼從不相認的？（丑：）我看著你也認的我，只是不肯承頭。（趙、劉：）豈有此理！到是呢，不拘到那裏，人偏認的咱們，咱們認不得他們，不知是怎地說。（丑：）卻不。（同叫弱娟科。娟上。唱：）

〔正宮端正好〕只爲作倚門人，睡不得安心覺，又早來提傀儡聒絮煎熬。雖則是有心人約同偕老，今日裡還要假意追歡笑。

（趙、劉：）弱娟只晌纔出門，定又是那小陸相公温注了。（娟：）他卻不在。（趙：）人都說你與他著實相好，敢是眞了麽？（娟：）

〔滾繡球〕噯！那書生情性嬌，到不同那老油滑莽壯調。但他來冥冥悄悄，頗不是惡客們嗺嗺嘈嘈。雖愛他温柔轅下駒，怕慣了浮萍水上漂。若眞個逢人便好，怕沒許多可意人交。我只爲他良家子弟多遊蕩，我權且抬掇孩兒有下稍，梳櫳嬌嬌。

（齊笑介。）（劉、趙：）只個就是了，不過是弱娟戲耍子。不然，我說我們播弄多少像樣的人，難道就和個小夥子討出甚麼情趣來？可見人言聽不得。（丑：）其實弱娟索性跟答得只個甚麼小陸相公去，到也了了椿事哩！（趙、劉：）你那裏知道！今日席上，還是我們一起。弱娟怎麼草草梳粧，豈不教他們看的咱毛草了？（娟：）

〔叨叨令〕休提起今朝明朝，只管哩奔奔波波的俏。怕的是明熬夜熬，風風張張的笑。因此上魂勞夢勞，偷一懂昏昏沈沈的覺。就是有面鏡兒，一任他鬆包緊包，懶去端端詳詳的照。兀的不怕殺人也麼哥，兀的不惱殺人也麼哥，今日裡妝喬作喬，又則索鏊鏊糟糟的鬧。

（趙：）雖是如此，他們新中的，畢竟是才子，我們畢竟是佳人，也不是沒名頭的，也還打起精神來。（娟：）

〔脫布衫〕不要說得意的才學眞高，不要說人愛的體態偏嬌，只得個時來運到，就是那殿花娘有人來要。

（丑拍手笑科。）著來著來。（娟：）

〔小梁州〕就像俺濃抹胭脂淡粉稍，未必豐標。止不過揪撏扭掐莽風騷，〔一〕魔宮掉一夥吃人妖。

〔么〕見他們，幾人初學拿堂調，愛穿些綠襖紅袍。若教那紅兒見，燕子睄，多因唬倒，爬不跌作魯連逃。

（趙、劉：）怎麼弱娟，今日只說掃興話？難道他七十個人，就沒一個好的？（娟：）朝廷盛典，一榜中定有幾個人物，只是與你我相處的未必便是其人。（唱：）

〔上小樓〕英雄難料，風流絕少，那有個杜牧情長，韓翃韻遠，李靖才豪。堪與他搗元霜，吹玉簫，做千秋懷抱，到還不如對小陸郎蓮花容貌。

〔一〕「掐」，張刊本作「掐」，據文義，似當爲「掐」字。

（趙、劉：）雖是只等，但我們在此時道，也須要招駕他們一個作體面。你不見晉府店裏邢家甚麼眉兒，和今年解元睡了一夜，至逢人便說他與某解元相處哩！（丑：）哴嗄，解元有數的，和我睡了五六十夜，誰見個甚麼邢家眉兒來？（趙、劉：）就是解元在只裡，住不多時，怎得有五六十夜？（丑：）還是他不曾進場，就有了一多半了。（趙、劉：）只等到撞著了。（丑：）怎麼是撞？還是認得風塵中物色。若是你們，不見他中了，一定不理。（趙：）我前日在那裏吃酒，絕不曾說及姐姐一聲。（丑：）他們中了的，就要做官，便學起瞞心昧己。若白故故對人說了，又惹的恁發寡酸，便不知趣了。（娟：）

〔么〕他不須霸解元當出奇，扯經魁撒浪嬌。娼家得苦，〔二〕真個是客舍蘧廬，貴來賤去，今夜明朝。桃李妖，梧葉飄，春秋易老，怕不霎時紅顏消耗。

（雜扮家人上：）開門！我相公們等你吃酒。只早晚不去，著實吃惱。我專來催。若再遲，便不好了。快來！（下。）（丑作慌介：）惹下了。（趙：）我從來不會早往人家的。（丑：）正是，我們從來也不會早往人家的。（娟背唱：）

〔滿庭芳〕我看他拿腔弄調，趁轟名宿，硬學時豪，教人啼哭教人笑。只管妖嬈，越惹得染鴉鬟心腸淡了，混魚目感歎牢騷。看將來，是菩薩說法，要渡我出愛河橋。

〔朝天子〕到那裏呵，秋夜迢迢，幾時得捱到曉？紅塵一騎逐郎飈，斷卻平康道。紅拂難當，章臺略肖，金籠兒空自牢，鸚哥飛了。誰知道我小心兒做事老。

（保兒上。）驢子來。四位姐姐，一齊走著。（行介。）（趙：）

〔二〕「得」，傅山全書初版本改作「的」，此處仍依原刊本。

〔耍孩兒〕說太眞從古肌膚好，猛凝眸自顧魂消。温柔合德太鶬鶊，骨槎牙似木魅山魈。爭似俺香車獨坐朱輪穩，寶馬徐行赭沫潮。人都道一啓齒千金笑，怎能勾也得了當年安祿、羯狗鬍躁。（劉唱：）

〔三煞〕姊妹相推重，明霞門第高，家傳有潯陽深夜琵琶調。管甚麼門前冷落無車馬，親見過牀上呻吟病寂寥。追往事，堪悲吊，因此上棲遲脂粉，且勉强笙簫。（丑唱：）

〔二煞〕閃白帕，抹額齊，洒綠裙，拖地掃，鶯鶯不過如斯妙。四絃胡拍頭齊點，一曲宛家采亂抛，不住有鄉官叫。那些歪貨，但見了我，齊攢嘴點，多因是嫉妬我，忒殺苗條。（娟唱：）

〔一煞〕雖則有俏的俏，村的村，到頭來朽共朽，老共老。一時想起來，心寒了。說到此間，我又替靜姝、無雙難過也。等不得金爲裝屋藏嬌怯，誰爲他玉作含魚解肺燒。也不聞有許多仙客把無雙抱，做不得小青易死，那堪得老大無聊。（同三妓唱介）

〔煞尾〕西風動地號，颯颯悲零落。今日裏，尊前紅綠隨塲鬧，明日裏，枕上恩情各自討。（同下。）

第三摺

（外扮田基、副淨扮愚可用上。田基白：）〔二〕酒寒風冷月初斜，上路初同白鼻騧。雲雨今歸何處去，爲言流落在天涯。自家田基，本貫中都人也，流寄山西太原。一生瀟洒，閒遊中貴，久與陸龍結交。他原是王家外甥，聰明倜儻，到也可愛。時常承他結納，思量報他一報。我又不是讀書的秀才，與他虛講上幾句之乎者也可以了得。他近日戀上婊子弱娟，我只道是他騃氣，原是婊子眞實愛他，許他從良。他拚上生死，要拿家去。是我與他商量，且奔出城外，聲言撇家遠遊，後來事

〔二〕「田基白」三字原本無，據文義補。

應有知趣人做作。只個又不同帮閒，引誘良家敗子，要捻頭打棒，成就了到也是場好事。魏榆東南三十里，一所寺院，人跡罕到，我與那住持有舊，已先安頓些過活在彼地，兩個約定，今日出門。是我早起到府裏公公家，借快馬兩匹，一送陸生，一令愚可用牽在承恩門外，等弱娟來，打發騎上逕走。只個人雖不甚伶俐，只是一味老實，又能走路，快馬難追。只樣等婊子的事，惹托個伶俐人，恐怕等出故事來。（笑介。）愚可用，你可牽了只匹馬，到承恩門外等著。有個婊子來，你打發騎上，不要說話，逕往南走，只等人叫你囘去，也不要說話，即便囘來也。（愚點頭介。）跟我去來！（行介。）

〔雙調新水冷〕寒鴉颯颯角聲休，望層樓曉霜花縐。要飛他雙鳳鳥，全仗著雨龍騶。呀！又早開門也。聽門響高秋，門響高秋湊巧來，剛剛時候。

愚可用，你在此等著，我先去安置也。（下。）（愚弔場。）（小丑扮保兒上：）夜來姐姐到舉人相公席上，留住不來，說下教我早來接他。門上有人麽？（娟上：）呀！你來也。正好。（保：）姐姐今日要往誰家去哩？（娟：）午夜要往北門上答應。夜來陸公約定今日在承恩門外，與咱家買秋菜，到那裡說一句話，就閒散走一走。（保：）要不走，且和人家睡。要走就走，甚麽承恩門外，又教人多走幾百步。家裏知道了，我也不方便呢！（娟：）就不去也罷，住了。幾乎忘了只三錢銀子，是老麻教遞與陸相公替他買秋菜的。我對陸相公說，買些菜就有了。他只銀子，你使了，也算你終日跟隨一場。（保接銀，喜介：）姐姐原是知疼知熱的，就是俺跟驢兒的，也要通情。好人好人，只是祝贊你萬代做好粉頭。阿彌陀佛！（牽驢介。）姐姐適纔說要到那裏去處？（娟：）承恩門外。（保：）不遠，翹起腿來就是。陸相公也是好人，該去說話。只個門外，就有菜畦，看得買了，益發好。去來去來，就是家裏知道，不過是打罵我，我承當。（騎驢行介。）（娟唱：）

〔駐馬聽〕日上霞收，冷雁聲遲高樹頭。想孤飛未偶，（保：）又早是承恩門外也。〔一〕（娟：）想椒圖纔起戍樓秋。（保：）怎麼不見個人來往？（娟：）征人怯冷尚淹留，偏咱衝寒不顧腰肢瘦。（見愚科。）風草颼颼，已有個人兒立馬賓賓候。

（娟、愚相見，愚不動科。）（保：）是誰家人和馬，只早晚立在這裡，動也不動？是了，想是昨夜關在甕城桶裏，一夜凍僵了。（娟：）不要管他。

〔雁兒落〕若是他使來的呵，爲甚的瞪著眼不採俅？若不是呵，爲甚的牽著馬忘奔走。既不合冒忽天問等甚人，只得呆答孩往前逕就。

（下。）（保：）還往前走？想是漢子不濟事，要往東崗上，趁着擺鉢去哩。也該替他方便方便。

（下。）（愚：）看只個婦人，卻像好人家打扮，料不是個婊子。到是不曾問他，若惹下故事，又說我不中用。再等著看。（陸戎裝，家人隨上：）

〔得勝令〕呀！怕美人抱雕鞍泣未休，罵小生控玉勒來偏後。已到了緊關兒城門畔，呀！還站著塑定的馬夫頭。（叫愚介。）過來過來，婊子出去不曾？（愚：）纔有個婦人，騎著驢扢悠扢悠，一個臧臧松人跟著出去，打扮的老老實實，像個良家媳婦子，不好問他。（陸：）是了是了，他原有些良氣。你只說去多遠了。（愚：）向東南崗上只好里半址兒。（陸：）來來，你前面走，把馬叫我只個人騎上好跑。（同行介。）臂鞲，鞭影兒催馳驟；澗陡，馬蹄兒响滴溜。（下。）（娟上：）

〔沈醉東風〕看郊原綠野平疇，（保：）只些好菜就在只裏買了罷。（娟：）停鹿車待郎到門輞。（陸、愚家人上：）怕做了歧路，悲罔說下同心呪。（趕上相見科：）弱娟且不要報怨，騎上馬者。（娟解衣露出戎裝，家人打發上馬。愚引娟

〔一〕「早」，張刊本誤作「旱」，據文義改。

走一轉下介。）（陸：）看他一搦搦緊貼驊騮，似出塞昭君擁翠裘，頗不似當年眉縐。（保：）相公，只些好菜買了罷。（陸：）買甚麼菜，你回去罷！（保：）怎麼回去？（陸：）說與那兩個老奴才，叫他仔細，不要胡做，惹出禍來。我與弱娟走了也。（保：）罷了罷了，騙得婊子走了。（跳哭介。）（家人扯留陸介。陸：）〔二〕回家去報說家裏，既不容只個婦人，我如今挈了他，遠奔他鄉，再休思念我也。放手放手。（急下。）

〔折桂令〕（家人哭介：）〔三〕俺相公著甚來由，戀上了娼婦虛情，全不管寡母眞憂？只管在此，沒要緊那保兒奴才起來纏住就不好了，靁了罷。（急下。保起四顧介：）似只等子弟東流，姊妹精丢，家人又會靁。（愚從左上，急走過介。）（保：）那過去帶大帽的，不是那引馬漢子？趕上扯住，便有下落。（騎驢急走，趕不上介：）緊放著驢兒轡頭，趕不上你從容步走。（愚下。）（保：）呀！帶大帽的也不見了，少不得回去報信，閃得我沒處尋搜沒得搊揪。就和那走脫囚徒，我解子歸投。（下。）（田從左飛馬上：）

〔離亭晏歇拍煞〕猛回頭，蕭寺暮雲愁，霎時間，墨潑了千巖岫，（忙下。上。）斷壠斜丘。不是傳羽檄飛，不是進荔芰來，不是竊兵符鈕，一諾須酬。安頓下野絲羅，完璧了精權奇，冥子裏神機彀，渾身膽氣粗。兩耳風聲吼，（內作鷄鳴介。）聽鷄晨亂啼，見天稀星斗。要做個有始有終人，因此上連日連夜走。（下。）

〔二〕末句「陸」，原本無，據文義補。
〔三〕此四字，傅山全書初版本誤置於前段末，據張刊本改。

第四摺

（老旦扮内官，上：）秋殿清齋刻漏長，似聞流水到瀟湘。宮中美人自歌舞，帝子吹簫逐鳳凰。自家亨公公，奉朝命到只府裏，做個内司官兒。歷年忠蓋，極承眷遇，凡府中大小事體，都與我商量。是昨夜陸家郡主，封進個本來，是些沒要緊的事，替他轉上。從今早候令旨，到如今還不曾下來。身子倦了，孩子扶我睡睡去。有相知的人來通禀，若是混帳人，答應了罷。（下。）（淨扮林木公上：）向風長嘯戴紗巾，俠氣常遊中貴人。回首可憐歌舞地，繁華事散逐香塵。自家林木公，湖海遨遊，幷州寄館。每讀古人紅俠小傳，想見其人。近日陸生與弱娟相好，頗像古時有心人行逕，想替他作成，無計出脫。是我朋友田水庵，用計打發他們私奔，到魏榆古刹，想來須是兔起鶻落手段。若無人完就，使他流落在外，卻不孤負了一段好衷腸也！況陸生令堂，再無所出。陸生遊蕩，母氏豈能保全？若有差池，陸生得罪名教，風流道義，兩無所成。況他是王家外甥，若有人做作，問他府中討只個女樂何難？是我要到亨公公家遊說一番，使他力爲周旋，此事當成就也。只是在中貴前，用不得正言直辨。況與人成事，亦要知道投鼠忌器之嫌。是全在我滑稽手中，討應變機宜，須索走一遭也。

〔商調集賢賓〕想古來紅俠無幾個，今日裡暫見有情哥，引得人肝腸熱火，爲他們起舞謳歌。我常說世間兩椿難事，一件是才子文章難得知遇，一件是眞正情種沒風流女子來湊他。丈夫在世，不得於彼，則得於此也。是一快不能勾上青雲，一日看花，到不如擁名姬，當千秋知我。也省得看劍含杯淚撲莎，乾有些礧塊難磨。卻又恨紅俠纔一個，紅塵也無多。

〔逍遙樂〕弱娟呵！風塵行貨。只道他對客輕盈，倚門裊娜。陸生呵！只道是鬧勾闌雜情浪哥。一旦做出這樣事來，豈不奇絕？似只等不打眼的人兒，卻有些稱人心得做作。最可憐戎裝束札，快馬追隨，向野寺奔波。

〔金菊花〕想他們受用得是黃花對酒玉顏酡，凄涼得是寒月疎松落女蘿。怕海棠嬌，不耐秋霜墮。俺待要做滑稽伐柯，早教他珠復浦，燕還窩。

（到門通報。亨上，迎接介：）呀！林爺，只些時不到我只裡走一走。今日是甚風兒吹得你來？（林：）再無他事，爲陸龍與弱娟私奔，是椿樂事，聞老公有替他作成的意思，特來諮詢。（亨：）作成甚麽！是他母親遞個本來，說拿甚麽麻子龜，替他追嫖過的東西。我說自家兒子不嫖去，難道忘八家拿繩拴他去？只個也追不成。（林：）不追東西，就是老公明鑑，益發好作成。不然，弱娟不來，陸龍必死。陸龍一死，他令堂不安了。（亨。）不要說起，你這些有卵袋的，百般娘的都做出來。自家有個老婆摟着，突搠去罷了，又嫖甚麽婊子。只是個飯，吃不飽哩！（林：）老公有所不知，若說起這椿事，比飯還要緊。（亨：）我不信，我不信。（林：）

〔醋葫蘆〕但得個對美人慰寂寥，落得個飡秀色當飢餓。要甚麽山珍海錯滿前羅，總忘了半夜燒羊費許多。受用些溫香軟玉，更有那入爐肉把滋味美調和。

（亨：）這等說得有味？難道我們該死哩！到不如把小陸一刀割他娘了，省得今日害上這個饞癆，歐足他媽媽。（林：）老公又說得痛快。如今也還割的，趁如今時候老公們有興頭，

〔么〕就把他飲麻藥，身不覺，快教人運風團，手輕可。只管有金魚繡莽沐恩波，省得他遞狗偷貓戀老婆，光做個溫柔小火。（亨：）沒要緊一時割得他有好有歹，傷了他小性命，豈不損咱陰德？（林：）這個又見老公惻隱之心，卻又來愛惜剪紅羅。

只是不得弱娟到家，流落他鄉，也是個死。奈何？（亨：）是呀！你看他已是死戀上那娼婦了。只條腸子，想割不斷。若不收拾到家，定是受顛連死了。況他媽郡主娘娘，只生得他一個，怎

經得連他弄了？可憐，可憐！（哭介：）只得替他作成。只是他也是個秀才，再怎見孔聖人？（林：）只也不妨。（亨：）難道只些事，也是四書上有的？（林：）有個「如好好色」。（亨：）老林，你說得是一偏話。我也記得，說「嫖飲在陋巷，人不堪」哩！（林：）

〔么〕雖則是嫖飲人原不堪，也有個好好色無差錯。秀才們無情的不及，有情的過，豈少那說起青樓歉臭惡？〔二〕怕別有些蹊蹺齷齪，其如他暗暗的得罪孔門何！

（亨：）只等說起來，做了也不妨，只是我們還不是做事的人。（林：）如今的事，正是老公們做的。

〔么〕從古說呼吸間霜露更，也曾說舉動時山海那，不難把朝廷大政手揮霍，況只些一點惺惺小事麼！且王家以一女樂賜外甥，有甚異樣？老公眞可一言九鼎，煞有個機權在我，偏只等自處作小么魔。

（亨：）我做了也好，只是怕惹出他那丈人老先生來，說我沒卵彈，又錯發他女婿扯皮條，便沒意思了。（林：）不然。他那丈人老先生，極是賢明君子，豈有閒話的理？況事不經老公手，只怕還有人講，若一經老公手，不要說一個老先生，就是一千一萬老先生，也沒得說。

〔么〕便是那會說嘴，也啞喉嚨。只管要粧着聾，塞耳朵。大家來常愁平地起風波，還恐怕偶語雌黃入網羅。眞個是無乎不可任施爲，誰敢把大大氣來呵？

（亨笑介。）我與他做，就沒人敢議論。若成了，他敢也知感我。（林：）怎麼不知感！

〔么〕在弱娟說裴使君不待寫崔氏眞，在陸龍說章臺柳省下了許俊掩。就是他令堂見了，應恰惜小阿娜，況弱娟且是賢慧，必定能洗手調羹孝順婆。都道是公公恩大，一家兒合手念彌陀。

〔二〕「歉」，傅山全書初版本改作「嫌」，此處仍依張刊本。

（亨：）俺既做了這件事，也就是有趣的，恁再不要排説俺。（林：）豈敢排説，只是一味稱贊。

（亨：）怎麽稱贊，你試講講，我快活快活。（林：）

〔後庭花〕恁眞是少鬍鬚的金丈夫，又是臂月老的玉媒婆。良太史無心爲紀傳，賢巷伯懶待作詩歌。戴煙耳，似大官。嫌跋躐，去展足。捲珠簾，疑美人。害屋忽，掀帷薄。更有腰軟和把飲食授，胸堂高藏寶貝多。聲巧妙，嫩鸚鵡。步悠亞，騎駱駝。享榮華，猶子多。學神仙，道士呵。就是高力士呵，他原在沈香亭笑婆娑，並不曾與李青蓮脱皂靴。

（亨：）好好好。你在這裏坐着，我如今就到主上，替他懇恩作成，眼下必有好音也。（下。）（林：）你看被一陣混帳話頭，説的歡天喜地，作成去了，事必成矣。眞個是豪杰用世大機權也。妙哉，妙哉！

〔青哥兒〕憑着俺哭梯哭梯栝播，逕把他麻繁麻繁説過。只的是優孟、淳于、小化脱，管甚麽經傳差訛！不用把典故分豁，只取個流水懸河。炙轂膏輠，左右僬儸。縱横謄那，説笑憨哥，説哭哀些，説歹蹉跎，説好紅火，要成就人間好事做隋何。便利口，也非眞個。

（亨上：）老林，停當了，停當了。我到主上，主上正在宫裏拏着郡主娘娘的本，沈吟盤算，教我就展展樣樣説了幾句。（林：）怎麽説？（亨：）我説陸龍是府裏外甥兒，弱娟是府裏官樂，索性把個官樂賜了外甥，不是甚異樣事，教那外甥花花紅紅，知感去罷，也省得郡主哭哭擦擦的難過。主上笑了，説：「你到也知趣，只是他原有家室。」叫我又比了個故事。（林：）甚麽故事？（亨：）我説齊人還有一妻一妾哩！主上嘻嘻哈哈的笑，也不知笑傻哩，就傳了令旨，叫明日娶弱娟，送到陸家。也教把麻子龜拿來，發放發放。咱們明日去來，與他備個賀禮，我就仔細看那個娼婦，眞個是怎麽描不成畫不就的，愛的個小陸兒只等。只是他們外司家裏怨殺我呀，不得使些開差使換兒了，咱也不管。（林：）正是，明日早些去來。

〔浪裏來煞〕雖是俺好多羅，也虧他恁軟合撮，編排著華堂紅燭拜青娥，咱打喜的巴掌不怕多。俺替他把杯盤酒果，一定勸你只有趣的公公，一百醉無仙螺。（下。）

第五摺

（副淨、丑扮和尚上。副淨白：）〔二〕貧僧，魏榆寺住持鳴皋，有師弟住一寺院，去此十來里，極是幽僻，好窩婆娘。聞得省城甚麽陸相公，馱得婊子弱娟，逃在那裏。我打聽得這個婊子，舊日到也肯積陰德，施舍咱們。今夜去打開門，挺起光頭就幹，況他逃出來的，料他也不敢告人。（丑：）止是一個婊子，咱兩個如何幹？（副：）我幹了你幹，若幹得興發了，説只個陸相公，也是標致人兒，就當小和尚。（丑：）只怕他喊起來。（副：）人來，只説尋我師弟説法哩。（副：）正是：白雲深處老僧多，（丑：）也常瞑入紅樓見綺羅。（副：）且學那蛺蝶飛來過牆去，（丑：）自古道禪心不了奈情何！（下。）（陸、娟上。陸白：）〔三〕淒淒遊子若飄蓬，紫禁啣花出禁中。山酒一壺歌一曲，吾將此地巢雲松。弱娟，咱們在此，雖是不甚方便，到也有個別樣風味。（娟：）陸郎，這也不是久常劄落所在，還須要爲區處。（陸：）咱只一走，他們便沒把柄，只得將就完事。林木公大有作伐美意，只無機會。他今聞的，必定妙有周旋，不久有好音也。且進方丈，吃酒去來。（下。）（正旦扮岫雲鬼魂上：）五陵豪俊錦纏頭，買笑眞輕萬戶侯。阿嬌正有韓翃意，又早西風到小

〔二〕「副淨白」三字原本無，據文義補。

〔三〕「陸白」二字原本無，據文義補。

樓。哀哉！岫雲。風流蘊藉，〔一〕名重平康，平生自負，有識英雄的俊眼兒，要求一個良配，免教老死風塵。誰料這個事，也不是苟且做得。抑鬱成病，三十而亡。幽魂不散，長夜浮遊，好不悽愴人也。

〔北南呂一枝花〕只落得林深夜鬼棲，見了些葉落枯禪下。想當初，月下琴心，花前棋局，那個不是動人處也。到如今，漢宮秋絕响，玉局苦難拿，人間還浪說明霞。可憐我生墮風塵，死無侶伴。在此星月之下，問牛郎，想不肯把銀河架，眞個是夢爲蝴蝶也尋花。不是咱一靈兒尚兀自葱嶺心腸，悔當初水性兒誤認了臨卬勾搭。

悠悠忽忽，來在此荒涼寺院，眞個狐兔巢穴，卻怎麽有些脂粉香也？怪哉，怪哉！

〔梁州第七〕敢則是野狐精戴骷髏，把香粉偷搽？終不然古佛堂散天花，有香體菩薩？呀呀呀，益發小窗前似有低低話。（走着生介。）原來只間小方丈兒裡面住得有人。（向内看介。）一個是書生俊雅，一個是閨秀娵娃，對臉兒將茅柴酒把，擦耳朵把寒温絮嗒。似只等破山寺沒個人芽，卻怎生照青燈，有兩個寃家？（細聽介。）呀，說來說去，是姊妹弱娟跟陸生奔得在此了。呀呀呀，是他們有心人可意相加，越教我沒主魂，傷情痛殺。想我生不成就，〔二〕遇不着陸生這樣人。不由人對銀河把薄命嗟呀！當時豈沒個風流豪邁的人，只是一時不能決斷，每日哩西樓悶納。後來呵自憐老大商人嫁，不多時把性命陪他耍。雖比不得王婉娘遇發武恨哪咤，差不多絃縊琵琶。

（潛下。）（陸、娟携手上。陸白：）〔三〕睡還早些，只回月上了院裡，看看去來。弱娟，我問你，人都說娼婦是野鳥兒心，到底有些不妥，可是只等？（娟：）娼婦是賤骨頭，如此的固多，也容易信人

〔一〕「蘊」，傅山全書初版本誤作「薀」，據張刊本改。
〔二〕「成就」，張刊本誤作「辰就」，據文義改。
〔三〕「陸白」二字原本無，據文義補。

的假俊俏。（陸：）難道我是假的？（娟：）你自是眞的，只是像當初岫雲從良，把性命歐足丟了，到如今姊妹們說成話柄恥笑。便娼婦跟人，也捉不定漢子們心腸長遠。（陸：）在此星前月下，若我陸龍心有改變，只教我短三十罷！（娟：）誰又教你說呪來？院裡冷，進房來罷。（陸下。）

（岫上：）

〔牧羊關〕看他脈脈星前語，親親手廝拉。卻怎生小機鋒，偏說着俺那一答。他兩口兒閒話嘲訕，便拿我的事與他們做訂盟註脚。只爲生前不識人，死後要討人一句憐惜的話兒，也是難得。說得俺鬼臉羞埋，想不禁人間話欛。且不要說別的，就是俺平生愛的骨董，也有幾件不知流落在何處也。到如今美人爲黃土，珍玩委泥沙。呀呀呀，恨不如杜十娘美豪達？索性將百寶箱江上洒。

他兩個雖走的在此，卻也不是安身所在，且不知他怎麼過活。

〔罵玉郎〕似這等瞿曇冷面難抄化，難道是坐蒲團飲趙州茶？事到如今，須得個有肝膽的知趣朋友，替他做作，教他們快快回家，就好個免得他野鴛鴦漂泊無頭答。況這個荒野地面，倘有歹人，小行貨們多是不能支持也。就有那伽藍呆，揭地啞，呀呀呀，好教我鬼魂兒，替他們擔驚怕。（和尚拗門介。）

〔哭皇天〕纔說怕有惡少來打詐，又早呵弄山門响甯巴。（和尚開門，見岫，念佛介：）只一個就是他。（丑：）怎麼沒有姓陸的陪他？（淨：）想是咱師弟扯了去。（近岫介。岫：）原來是兩個和尚。敢是傳慧燈，講佛經，或者是色魔，偷野花？（和：）實不相瞞，俺明知你是陸相公的，〔一〕到此飢渴，和尚專來搶頭。（岫：）呀呀呀，和尚們從來、從來膽大，怎知有潛奔嬌艷，便乘夜麻乂？益信道，紅顏惹禍，可還是好事多磨？恨不得飛隱娘神劍，斬取雙瓠瓜。待做個色界天王，紅樓護法。

〔一〕「的」字，張本無，據文義補。

（和：）弱娟，來罷！（岫背語介：）只個和尚在此，分明要姦弱娟的。弱娟你只知道奔的在此，如只樣驚恐，叫誰來搭救？我若是幸災樂禍的，盼不得叫只禿賊淫了你。傳出去，又教人說你爲漢子養了和尚，陪我做從良話壩。我恨我事不成，見恁們只樣衷腸，就是我鬼魂兒，也是欣羡的。他既造化低，看只我認作弱娟，我就作弱娟去抵對他。少頃雞鳴人起，不怕他不逃走也。（向和介。）你們去罷，若再不去，我叫起陸相公來，吶喊了。（和：）你道不說陸相公還可，若叫起他來，我是少林來得，丟開解數，挺出雙棒，怕恁兩口子，支架不定，一齊拿倒，連情也不會通的。（近岫混介。）（岫：）

〔烏夜啼〕休休休，只風情莫向嫦娥傻。有个俏兒郎，誓與他秋月春華。莫當作好布施，問婆夷化。（和：）權作布施，化一遭兒也。是弱娟功德，同做金橋路上人罷！（岫：）休胡說，只豈是眞州任氏，上黨姚媽？恁是不月明僧，破敗那柳翠娃。俺不是秦國姬，纏着把鳩摩嫁。說甚麼金橋寶蓋，眼見你黑獄披枷！

（和：）就墮地獄，也說不得。你就不依，也沒處走了。（岫：）

〔一煞〕你看他瞎胡塗，認不出粉黛假，逼將來禿腦袋，把人腥氣殺。（和：）來罷，轉刻天明，就揹殺人。（岫走。）（和扯介。）（岫：）爬不到雞亂鳴，人亂譁，敲葫蘆，扯袈裟，免驚他夢中雲，枕上花，不忘了鬼多情，魂迸駕。呀呀呀，聽野鐘近响，戍鼓遙撾，那壁廂忽洒洒有人來也。

（岫急下。）（和定董介：）怎麼一霎就沒人了？（丑：）敢是鬼魂？（淨：）不是。我見他跳出牆去，多是見咱逼的急了，捨命哩。（丑：）我只道他還是當日肯解裙帶，誰知道他眞個咬牙從良。弄下個人命，到不好意思，快齎了罷！趁他看得咱臉面不眞，人來查考，只和他那裡衆人賴。快走，正是苦行未同伽葉，神通何有令名。（淨：）怕得是仍集遠近僧徒，痛杖三十處死。（下。）

（亨、林隨衆上。）十里黃雲白日曛，繁絃急管兩紛紛。小婦不知歸未得，還將綺席代陽春。（亨問衆：）陸相公們來了不曾？（衆：）還沒有哩！（亨：）林爺，咱們來的早了些兒。在這裏寡望，又沒得說，趁他們不來，把麻子龜拿來，咱就在這裏發落何如？（林：）正好。（亨：）人來，麻子龜拿得了？（衆：）就隨爺在門外伺候着哩！（亨：）正好，就在這裏設個公案兒，我就對着恁林爺問問他。待陸相公們到了就說。（衆應，逮麻、鴇上，跑介。）（亨：）麻子龜，你也是個人，甚麽事兒過不得，偏尋到忘八家吃飯？只有只個飯好吃麽？（麻：）稟上老爺，就千里求官，也只爲嘴。（亨：）哇！胡說！我說你在忘八家討茶飯吃，你說千里求官，難道那些做官的都是忘八？打嘴！（衆打介。亨：）劉福子，你們娼婦家，養個粉頭兒過，是個本等，怎麽偏要逗搭一個鏊糟光棍在家裏？難道你只些淫婦，八九十歲還入不足？（鴇：）老爺不知道，娼婦夥子裏，也極有可惡的人。〔二〕若有個好光棍在家，就像個勢力鄉宦，人只是怕，再不敢欺負了。（亨：）喨嗄，老林，我見衙門裏，狗腿奴才，都做得是鄉宦事，怎麽忘八家也做起鄉宦來？敢也要霸占人麽？打嘴！（衆打介。）（亨：）正經事不曾問着些子，只一派欺心話頭，就該打死，就該打死！

〔鬭鵪鶉〕先打你滿口胡柴，敢膽大把官府藏埋。賤骨頭狗肉抬盤，臭肚腸腥油布袋。我想起來一般樣的米谷，一般樣的紬緞，怎麽不幸就有你那奴才口裏嚼的，就有你那奴才身上披的，臧了些辛苦耕耘，污了些無情紬帛，只會頭

〔二〕「有」，原本作「是」，據文義改。

縮懷，在黑處擺？如此胡說，你自己覺的又體面，又受用，差不多穩坐着四人明轎，敢則待高懸起一霤金牌！

我且問你，陸相公在你家嫖，也不多幾日，怎麽就套弄他一二千兩好東西？也忒很了！（麻、鴇）不敢在老爺上昧心說，小的們原是借的銀子，買好粉頭，還得粉頭賺錢還賬。來嫖的，不要說一二千兩，就是幾萬兩，也不嫌多的。就像那選官的，借下京賬買好缺，買得好缺到了任，就打嚇賺錢。不然，那討京賬的在，屯在衙門上喊叫逼勒，就不成個官的體面，還顧的甚麽百姓哩！（亨：）老林，你看只個奴才，只管纏住個官，看他已是當眞到了任哩。我就把他當個贜官犯了事的打一打。（衆打介。）

〔紫花兒序〕只爲你手太辣，蛇一般毒。心太贜，狼一般貪。臂太長，猿一般乖。遇著你的，怎沒了合呀不合，該也不該。胡塗了是非曲直，青紅皂白，只要個金銀滿載，且不顧了現世的賊劫天災，來生的馬腹驢胎！

（亨：）你既把忘八當官做，你使了保兒去子弟門上，敢也是官差快手。

（麻：）差不多。（亨：）林爺，難說官也捉的人，教他家裏去嫖。可笑可笑！若是差人到子弟家，倚官挾勢，逼迫下人命，豈不害那忘八的官箴？（麻：）老爺，他們來嫖的，都是順民，量他反不了。（亨：）就是個順民呵，

〔天淨沙〕經不得恁摽大票，快手頻差；捉飛籤，前件隨來；點單頭，富戶科排；無故裏把良民捻揣，逼迫的地方上鬼哭神哀！

且不要說別的人家，光陸家的，就是只些，恁到好幾輩子受用哩！（麻、鴇）老爺，就和那贜官們，不要說沒子孫，就是有子孫的，也積作的不能享受。（亨：）他卻也知道麽！

〔小桃紅〕眞個是無情打詐幹將來，只說與兒女圖恩愛，誰知到頭沒有不還的債。不見些子孫們還來富貴穿

冠帶，雖是他縱自覺才能，免不得人嫌澁奈，況從來沒道理錢財，就要開。

你這奴才，在別人身上㓟刻也罷，就不知陸相公是爺上外甥，也敢這等欺心？（麻、鴇：）老爺，除是他不來嫖，但嫖來的，不要說是千歲爺外甥，隨論是誰，的奉承，奉承著要，得要笑，要笑著要；只是見銀子親，少不得昧了良心，千方百計去尋揣了。（亨：）只奴才到也眞個做的官，只知道銀子親，不管昧良心。不是個官是個甚麼？着實打！（林白：）不然寬他些何如？（亨：）只些臟官，寬不得！

〔金蕉葉〕見他們昧良心誇長才短才，滅天理明財暗財，自己吃著甜横來順來，教人咬著牙生挨死挨。（看單介。）少不得，照單追了！

〔調笑令〕你早自解逐件報明白，金珠簪珥可成堆，只幾疋燈籠官錦應還在，他不同編氓百姓，慣吃了些啞虧，落得人不痛已還，顛倒罵癡獃。要教你知道個，吃容易，吐實難哉！與我拶起來！（衆應，拶介。）（麻、鴇：）委得曾做倒弄了，就如今打死小人兩個狗命，也沒處取。將就了罷，陸相公原是仗義嫖了的麼，老爺！（亨：）

〔禿廝兒〕你看他禿舌保强粱下塞，硬龜板抵死乾能，就登時打死也污庭階。俺如今圖便宜待，別有個刟劃。〔二〕

〔扯林，背語介。〕林爺，你瞧只些東西，就追出來，也是鏊糟不中用的，況當初原是嫖到他家裏的。如今娼婦歸陸家，索性丟他娘了罷！

〔聖藥王〕從古說珠換姬，舍得一斛買，又有個一曲清歌一束綵。陸生既是鬧章臺，撒匪賴，這其間也不

〔二〕原本此處有小字注：「能讀耐。」「刟」字，傅山全書初版本作「㓤」，張刊本作「剅」，據文義當爲「刟」字。

必苦追囘，就是買丫鬟，〔一〕也要費資財。

林爺，我和你商議，拿甚麽法兒處置處置他？我只爲他這一行人，眞個是：

〔麻郎兒〕軟將人刮，活將人埋。虧了些謹守爺娘，送了些良家無賴。

〔么〕無奈律條兒不在，恰教人怎生布擺？狠不過幾家兒水盡鵝飛，只趁了他個酒肥羊大。

我想起來，助了城守罷！（林：）既不追比，那甚麽助？（亨：）老林，不是那追出來的東西助。我見近日的官兒，都搗黄搯黑的講城守，借口説有事日，百姓沒的吃，逼的些百姓有死無生。你看只些奴才，不知咂了人的多少骨髓，都瞧的肥肥膨膨的，如今就把院裏的鴇子插霸清查清查，造個花名册子，時時的送過西邊官兒去，就説有事時，教捉的與百姓們殺吃了，也省得他們再套弄子弟，也省得官兒們剋刻百姓。好不好呢？（林：）老公爲軍國見解，他人計不及此。（亨：）只是我的個胡意思兒，你卻也不要當面混我。（林：）老公但計較出來，便是石畫，豈敢短長？（亨：）我們爲朝廷幹實事，大概是只等的。若幹的只個事兒，也少不了你，把你也坐上個賢良方正名色，説爲城守有功，也好做個官兒。（林：）如此好事，也不敢依傍老公掙富貴。（亨：）也不妨。

〔絡絲娘〕一來官兒們省些擠排，二來百姓們存下枯骸，三來爲敗子闞頭，也可報仇稱快。只便是俺持公道，匡時的妙策。

（衆：）禀爺，陸相公就到門外。（亨：）把那兩個奴才，且帶到一邊，我明日再有話説。且鬧他們的喜事。

〔一〕「丫」，傅山全書初版本與張刊本均誤作「了」，據文義改。

〔收尾〕聽的說紫陌紅塵拂面，俺且整衣冠當個賓人接待。孩子們，快與他點著拜天地的燈，張開吃卯筵的彩。

（立邊介。）（陸、娟、田隨家人上。）（娟：）

〔新水令〕春風一夜到屠蘇，想洞房紅燈高樹，忙辭了荒寺宿，展樣入錦城居，纔把眉舒，纔把眉舒。打今日眞做起人家媳婦。（陸：）

〔駐馬聽〕携手同逋，野馬雲馳劍轆轤，拚一個飄流何處。今日我衣冠齊楚按良駒，你偏會嬌羞掩面坐香車，〔二〕眞個像新郎新婦親迎娶。感不盡他撮合呴喻，咱便索興拜他們媒人知趣。

（相見科。陸：）拜謝公公者！（拜亭介。）

〔喬牌兒〕謝的你請令旨賜名姝，便是俺兩口兒槐陰樹。雖是俺踰牆穴隙沒禮數，臨後來虧你拿雲握霧！

拜謝木公者！

〔雁兒落〕最感你熱腸快語，把一個荊棘叢，說的天花舞。不是恁滑稽口，播動了蕋珠宮，眼見俺金石心，廝趕上凄涼路！

拜謝水菴者！

〔得勝令〕從古有走馬許都虜，到如今情種們稱豪舉。不似你惜人費躊躇，不憚勞，連夜走，還原主。爲俺們善圖，鬼不覺，箭離弩。教他們謎胡，神不知，馬載軀。

（把盞坐介。林：）陸兄今日完此美事，自是暢快。但此等姻緣，經豪傑做，便是豪傑事；平常人做，仍是平常事；再經無賴人做，益發是無賴事也。要看得破者。

〔二〕「會」，傅山全書初版本誤作「曾」，據張刊本改。

〔慶東原〕有幾個眞豪傑，契合上風流女？也有些俗商賈，扢董下老大嫗。就是那無賴子，也霸个歪刺古。若立功名，是個倜儻鍾情的丈夫。若好窩囊，是貪妻溺愛的豎儒。若學敗賴，只是個游匪包娼的棍徒。只其間，要論個高低，討個分數。況只此事，

〔喬木香〕若遇知道的，還把情來恕。若不知道的，任唾罵無分愬。家庭事絕有難處的，恁能把關關雎感化否？不然徒惹的人嫉妬，可不歐壞了堂上姑！

弱娟，我們今日還可一會。若過今日，再無相見之理也。有幾句話對你講：

〔攪箏琶〕只是你自己尋出路，甘撇下舊笙竽。羨殺你出水芳蓮，眞個的不染泥汙。他有孀居母，自合效婉愉。他有結髮妻，不必論賢愚。既是要做人家，少不得陪着小心，圖著歡聚。只不同暫時鴛侣，親操井臼休辭苦，便打點荊釵布。

（田：）小弟也有幾句說：陸生者，只是不要嫌迂腐。

〔沈醉東風〕不得時自不禁心猿亂緒，得了時則合把意馬牢拘。勸你買幾部古聖書，再投一位賢師傅，把花月情一齊分付！從古天容不異妖狐。死貪歡，非養生之主。弱娟，

〔梅花落〕你既不屑做野鴛鴦，也不必做嬌鸚鵡。就是那巧語花言，也是閨中禍蠱。一味要學老實得樣兒，持了門戶，回想那舊日的風流，豈不心煩欲吐？

（亨：）你二位說的，都是文章話兒。我也有几句，只是直頭布袋些兒，卻不要怪。陸大哥，你是個讀書的人兒，難道該明白包婊子哩，我替你作成，只是恐零落了你的小性命兒，閃了郡主娘娘。今日既到家裏，就只是一味孝順。若昵上婊子，不孝順娘，我也敢數說你哩！況包婊子的風聲，不當甚麼好。

〔甜水令〕你是個讀書君子，也要清懷，也要法度。若是愛婆娘，正理胡塗，還說甚伶俐聰明，儒流秀

士，五經、四書？我還有一句在行的話兒哩！你還要去理籠著丈人丈母。

弱娟，他漢子家有說的日子。過了今日，咱再不相見了，到要說的乾淨。你原是那花兒出身，做了只個事，要忍一忍。陸大哥也是怯弱人兒，若不放鬆些，弄的死在你肚上一般，又揹了人哩！

〔折桂令〕你若不省事，孩挼挲擺布，他索極力奉承，要些般數，你成了喂不飽的饞貓，就是臍不下風乾老鼠。不久時，光送的哯哯入墓，把從良好意思做了快斧，白殺人，教誰把寃呼！揹了他寡姑，只一個嬌兒，把肉投餓虎。

我還有話哩！陸大哥一時家不在，你興頭發，不論家人小子，或是靠坑厓兒，或是甚麼金獨立，只知道是解火兒耍子，就教你害殺好人哩！

〔雁兒落〕他或有幾個俊家奴，你訪得誰物大，看上了鏊糟本事粗，想執個則天如意塵。

（娟走。扯介。）不要走，話多哩！

〔得勝令〕待郎君打剿呼，飲酒醉糢糊，或人家赴席歸遲暮，恁亂扯人打骨都，雖是你興踈裙帶兒拴不住，害殺人無辜，把帽子兒兩頂夙。〔二〕

還有可惡的事哩！若家人小子，再不可意，有成精了的你子丫鬟，就要川通別個事兒來，也是有的。

〔落梅花〕怕你把唆挑了頭助，與你背斗子傳言語，引得人亂紛紛調情窺覷。偏有那朋友們，就賣弄他慣突蜂窩能奪趣，恁敢仍舊得大開門戶。

〔二〕原本此處小字注：「夙音沾。」

〔沽美酒〕那時節罔了撮合人，誤了賢夫婿。只道你窈窕蟾娟金屋貯，誰知道桃花命註，到底是浪蹄淫婦！（娟羞，跑下介。）（亨：）林爺，田爺，恁看只孩子，被咱說的害羞，就跑了。（林、田：）老公話也太盡了些。（亨：）若不把話兒說盡，他只說陸大哥是孩子家，不知世事，他若待幹的就幹哩。恁看他知道害羞，就是他那一點良心，〔二〕陸大哥以後就也放心罷！

〔太平令〕不是俺盡直言，沒回護，怎能勾教他發良心，知些愧沮。說破了，沒後來的事故，保得個閨門潔素。纔知道，咱們說媒的帳，不單爲眼下婚書，要有個一生經簿。（林、田：）是老公好話也，可感可歎！夜闌了，咱去罷。（陸：）再少坐坐。（林：）

〔錦上花〕此時呵，明月斜輝，玉河低渡，想蟾影臨窗，怕牛郎窺戶。錦帳流蘇，蘭膏花吐。被展鴛文，簫來鳳侶。春歸十二樓，夢到江南去。他則索醉臥氍毹，俺則索歌奏驪駒。就比那終始爲韓信敗楚，他便當身退功成，再不把位貪祿慕。（笑介。）（陸：）

〔清江曲〕聽得說一聲去也留不住，勾達起情腸怒。說甚麼移燈看海棠，免不得送客生悲楚。怎生有不散的筵，〔三〕常歌舞？（合：）

〔隨尾〕則爲你同心鏡把紅羅襯住，花月塲起了一天煙霧。要知道從來無不盡的歡，我輩是有情的苦！（俱下。）

〔二〕「那」字，傅山全書初版本脫，據張刊本補。

〔三〕「散」，傅山全書初版本誤作「敢」，據張刊本改。

齊人乞食

（丑扮乞兒上，唱：）

〔混江龍〕屢足歸來，播間常態終無改。只須要味盡了靈臺，〔一〕便作出些英雄概。正走到無人境界，只見鏊糟田仲腐儒來。見不慣他峨冠博帶，餓臉窮腮。無分別是世上得貪廉汚潔，沒指望是口裏得者也乎哉。早死了簞瓢陋巷顏回輩，寂寞殺洗耳沈淵巢許儕。還有那父爲廉吏，子負薪來，子負薪來！

呀，說話之間，卻早來到我門首也。這門呵，

〔油葫蘆〕容不得高車駟馬，又何須棨戟森排！内包許多春色，誰知道肉山酒海都向此中埋？還有那兩個，（旦：）今日何處相邀，只早晚纔來，歡洽得狠？（丑：）是燕趙美形骸。他們相和樂，鼓琴瑟，守閨儀，不敢出外。咱輕輕剥啄，他忙步下堂開。

〔天下樂〕王公大人長者深相愛，他挈我踏青在郊外，傷也沒懷。只見斜陽荒草塚壘壘，石槨將功業藏，黃土把文章蓋。因此上傷今弔古，痛飲了兩三杯。

（旦：）飲酒便了，卻怎生跪在那裏，那個行得是甚麼禮？（丑：）

〔元和令〕俺那是醉如泥，不勝玉頽。他還道俺量似海，教滿飲著金罍。熟機關，便拿出達人得買賣。咱金膝纔輕下，他玉手早攙來，只纔是嘉賓賢主兩開懷！

（旦：）只也罷了，又必欲換成只様衣帽，手持只條竹杖，都是爲何？（丑：）

〔一〕「味」，張刊本作「昧」，據文義改。

〔勝葫蘆〕這面皮有些歹，傀儡場要粧扮得來。這帽呵，抵多少貂珥簪纓戴，沒稜角人免疑猜。這衣呵，又不是六銖無縫，七屬犀裁，虧著他嘗了些酸甜苦辣，磨了些華筵綺席，當了些綾錦新裁。這杖呵，不輸他馬前大纛旌旗擺。掉弄處，文人把筆，武士鎗開，這一場其實雄哉！

（旦：）良人者，所仰望而終身也。今日若此行徑，怎生是好？（丑：）看只小家子婆娘，只等大驚小怪，連世情也省不得！

〔後庭花〕有那等對朋友多慷慨，結知交仇讐決眦睚。戚施面，會粧些不畏强禦。籧篨口，會講些不愛錢財。到處裡英雄湖海，偏見不得粉黛裙釵！

（旦：）似你只頑皮嘴臉，羞死我也，氣死我也！（丑：）

〔柳葉兒〕若說羞和氣來，也沒有許多得躭待。見他們甲第兒盈街，紗帽兒崔嵬，童僕兒肩挨，舞袖宮鞋，雲鬢桃腮，卻怎生不掩啼悲哀！

若知道世情只如此呵！

〔寄生草〕則須個笑語排諧，有甚麼妨礙？俺呵，雖不見堂盈珠履，也有個帳列金釵。少甚麼甜茶苦酒，要甚麼蝶使蜂媒，〔一〕一家兒温飽和諧。只纔是婦隨夫唱眞無賽，管甚麼氣節人才，眞和假自古無分解，臧與穀亡羊無二，孔和跖都死在塵埃！

（旦：）你全不害羞，反來誇大，教人看咱們，是一對兒現世的夫妻。（丑：）

〔青哥兒〕現世得夫妻，夫妻常在。勸世得文章，文章誰會？到不如把你我做一個榜樣擡，任他文高北斗，位列三台，也只爲輕身肥口，子祿妻財，免不得驕人白日，昏夜求哀！唳，若不是你兩人

〔一〕「蝶」，傅山全書初版本誤作「蝴」，據張刊本改。

看破，萋萋訕泣在庭階，我終身醉飽巧安排，是必人難解。不說祖師法，不須騷客才，便做個眞猢猻，來當場賣！俺說得是人情世態，不管他看俺得頽澌心灰。

〔尾聲〕俺齊人得名兒，雖是不才，也收在孟夫子章句之內。强如那貴官顯爵，臨死去，把金珠求一張墓誌偕埋。只怕那世上美妻妾，不似俺醜妻妾賢。還須教世上眞齊人，喝我一聲假齊人得采！

（下。）

八仙慶壽

（衆扮八仙上。）

〔駐雲飛〕莊叟逍遥，方朔詼諧冠帶老，凍得寒貧倒，李正陽呵呵笑。㖩，幼伯子太丰標，女丸娟妙，頃刻花兒弄出麻姑爪，酒客也負著尊罍走一遭。

（衆見介。）（莊曼語：）

〔駐馬聽〕不約而同。因甚得不約而同？爲有個處士星，把壺觴傳送。遥望見紫氣重重，揔不須三青鳥到筵前歌弄。

（衆白：）我們到那裏，以何物爲壽也？（衆唱：）

〔粉蝶兒〕快不要教交梨火棗，說吸露餐風。怕那些空人情，乾餓了主人翁，教沒些受用。但另獻各人得眞材實料，做一個茶飯傭工。教他管咱個溪泥濫醉，直到那日落參横。那時送壽星十二樓裏，六六宫中，也說咱是產生得幾個新鮮人兒，到强似平素看慣得那舊神仙八洞！

（白：）請了。大家已到壽筵了。（衆：）老莊得意得是個鯤化爲鵬，不消說，一定就是以大鵬摶風爲壽了。〔一〕（莊：）消遥遊，北溟有魚，原是吾絕得意的一篇方外文字，被那些俗人强偷了去死訣。那一夥不識字的秀才，爲齷齪科名慫慂。我到於今，悔失其言，豈復肯自己悞用逍遥也！（唱：）

〔　〕〔二〕不説那逍遥九萬大搏鵬，〔三〕（衆白：）便是齊物論了。（莊：）誰解得壽夭殤彭？（衆白：）養生主了。（莊白：）使得。（唱：）好一個庖丁解牛，養生得要批導從容。（衆白：）應帝王説幾句也好。（莊：）應帝王原是大道，又恐怕誤認了話頭去苟圖富貴，怕做了貪鴟腐鼠，又來嚇食竹棲梧鳳。願做個翹陸馬，齕草長林，還有個附泥龜，曳尾塗中。

（衆白：）曼倩先生，定偷得蟠桃在手，拿出來爲壽。（方曼唱：）

〔　〕那蟠桃兒在度索山頭霞燦紅，誰待去扳枝捥葉捕長風？不如俺諧謔飄蓬，割得肉能飽，盜得酒偏醲，落得個漢官儀，個漢官儀。歲星精，大隱在金門縫，任意把公卿調弄。學得咱滑稽來，咱滑稽來，也足把春秋送，勝多少求田問舍做馬牛雄！

（衆白：）老寒一個乞兒嘴臉，看你有甚壽意？（寒：）俺只寒貧二字，須是莫大的儀物哩！（唱：）

〔　〕寒貧肺腑傻春濃，鏖糟殺郭家鄙況，石虜奴崇。學得俺雪中赤脚，並不須氈錦爐紅。看那些鐘鳴鼎食，不輸些臭喇喇猪坑。共勸東君，莫把腸肚脂污，留著做大藥丹宮。

（衆白：）小正陽，你以何物爲壽？（陽唱：）

〔一〕「搏」，傅山全書初版本誤作「摶」，據張刊本改。

〔二〕原本無調，下同。

〔三〕「搏」字，傅山全書初版本誤作「摶」，據張刊本改。

〔　〕你道俺爲甚來硃面銀髮，硃面銀髮？單好得是醍醐糟渾，因此上戀酒忘歸，戀酒忘歸。且嬾去做仙官承奉，要知個獨清獨醒。惹波風，好從咱藉糟枕麴，把眼朦朧。總不須耳熱後，取甘蔗消醒，甘蔗消醒。落得個軟飽了，有黑甜骨董。

（衆：）妙妙，卽此便是駐世聖藥。幼伯子，你年紀小小，得有甚功行，卻也就得列爲仙品，又當以何言爲壽也？（幼：）

〔　〕休嗤幼伯年少沒動庸，只一個知故主，列瑤宮到如今。還時時諴誥老家翁，從來得渡的是純孝愚忠。勸君將人倫厚敦，只便是上天梯的桄檔黃牛犖。要登輿只有這暮米朝薪，那浪論仙卻像似炮鳳烹龍。

（衆白：）至言眞是百朋之錫，良可爲壽矣。老丸，你卻是不曾破河車的童女，你早早獻出酒店裏的工夫來罷！（丸：）你們又來嘲謗小仙，我正要把這椿大事告與主人哩！

〔　〕切莫聽門外漢，劉向得沒正經。那裡有淫婦們，把神仙動？但說到採補總無功，卻便是不勾追，自押送酆都洞。再莫題房籠受用，要保得個百年健壯不瀧凍。早把那娥眉皓齒，娥眉皓齒，看成了刦家盜賊虎狼凶。

（衆白：）女丸之祝允矣良藥。麻姑試把頃刻花兒，折出一枝來，好獻壽觴！（麻：）我嘗聞那頃刻花兒，不知者以爲仙家獻幻，誰知是我勸化世人大戒也，正當說破爲壽耳！（取花示衆介。）

〔　〕試看著頃刻花，根蒂兒在何方種，也見有嫩綠嬌紅，嫩綠嬌紅，怎的當霜降冰堅，天寒地凍？就比那富貴榮華，富貴榮華，到頭來半枕迷魂，霎時春夢。好去種老柏與喬松！

（酒客白：）〔二〕列位獻壽已畢，待咱來。酒客原是酒傭，不知甚事可以爲祝。直是勸主人一醉，又要主人醉我。混沌一日，勝浪説千年。

〔　〕漫把喬松培擁，且把壺觴催奉。尚有些殘菊花，還滿把茱萸共。落得個七日山中，管甚麽漢秦唐宋！北堂携滿眼兒孫，滿眼兒孫，咿咿喁喁，當鼓吹歌咏，早强似征征逐逐騁英雄。（合：）

〔　〕酒客的瓶兒，瓶兒非甕，只討把村醪催奉。只恐怕瓶罄罍空，惹的羣仙酸痛。老莊周等不上藍和翁，東方生饑欲死把侏儒弄。乞兒寒貧自從漢滅凍餓到如今，有誰人資送？紅面正陽，是個酒桶。女丸兒沒少年播弄，欠了精神。麻姑仙鞭了蔡經，少人承奉。卻想到今日和同，酒滿殨饡，做醉飽伙僁。不勞僕僮，就是俺酒客當傭，爐頭舊工。供給的羣仙腹捧，壽星歡踴。收拾些餘剩殘羹，學嫩殘受用。齊睡到紅葉霜叢，管甚麽天高霧重！有今日歡濃，卜明日陰晴，誰待學冥靈五百歷霜風！

〔尾〕無窮祝讚都虛哄，要緊是糟邱高嵸，教你歲歲今朝做個大大東！（俱下。）〔三〕

張赤幟釋。

附：紅羅鏡晉陽川方言

拾掇，言偏心親愛，如母護子也。

扢董，言不分好歹，即收留也。

胡柴，言滿口胡説，若柴之亂也。

〔二〕「白」，原本作「科」，據文義改。

〔三〕文末尚有「女丸，女仙傳作女几」一句。

廝拉，言二人之手相携也。
勾搭，言撮合一處，私相親愛也。
苗條，言女身細長，輕便可愛也。
抣悠，言從容慢走，不覺勞也。
麻繁，言煩瑣討厭，妄求人也。
悠亞，言徐行緩步，不急忙也。
話攔，言說即提起作證據也。
屋忽，言悶熱，屋内不爽快也。
跋躐，言物有妨礙於我，不便也。
冒忽天，言突如而來，便啓口動手也。
呆答孩，言一直走動，不知有所妨害也。
歪剌古，言不端正之婦女也。
爬不跌，言恨不得如此也。
白故故，言無因而失敗也。
打骨都，言不擇好歹就幹也。
㵳㵳㠾人，言不成才也。